公共图书馆智慧化服务探索

——成都市公共图书馆2022年学术年会论文集

成都图书馆　成都市图书馆学会
肖平　主编

西南交通大学出版社
·成　都·

图书在版编目（CIP）数据

公共图书馆智慧化服务探索：成都市公共图书馆2022年学术年会论文集 / 肖平主编. —成都：西南交通大学出版社，2023.5
ISBN 978-7-5643-9263-5

Ⅰ. ①公… Ⅱ. ①肖… Ⅲ. ①公共图书馆－图书馆服务－文集 Ⅳ. ①G258.2-53

中国国家版本馆 CIP 数据核字（2023）第 071457 号

Gonggong Tushuguan Zhihuihua Fuwu Tansuo
——Chengdu Shi Gonggong Tushuguan 2022 Nian Xueshu Nianhui Lunwenji

公共图书馆智慧化服务探索
——成都市公共图书馆 2022 年学术年会论文集

肖平　主编

责任编辑	罗爱林　李晓辉
封面设计	原谋书装
出版发行	西南交通大学出版社 （四川省成都市金牛区二环路北一段 111 号 西南交通大学创新大厦 21 楼）
发行部电话	028-87600564　028-87600533
邮政编码	610031
网址	http://www.xnjdcbs.com
印刷	四川煤田地质制图印务有限责任公司
成品尺寸	185 mm × 260 mm
印张	16.5
字数	323 千
版次	2023 年 5 月第 1 版
印次	2023 年 5 月第 1 次
书号	ISBN 978-7-5643-9263-5
定价	80.00 元

目录

公共图书馆发展策略

公共图书馆管理服务

文献资源的开发与利用

公共图书馆阅读推广

公共图书馆数字化建设及媒体推广

PART ONE

公共图书馆发展策略

大数据时代成都地区公共图书馆藏书体系研究*

张翼

（成都图书馆，四川成都，610000）

【摘　要】 本文运用大数据分析的手段分析成都地区公共图书馆藏书体系的现状及存在问题，研究成都地区读者结构、图书借阅趋势以及出版业发展态势，并提出相应的藏书体系优化策略。

【关键词】 大数据；成都地区；公共图书馆；藏书体系

随着数字化时代的来临，通过运用大数据分析等新技术手段，公共图书馆现已实现对其读者、馆藏等众多数据的分析，成都市于 2014 年开始搭建成都地区公共图书馆联盟，面向全市市民推行统一的联盟服务。2021 年 3 月，全市公共图书馆系统合并，从分布式集群架构转为多级总分馆集群架构，实现全市读者及书目数据的统一。在这样的背景下，笔者立足于中文纸质图书，通过分析成都地区公共馆购书经费、藏书结构、读者结构、借阅数据、出版业态势，研究成都地区公共图书馆藏书体系，探索全市藏书体系优化策略，以期建立更为科学、整体、特色化的全市藏书体系。

1　成都地区公共图书馆藏书体系现状

1.1　成都地区公共图书馆藏书体系构架

成都地区公共图书馆联盟以成都图书馆为中心馆，依托自身资源、经费及专业优势打造统一平台，带动 21 个区（市）县馆形成第一级资源共享、统一服务。各区（市）县馆在总分馆制建设基础上，根据自身实际情况形成第二级、第三级服务，最终实现全市深度统一服务。

* 本文系 2021 年成都市哲学社会科学规划项目“大数据时代成都地区公共图书馆馆藏体系研究”（项目编号：2021BZ084）研究成果之一。

基于此公共图书馆联盟，现有藏书体系构架（见图 1）为：第一层级藏书为中心馆（成都图书馆）以及全市 21 个区（市）县图书馆藏书，第二层级藏书为全市区（市）县图书馆下辖的乡镇（街道）分馆所藏图书，第三层级藏书为全市村（社区）服务点所藏图书。通过此三级架构为市民提供阅读服务。

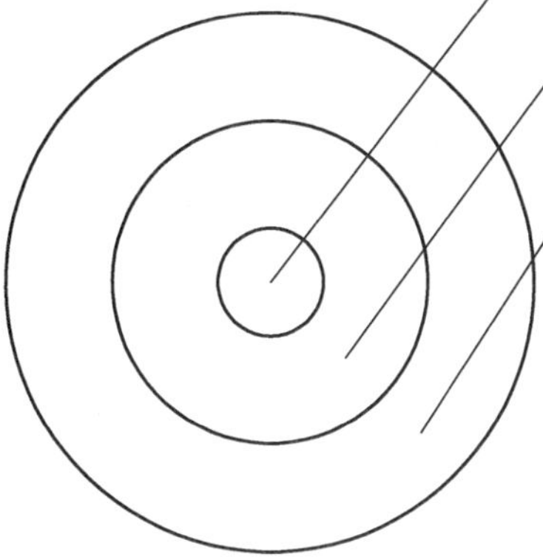

图 1　成都地区公共图书馆藏书体系构架图

1.2　成都地区公共图书馆购书经费数据分析

2019—2021 年，成都地区公共图书馆总经费分别为 14 343.12 万元、13 021.27 万元、19 505.01 万元，购书经费分别为 2541.51 万元、2619.21 万元、4031.72 万元，购书经费分别占当年总经费的 17.72%、20.11%、20.67%，购书经费 2020 年、2021 年增长率分别为 3.06%、53.92%。可见，近三年全市公共图书馆总购书经费的数值与占比在上升。

各公共馆间购书经费变化情况差异较大，与 2020 年相比较，2021 年共有 9 个公共馆购书经费有所增长，3 个图书馆购书经费无变化，10 个公共图书馆购书经费下降。增幅超过的 100%的公共馆有 4 个，增长率最高为 444%，其次为 245.45%、161.18%、102.93%，降幅大于 10%的公共馆有 4 个，降幅最高达到 53.49%。

2021 年购书经费超过 100 万元的公共馆共有 9 个，最高的为成都图书馆，其购书经费（1963.05 万元）接近其余 21 个区（市）县馆购书经费总和（2068.67 万元）。区（市）县馆中，排名第一的区县馆购书经费为 456 万元，约为排名第二的区县馆（165.7 万元）的 2.75 倍。2021 年购书经费低于 50 万元的公共馆有 6 个，排名最末的两个图书馆购书经费仅为 20 万元、27.2 万元。

1.3 成都地区公共图书馆藏书结构分析

1.3.1 成都地区公共图书馆总藏量数据分析

2019—2021 年，成都地区公共图书馆馆藏总量分别为：2092.78 万册，2262.77 万册，2589.89 万册，其中，纸质文献总量分别为：1122.71 万册，1280.44 万册，1290.9 万册，纸质文献占总藏量的 53.65%，56.59%，49.84%，2020 年、2021 年增长率为 14.04%，0.82%。近三年全市公共图书馆纸质文献总量虽然增长，但在总藏量中的占比下降。

2021 年各公共馆纸质文献馆藏量差异较大，成都图书馆约占全市总藏量的 30%，其余 21 个区（市）县馆中，平均馆藏量为 43.83 万册，有 8 家公共馆藏量高于 50 万册，13 家公共馆藏量低于 50 万册，馆藏量最高的区县馆（88 万册）约为最低的区县馆（15 万册）的 5.8 倍。正增长的图书馆有 17 家，金牛区图书馆、崇州市图书馆、都江堰市图书馆为排名前三位，增长率分别为 13.97%、9.58%、8.91%。

1.3.2 成都地区公共图书馆基本部类藏书结构分析

分析中图分类法下的图书类别，就基本部类而言，社会科学类图书馆藏量最多（74%），其次为自然科学类图书（占比 18%），哲学类图书（占比 5%），综合性图书（占比 2%），马克思主义列宁主义毛泽东思想类图书（占比 1%），基本呈现社科与自科 8∶2 的分布。

1.3.3 成都地区公共图书馆基本大类藏书结构分析

就大类而言，各类图书在成都地区各公共图书馆的馆藏量较为一致，收藏量最多的为 I 文学类，占总藏量的 37%，其次为 K 历史地理类、T 工业技术。此三类约占总藏量的一半，收藏最少的为 V 航空航天类、A 马列毛类、U 交通运输类。

除 I 类外，所有其他种类图书馆藏量占比都低于 10%，占比在 5%～10%的图书有 5 类，其余 16 类图书馆藏量占比均在 5%以下，有 8 类图书馆藏量占比低于 1%。

各公共馆间收藏略有差异之处为：龙泉驿区图书馆、新津区图书馆收藏 S 类图书远超其余各馆，高新区图书馆收藏 F 类、H 类、T 类图书远超其余区（市）县馆，双流区图书馆收藏 G 类、K 类图书远超其余区（市）县馆。

2 成都地区公共图书馆藏书体系存在的问题

2.1 区域间馆藏建设不均衡

通过上一节对购书经费及馆藏结构的分析可看出，不考虑成都图书馆作为副省级图书馆获得的资源优势，成都地区各区（市）县馆的馆藏建设存在较大的差距。虽然全市购书经费稳定增加，但增长率并不相同，有一半的公共馆购书经费在下降，购书经费的最大差距为 22.8 倍，馆藏量的最大差距为 5.8 倍，各区县馆提供的图书资源不均衡，市民获得的图书资源也不均等。

2.2 图书资源共享程度不足

成都地区公共图书馆现已实现数字资源共享，建立起数字资源共享平台，但图书资源共享程度仍然不足。截至 2021 年年底，全市共建成分馆 266 个，超过全市行政区划数（256 个），已建成第二级藏书体系，但第三级藏书体系仍未健全；截至 2021 年年底，全市建成服务点 832 个，占行政区划数的 37.63%，意味着尚有近 60%的村（社区）未有自己的图书资源服务点，无法获取全市共享的图书资源。

2.3 地方特色文献分布不均，开发不足

特色文献是公共图书馆藏书体系中最重要的部分，是其传承与发展地方文化的体现，调研全市 21 个区（市）县图书馆发现，全市各馆都有自己的特色文献，但资源分布差距较大，4 家区县馆馆藏特色文献超过 1000 种，3 家藏 100～1000 种，6 家藏 10～100 种，7 家藏量在 10 种以内，藏量最高的区县馆有 7706 种特色文献，最少的仅有 1 种特色文献。

区县馆对于本地特色文献的开发与利用程度尚有待提高。目前有 50%区县馆（11 家）未进行特色文献开发，这其中仅有 5 家区县馆有开发意向；有 10 家区县馆已进行特色文献开发，仅两家区县馆完成数字化，8 家区县馆数字化比率低于 30%；整体投入经费不高，目前 70%区县馆投入经费在 5 万元（含 5 万元）以内，7 家区县馆未来打算继续投入的经费也在 5 万元（含 5 万元）以内。

2.4 缺乏馆藏建设专业人员

馆藏建设的质量与从事该工作人员的专业素质息息相关，调研全市 21 个区（市）

县图书馆发现，大部分区县馆都没有专业采访人员从事馆藏建设工作，有2家区县馆有专业采访人员，其余为兼职采访人员或其他馆员从事文献采访工作，年龄几乎都在30岁以上，1/3的工作人员年龄在40岁以上，绝大部分工作人员已在区县馆工作超过7年，约有一半人员专业背景为人文社科类。公共图书馆馆藏建设是长期累积的过程，缺乏专业从事馆藏建设及文献采访的工作人员很容易导致藏书质量不稳定，从而无法实现馆藏建设规划。

3 基于大数据的成都地区公共图书馆藏书体系优化策略

3.1 成都地区读者结构分析

3.1.1 成都地区读者年龄及性别结构

成都地区读者群主要集中在青年（15～44岁），占读者总数的61.62%；其次为中年（45～59岁），占比20.27%，此两类读者占比达到80%以上。再依次为其他（未登记年龄，占比8.05%）、老年（60～90岁，占比6.18%）、少年（1～14岁，占比3.89%）。

就性别而言，少儿读者几乎无性别差异，青年读者中女性远多于男性（女性占比61%），中年读者中女性仍多于男性但差异缩小（女性占比56%），老年读者中男性反超女性（男性读者占比 55%）。总体而言，女性读者多于男性读者（女性占比58.48%）。

3.1.2 成都地区读者各年龄段借阅行为

从借阅量来看，近5年来（2018—2022年），成都地区读者借阅行为以“80后”（占比29.64%）、“70后”（24.06%）、“10后”（占比18.49%）为主，此三者占总借阅行为的72.18%。其他年龄借阅量锐减，分别为“90后”（占比7.1%）、“00后”（占比6.36%）、“60后”（占比5.9%）、“50后”（占比4.64%）；人均借阅册数为23册，单册借阅时长为32天，平均年龄为42岁，性别差异不大，见表1。

表1　成都地区读者具象

性别	人均借阅册数	单册借阅平均时长/天	平均年龄
女	23.1	31.9	39.8
男	23.6	32.8	44.1

3.2 成都地区图书借阅数据分析

3.2.1 近三年成都地区公共图书馆图书总借阅量变化情况

就借阅总量而言，2019 年为全市图书借阅总量最高的一年，2020 年受疫情影响，借阅总量缩减至 2019 年的 67%，2021 年借阅总量逐渐恢复至 2019 年水平，约为 2019 年的 95%。

3.2.2 近三年成都地区公共图书馆基本部类图书借阅情况

2019—2021 年，成都地区公共馆所藏基本部类图书的借阅以社会科学类为主（占比 78.66%），其次为自然科学类（占比 11.16%），最后为哲学类（占比 6.87%）。成都市民借阅图书以社科类为绝大多数，社科与自科借阅比例大约为 8∶2。

3.2.3 近三年成都地区公共图书馆基本大类图书借阅情况

三年来各类图书的借阅量占比变化情况不大，表明虽然借阅总量三年来变化较大，但具体至各种类而言，读者的借阅喜好并无较大变化。三年来借阅量最高的图书始终为 I 文学类，始终占总借阅量的 46%左右；排名前五类的始终为 I 文学、B 哲学、K 历史地理、G 教科文体、H 语言文字；排名顺序 2021 年的与 2020、2019 年的稍有不同，2021 年 G 类、H 类上升至第二和第三位，K 类下降至第四位，B 类下降至第五位。

除 I 类外，所有其他种类图书借阅量占比都低于 8%；占比在 5%～8%的图书有 4 类，其余 17 类图书借阅量占比均在 5%以下。有 6 类图书借阅量占比低于 1%，最低的为 U 交通运输、V 航空航天、X 环境科学安全科学。

3.2.4 各类图书借阅情况与馆藏量对比分析

将 2021 年每个基本大类图书的借阅量与馆藏量对比，有 8 类图书的借阅量超过馆藏量，分别为 H 语言文字、N 自科总论、Q 生物科学、I 文学、Z 综合性图书、G 教科文体、V 航空航天，其中 A 类图书借阅量超过馆藏量最多，是馆藏量的 2.37 倍，其余 7 类的借阅量均是馆藏量的 2 倍有余；有 14 类图书的借阅量低于馆藏量，有 7 类图书的借阅量为馆藏量的一半，按由低至高的顺序，分别为 T 工业技术（借阅量为馆藏量的 35%）、U 交通运输（借阅量为馆藏量的 38%）、X 环境科学（借阅量为馆藏量的 48%）、R 医学卫生（借阅量为馆藏量的 51%）。

3.3 2021 年出版业情况分析

3.3.1 出版品种情况

据浙江省新华书店集团数据，2021 年收集图书品种 20.26 万种，其中当年出版新品图书 11.41 万种，馆配用书（当年新品中适合公共图书馆收藏图书）9.29 万种，在当年新品中占比 81.41%。2021 出版图书量逐步恢复，但仍未达到 2019 年的规模。近三年，社科、科技两类图书出版量保持 7∶3 的结构，2021 年社科类图书中 A、D 两类图书的出版量涨幅超过 10%，自科类图书除 R 类出版量略下降外，其余各类出版量均上升，N、P、Q、U、V、X 六类图书出版量涨幅超过 10%。

3.3.2 图书均价情况

馆配图书的均价呈现逐年上升的趋势：2021 年均价为 78.14 元，同比 2020 年涨幅 4.90%；其中社科类图书均价为 74.08 元，同比 2020 年涨幅 4.31%；科技类图书均价为 86.56 元，同比 2020 年涨幅 5.77%；综合类图书均价为 121.99 元，同比 2020 年涨幅 8.94%。

3.4 成都地区公共图书馆藏书体系优化策略

3.4.1 基于读者结构调整藏书体系建设重点

读者结构具象化地展现了公共馆服务的人群，公共馆应根据读者群结构调整其藏书建设重点，使其供给满足读者的阅读需求。

从成都地区读者结构构成来看，读者构成以青年、中年为主，读者借阅行为主要发生在“80 后”“70 后”以及“10 后”，因此成都地区公共图书馆在进行藏书建设和采选图书时，应以满足青年、中年读者需求为主。在此基础上，重视并挖掘“90 后”“00 后”读者的需求。“90 后”“00 后”读者属于青年读者，但其近 5 年借阅行为仅占比 13%，针对此部分未来社会主力人群，应研究其阅读习惯并选择与之适合的资源。

重视少儿读者的需求，参考成都图书馆少儿类图书借阅情况，2021 年成都图书馆少儿文献全年借阅 33 766 人次，123 683 册次，截至 2021 年年底，成都图书馆馆藏少儿文献 52 945 种，101 029 册，少儿图书借阅量已超过馆藏量，少儿文献借阅人次及册次分占成都图书馆总借阅人次及册次的 30.21%、32.69%，可见少儿读者的阅读需求非常旺盛。成都地区公共图书馆应加强对少儿文献，尤其是优质少儿文献的馆藏建设与采选，根据少儿不同年龄的阅读需求进行少儿分级藏书体系建设，藏书体系应包含适合 0 ~ 3 岁亲子阅读的低龄读物、适合 3 ~ 10 岁阅读的绘本、适合 6 ~ 12 岁阅读的少儿读物，与儿童学科学习相关的课外辅导读物、适合家长阅读的教育读物等，以满足各年龄段少儿的阅读需求。

3.4.2 基于图书借阅数据及出版业情况调整藏书结构

图书借阅数据反映了公共馆读者群的阅读倾向，公共馆应综合考虑读者群的阅读倾向、现有馆藏资源及出版业情况，相应调整其藏书结构，使其供给满足读者的阅读需求。

从成都地区图书借阅数据、馆藏数据、出版业情况来看，前两者保持社科、自科图书 8 : 2 的比例（出版比例为 7 : 3），因此，成都地区公共馆应维持现有社科、自科图书比重，以社科类藏书为主。

参考各类图书借阅情况、各类图书借阅量与馆藏量的对比，调整现有藏书体系中各种类图书的结构，针对读者借阅量高，以及图书借阅量高于馆藏量的图书种类，增加采购量，提高其在藏书体系中比重：如 I 文学、H 语言文字、G 教科文体，这三类图书三年来借阅量排名前五，其借阅量亦已超过馆藏量，应增加其采购量；针对 B 哲学、K 历史地理这两类位于借阅量排名前五，以及 A 马列毛、N 自科总论、Q 生物科学、Z 综合性图书、V 航空航天这 4 类借阅量大于馆藏量的种类，应参考各馆的馆藏建设方向与重点，相应增加其采购量。

针对借阅量排名最末以及借阅量远低于馆藏量的种类，应参考各馆的馆藏建设方向与重点，相应减少其采购量。

3.4.4 建立成都地区公共馆馆藏建设联盟

成都地区公共图书馆联盟现有框架包括五个方面：成都地区公共图书馆文献联合编目联盟，成都市公共图书馆数字资源共享平台、成都市读者诚信借还体系、成都市公共图书馆讲座联盟、成都市图书馆行业参考咨询联盟，2021 年成都地区公共图书馆实现了多级总分馆集群架构，全市公共馆使用同一套系统（架设于政务云），实行统一的馆藏书目数据、编目规则、借阅数据、读者数据、借阅规则。在此技术基础上，可建立成都地区公共馆馆藏建设联盟。馆藏建设联盟应对全市公共馆馆藏体系建设进行统一规划、整体调控，促进全市各公共馆特色资源规划与建设，提升全市公共馆资源共享程度，减少公共馆各自为政下馆藏资源的重复建设与浪费，改善全市区域间公共馆馆藏建设不均衡的局面，促使全市公共馆阅读服务更为统一、均等化，最终建立起公共馆各具特色、统一发展的全市藏书体系。

3.4.5 建设成都地区特色文献资源体系

地方特色文献反映了一个地区特有的政治、历史、经济、文化、民风民俗等，是公共馆最具唯一性、稀缺性的文献。根据21家区县馆的调研结果，目前成都地区地方文献建设各自为政、分布不均、开发程度不足，因此建立成都特色文献资源体系十分重要。地方特色文献资源体系建设可以从以下三方面入手：

（1）开展特色文献内容挖掘，在广泛收集整理各地志书、年鉴、家谱、与当地相关的出版物或内部出版物、本地作者著作等的基础上，集中打造最能体现当地特色的重点文献，形成标志性文献。如都江堰的道教文献，新都的杨升庵、艾芜文献，双流的槐轩文化，郫都的扬雄文献，崇州的常璩文献，武侯的三国文献，彭州的李一氓文献，简阳的周克芹文献等。

（2）建设成都地区特色文献数字资源共享平台，参考成都市公共图书馆数字资源共享平台，建立一站式、分层次的地方特色数字资源平台。成都地区有些区县馆自身特色资源品种数不多，单独建库成本太高，且每个区县馆都各自建库重复成本太高，可采用在统一平台建设不同特色资源库的方法，形成统一又表现形式多样、内容丰富的特色数字资源体系。

（3）建设特色文献知识体系，除图书外，尽可能收集音视频、图片等多载体的特色文献，并对其进行细粒度著录和精细化标引，建立关联，利用知识图谱技术，最终形成特色文献知识数据库，从而实现对特色文献的知识组织、专题服务、可视化服务、智慧服务。

3.4.6 提升采访人员专业素养及采访质量

藏书体系的优化与采访人员的专业程度、采访质量紧密相关。根据21个区县馆调研结果，目前应尽量确保区县馆有专业的采访人员，培养其专业技能，提升其业务能力。采访人员应充分研究本馆的读者数据、借阅数据、馆藏数据，通过大数据分析读者需求与本馆藏书利用情况，熟悉本馆馆藏建设定位、规划、重点及馆藏，研究国家一级出版社的出版重点与特色，综合读者、借阅、馆藏、出版四个方面信息，采购高品质图书。同时，定期对中标图书供应商进行考核，严格规范图书到货率、编目准确率，选用图书质量优异、图书到货率高、数据加工规范、配套服务能力强的供应商。

4 结语

成都地区公共图书馆藏书体系建设是一个长期的过程。随着大数据等新技术的广泛应用，成都市公共图书馆事业的深入发展，图书馆间合作共享程度的加深，地方特色资源的持续挖掘与打造，成都地区将能形成更各具特色、统一完善的全市藏书体系，为读者提供更全面、均等化、高品质、个性化的阅读资源。

参考文献

[1] 赵毅菲. 大数据时代加强公共图书馆地方特色资源建设研究[J]. 河南图书馆学刊，2020（11）.

[2] 贺雪晴，代兴群，唐可心. 公共图书馆地方名人资源建设研究——基于苏、粤、黑、赣、川5省省级公共图书馆的现状调查[J]. 四川图书馆学报，2021（5）.

[3] 张晨. 关于省级公共图书馆特色文献资源建设的思考[J]. 图书情报论坛，2016（1）.

[4] 陈锋平，柴玲姬. 市级公共图书馆特色资源库建设分析——以杭州图书馆为例[J]. 山东图书馆学刊，2021（5）.

公共图书馆文旅资源融合策略分析
——以彭州市图书馆为例

李晓培

（彭州市图书馆，四川成都，611930）

【摘　要】在文旅深度融合的时代背景下，公共图书馆怎样实现文化资源与旅游资源的融合是值得公共图书馆人关注和思考的问题。文章结合彭州市图书馆文旅资源融合的具体实践，分析公共图书馆文旅资源融合策略。

【关键词】图书馆；文旅融合；资源融合

文化是旅游的灵魂，旅游是文化的载体，文化与旅游具有天然的紧密关系。2018年3月，中华人民共和国文化和旅游部正式成立，被形象地誉为“诗和远方”的结合，指明了我国公共文化服务发展的新趋势和新方向。在文旅深度融合的新背景下，图书馆作为社会主义公共文化服务体系的重要组成部分，怎样促进文化资源与旅游资源的融合、以文化提升旅游内涵、以旅游实现文化价值，是一个具有理论价值和现实意义的问题。

1　彭州市图书馆文旅资源融合实践

彭州市图书馆以文旅融合理念引领发展模式创新，强化图书馆旅游属性，将阅读元素嵌入旅游资源，挖掘文旅资源双向融合的契合点，促进业态融合，用文化提升旅游的品质、精神价值和人文含量，通过旅游使文化得以更加广泛地传播。

1.1　延伸图书馆旅游属性

公共图书馆是城市文化地标。彭州市图书馆吸引游客参观游览，积极宣传旅游资源，大力推广地方文化，强化了图书馆的旅游属性。

1.1.1 “图书馆+文化地标”效应

彭州市图书馆坚持“品质化、景点化、网红化”思路，全面提升图书馆设施的美学理念和服务功能，努力为群众提供环境优美、温馨舒适、设施齐全的阅读场所，将图书馆打造成为彭州市“高颜值”文化地标。彭州市图书馆与彭州市文化馆、美术馆、博物馆形成具有独特吸引力的文化集群，位于彭州园的西北侧，将文化建筑与公园绿地有机融合。读者可以直接从图书馆步入公园，尽享开放型城市绿色生态空间。2021年，彭州市图书馆对馆外文化广场进行了建筑整体风貌环境整治提升，推动无边界绿廊构建，以“模拟自然、超越自然”的理念打造了小型园林花境景观。整体景观色彩自然和谐、景观层次丰富、季相变化明显，吸引了众多游客和读者赏花游园、实地参观。2022年，彭州市图书馆新打造的智慧智能数字化少儿阅览区集阅读、休闲、交流、审美、学习、创新功能为一体，在空间设计、装修风格、装饰元素等方面突出地方特色和童真童趣，引进益智棋桌、少儿触摸屏一体机、歌德借阅机等设备，满足了未成年读者对高品质文化服务的需求。此外，图书馆将原有24小时自助借书亭提档升级，打造成为“彭州读”阅读驿站。醒目的荧光文化墙上，古今中外的劝读劝学名言错落有致，极具书香底蕴、设计美感和时尚气质，兼备阅读休闲、文化教育、自助借还图书、地方特色历史人文知识展示等功能：“好看”和“好用”相结合，受到市民读者的青睐和追捧，成为彭州市一个崭新的文化地标和网红打卡地。

1.1.2 “图书馆+旅游资源”宣传

公共图书馆具有较高的社会关注度，通过图书馆开展旅游资源宣传，能够达到扩大宣传本地旅游产业、进一步促进旅游业发展的目的。彭州市图书馆在馆内放置了文化旅游地图、文旅资源宣传册，推荐全市13个镇的文化旅游景点、特色产品、名优小吃等，在每月一期的《参考咨询》期刊中设立“文旅资讯”专栏，推荐当月旅游活动。此外，结合文旅活动节点利用微信公众号开展“留言赠书”，借助互联网新媒体宣传本地文旅资源，吸引读者和游客了解彭州本地文化。如在天彭牡丹花会期间向游客和读者赠送《天彭牡丹谱》，在“三月三朝葛仙山”民俗活动期间推荐图书《葛仙山的传说》等。

1.1.3 “图书馆+地方文化”推广

彭州市具有深厚的文化底蕴。彭州市图书馆高度重视地方文献特色资源的建设，收集了一批体现彭州政治、经济、文化、历史地理、风土人情、民俗习惯的文献资料。以文旅融合为契机，彭州市图书馆向深度、向广度、向高度梳理挖掘地方文献资源，通过讲座、读书会等推介地方文化、地方作家、文学资源、旅游资源，带活地方旅游资源。如在古称“瞿上”的海窝子古镇开展读书分享活动，邀请地方作家罗宗发推荐图书《瞿上行》；在鱼凫湿地公园开展讲座《鱼凫与古蜀文明》，讲解古蜀文明从鱼凫文化到三星堆文化一脉相承的演进之路，将独特的景观、厚重的历史、淳朴的民情展现给更多游客和读者，以适应市场对深度旅游的需求，促进彭州文化旅游事业的发展。

1.2 将阅读元素嵌入旅游资源

近年来，彭州市图书馆在彭州市旅游景点、特色民宿、餐饮名店等地建立特色馆外阅读空间，开展全民阅读活动，为游客提供阅读服务，以书香提升旅游资源的文化底蕴，以文化带动旅游资源的品质升级。

1.2.1 旅游景点+阅读

乘着彭州市旅游事业大发展的东风，彭州市图书馆在宝山旅游景区、丹景山景区、白鹿音乐小镇 4A 级旅游景区及其他代表性景区建立了多个定位不同、风格迥异的馆外阅读空间，放置与本地区自然风光、风土人情、历史文化有关的图书，便于游客体验了解，增加城市文化记忆。宝山村馆外阅读空间共有图书 3 万册，为当地群众和游客提供阅读服务，是乡村振兴、文旅融合的典范。丹景山老站书吧、丹景·务观阅读空间各具特色，使游客在风景区体味到静心阅读的愉悦。白鹿镇的天彭书院馆外阅读空间收藏图书约 1.5 万册，是国学爱好者的交流场所，好学求进者的精神家园。该书院馆外阅读空间的图书契合了小镇的旅游特性和法国风情，使游客在旅游的同时享受到舒适、高雅、具有艺术气息的公共文化服务。

1.2.2 民宿+阅读

近年来，彭州市顺应文旅市场个性化、多元化的需求，提出“以民宿点亮乡村，用艺术对话世界”的民宿集群发展构想，打造出一批各具特色的优质民宿。在 4A 级景区白鹿镇，彭州市图书馆一个 24 小时可用、夜间无人值守的阅读空间摇身一变，成为一家可以住的“图书馆”。楼下是安抚心灵的“美空间”，楼上则是灵魂和身体的“休憩地”，受到广大游客的喜爱。彭州市图书馆为“无所事事”民宿配送图书 1000 册，把这栋靠山而居的白房子筑成山野间的诗意栖居地。该民宿获评国家级五星民宿，跻身中国民宿榜 TOP50，成为无数游客向往的诗和远方。此外，彭州市图书馆打造了鱼凫人家阅读空间、柒村书房阅读空间等 10 余个民宿阅读空间，使它们成为有美景、有书香、有温度、有灵魂的阅读打卡新地标。

1.2.3 美食+阅读

彭州市美食众多，彭州市图书馆与知名餐饮店实现跨界合作，让游客在品味美食的同时体验阅读的精神愉悦。彭州市九尺镇在强大的美食阵容基础上打造了九尺美食文创园，设置有阅读空间、文旅产品体验区、特色火锅体验区、户外休闲演艺区等功能区，图书馆配送图书1000册，实现了阅读资源、文化资源、旅游资源与商业服务的融合发展。云上咖啡阅读空间位于回龙沟景区内，云海伴着群山，猴群嬉戏其间；磨刀石阅读空间的小鱼洞冷水鱼远近闻名；猪圈咖啡阅读空间将乡土气息与时尚生活融合；闲云来院阅读空间川菜飘香，书香与美食碰撞形成的公共文化空间，既创新了公共文化产品的供给方式，也是对普通基层公共文化服务模式的有益补充。

1.2.4 非遗+阅读

非物质文化遗产是展示旅游资源和文化底蕴的重要窗口，彭州市图书馆把非遗传承和阅读融合在一起，展示彭州文化的悠远绵长和博大精深。彭州市图书馆在阅读推广活动中表演川剧艺术瑰宝、非遗文化《变脸》，推荐图书《彭州非遗》，邀请读者与非遗传承人互动并免费体验糖画、剪纸等非遗项目。“花样阅读”亲子活动带领小朋友们体验彭州非遗项目桂陶制作，激发起他们传承非遗文化的兴趣。“非遗+阅读”让非遗走出大山、走出文献，让更多人参与到非遗保护之中，取得了很好的社会效益。

1.3 挖掘文旅资源双向融合契合点

在“图书馆+”和“+阅读”两种模式的基础上，彭州市图书馆积极探索文旅资源双向深度融合，打造一氓故居人文空间，建设蔬菜主题图书馆，开展“阅游彭州”行动，以期实现公共图书馆与旅游要素的全面融合。

1.3.1 打造一氓故居人文空间

一氓故居是老一辈无产阶级革命家李一氓青少年时代在彭州居住的旧址，靠近“望蜀里”历史文化街区，是彭州市红色旅游景点，被列为成都市文物保护单位。彭州市图书馆收藏有李一氓无偿捐赠给家乡的4216册书籍,依托数字化加工技术已建成“一氓书屋”电子资源数据库。图书馆在一氓故居对“一氓书屋”电子资源数据库进行展示，实现扫码即可阅读，满足了游客数字化、便捷化的阅读需求。彭州市图书馆利用“一氓书屋”的文献资源，将一氓故居打造成为可阅读的人文空间，面向游客开展地方文化教育、革命传统教育、爱国主义教育。

1.3.2 建设蔬菜主题图书馆

彭州市是全国蔬菜基地，举办的国家级蔬菜博览会是具有国际影响力的综合性农业会展交易平台。彭州市图书馆结合本地区域特点、人文环境、产业优势，在濛阳镇天府蔬香博览园打造了特色“蔬菜主题图书馆”，收集蔬菜种植、蔬菜育种、蔬菜烹饪、现代农业技术等相关专题馆藏，满足彭州蔬菜产业从业人员的个性化、专业化信息需求，形成有特点、有内涵的现代图书馆，推动彭州市蔬菜产业的发展。

1.3.3 开展“阅游彭州”行动

住、食、行、游、购、娱是旅游中的六大要素，彭州市图书馆持续在彭州市开展“阅游彭州”行动，以期实现公共图书馆与旅游要素的全面融合。“阅住彭州”“阅食彭州”“阅行彭州”“阅游彭州”行动通过在大型酒店、特色民宿、餐饮名店、星级农家乐、游客集散中心、旅游景区等地打造公共文化阅读空间、开展全民阅读活动、广泛张贴移动阅读平台二维码、宣传数字阅读资源等，有效地推进了行走阅读、休闲阅读、全民阅读活动开展。“阅购彭州”行动将开发艺术性和实用性有机统一、适应现代生活需求的文创产品，增强文化产品转换为旅游产品的能力，吸引游客消费，促进旅游市场的开拓。“阅娱彭州”行动将通过开展更多寓教于乐的全民阅读活动，让游客和读者在舒缓身心、驱赶疲劳的休闲娱乐中学习文化知识，提升阅读兴趣，培养阅读习惯。

2 公共图书馆文旅资源融合策略分析

尽管已经有了一些尝试，但彭州市图书馆的文旅资源融合仍然处在初级阶段。公共图书馆应积极推动文化资源与旅游资源在更广领域、更高层次上多环节深度融合，形成相互促进、相得益彰的良性互动局面。

2.1 加强政府引导

文旅融合是一项长期任务，离不开政府的引导、管理和支持。各级政府部门应在此过程中加强对文旅深度融合的统筹协调，制定相关政策，对设施建设、运行方式、服务提供、管理制度和保障机制等方面给出具体规定，强化市场监管，加大资金投入，保障各项文旅融合活动形式的常态化、规范化，构建文旅资源融合共享新格局。

2.2 树立文旅融合理念

思想是行动的先导，公共图书馆工作人员应牢固树立“宜融则融、能融尽融、以文促旅、以旅彰文”的理念，提高文旅融合意识，在思想深处打牢文旅融合发展的基础，推动文化和旅游深融合、真融合。在具体工作中跳出图书馆藩篱，从全域旅游的角度出发思考问题，深挖文化资源潜力，推动文化赋能旅游产业，用文化提升旅游的内涵品位、精神价值和人文含量，丰富旅游业态，提升旅游品质，拓展旅游发展空间。

2.3 培养文旅复合型人才

人才是第一生产力，随着文旅融合的不断深入，文旅融合的模式、产品和内容将会向着差异化、多元化、特色化的方向发展，需要同时掌握文化资源开发、旅游资源利用、文旅活动策划、文旅舆情监测等技能的复合型人才。图书馆应与相关行业力量合作，开展专业培训，引导建立起一支知识结构多元融合、能力结构跨界复合、综合素养系统全面的人才队伍，从而活化公共图书馆各类文化资源，实现文化资源与旅游资源的相互融合、协同共进。

3 结语

文旅资源融合未来发展空间巨大。公共图书馆应该发挥自身优势，将馆藏文化资源进行创造性转化和创新性发展，让文化资源和旅游资源通过融合活跃起来，相互交叉渗透，通过跨界合作达到双赢甚至多赢的效果，一起走向文旅融合高质量发展和可持续发展的未来。

参考文献

[1] 石璞，沈艾，王诺. 打造展示文旅融合发展的“杭州窗口”——杭州图书馆主题分馆的实践与思考[J]. 图书馆研究与工作，2021（4）.

[2] 孙振强，蒋倩，赵晴. 公共图书馆文旅融合的实践与思考——以金陵图书馆为例[J]. 河北科技图苑，2020（5）.

[3] 李英，李肖峰，王一诺，等. 公共图书馆文旅融合发展策略研究[J]. 图书馆工作与研究，2022（4）.

[4] 龚林奇，庞天慧. 文旅融合背景下公共图书馆跨界合作研究[J]. 图书馆研究与工作，2020（6）.

基层公共图书馆馆员评价指标体系探究

陈燕

（简阳市图书馆，四川成都，641499 ）

【摘　要】 统一健全的基层图书馆员评价体系有利于营造良好有序的图书馆工作氛围，激发图书馆馆员的工作积极性、创造性和职业幸福感。图书馆馆员绩效评价指标体系应该从指标内容的架构、权重系数的确定、评价办法的制定等几个方面进行研究落实，从而使图书馆馆员评价结果更为客观公平、准确公正。

【关键词】 基层图书馆馆员；馆员评价；指标体系

1　背景

2017 年第六次全国公共图书馆评估定级工作正式启动，在评估指标中对各类型图书馆的保障条件、业务能力和服务效能都给出了明确要求。从指标分析来看传统借还服务已不能满足人们对公共图书馆的需求，这意味着对馆员尤其是基层图书馆馆员的业务能力提出了更大的挑战。2022 年，又迎来了第七次全国公共图书馆评估定级，对照评估指标，为真正达到以评促建、以评促管、以评促发展的目的，转变基层馆员工作作风、提升基层馆员业务能力已迫在眉睫。要实现改革和提升，就需要敢于打破传统的“吃大锅饭”的评价机制。

2　基层公共图书馆馆员评价的障碍

2.1　人员结构单一

基层公共图书馆，由于自身条件限制，不能吸引图书馆专业大学毕业生到馆工作。以笔者所在的简阳市图书馆为例，21 名在编职工除 1 名是考录的计算机专业人才外，其余均是从各行业调入，年龄趋于老龄化。

2.2 管理体制不统一

基层公共图书馆多属于公益一类事业单位。基层事业单位大多对职工的评价和考核没有统一的标准，仅有的每年30%绩效工资考核也基本实行平均分配，除教育部门外，鲜有基层事业单位对职工绩效工资“逗硬奖惩”。

2.3 缺乏量化标准

在2017年第六次全国公共图书馆评估定级标准出台之前，大多数基层图书馆的服务仅停留在传统的图书借阅上，真正开展延伸服务的公共图书馆极少，仅靠窗口借还服务，难以对馆员实施准确有价值的评价。

3 关于基层图书馆员评价指标体系的思考

3.1 评价内容

根据全国第六次和第七次公共图书馆评估定级的相关要求，结合基层图书馆工作实际制定切实可行的评价内容，如政治素质、工作经历、履职效果、年度考核情况、读者服务和安全管理效果等。

3.2 权重系数

根据基层图书馆员工作内容，结合评估定级中对基层图书馆的要求可设政治素质10分、工作经历10分、馆员履行岗位职责的效果70分（含年度考核情况10分、服务宣传与阅读推广15分、参考咨询5分、读者满意率5分、图书编目整理与排架5分、参与总分馆和阅读点建设5分、学术研究5分、参与志愿者服务5分、参加培训情况5分、安全管理5分、参考咨询与两会服务5分），评价对象在读者服务、安全工作、业务方面的突出贡献或个人获得的荣誉表彰10分。

3.3 评价办法

可由单位组成评价小组，由馆长担任组长，成员由副馆长、中层干部代表、骨干代表、理事会中的社会人士代表或读者代表组成。政治素质评价除参考馆员政治表现外还可运用“多维度互动式评价”策略，一是服务的需求者——读者的满意度；二是服务的管理者——领导的称心度；三是服务的协作者——同事间的佩服度。并将每个维度的评价得分按一定比例折算计入最终的考评得分。工作经历评价，可采用工作年限和任现职年限相结合进行评分。履职效果评价，以年度考核为例，可将优秀、良好（由于事业单位年度考核无良好等次，单位可按参加年度考核总人数的 30%分年划分良好等级）、合格按一定比例折合计入，不合格则不得分。优秀、良好、合格等级分别在 95% ~ 100%（19 ~ 20 分）及以上、80% ~ 85%（16 ~ 17 分）之间、65% ~ 75%（13 ~ 15 分）之间评分。根据以下计算公式得出评价对象年度考核得分：

年度考核为优秀　本项得分 $=\dfrac{\text{本人年度考核积分}}{\text{该年度全馆最高考核分}}\times 20$　（在优秀等级范围内取值）

年度考核为良好　本项得分 $=\dfrac{\text{本人该年度考核积分}}{\text{该年度全馆最高考核分}}\times 17$　（在良好等级范围内取值）

年度考核为合格　本项得分 $=\dfrac{\text{本人该年度考核积分}}{\text{该年度全馆最高考核分}}\times 15$　（在合格等级范围内取值）

又如，服务宣传与阅读推广效果评价，可采取定量与定性相结合的方式进行评价，也就是年参加阅读推广和服务宣传次数结合活动影响力、参与度等进行综合评价。再如，图书编目整理与排架，考核评价对象是否按第七次评估定级要求的编目时效进行编目，加工整理图书是否规范、统一、整齐、美观，是否按《中国图书馆分类法》（第 5 版）落实到第三级，是否做好登记等。此外，各馆还可根据实际创造一些特色评价办法，以激励团队积极健康发展。如运用“优+人气指数”评价策略，打造“实力+魅力”的馆员群体，把评价积分在 90 分以上的作为评优、选模的候选人，最后以全员表决形式决定评选谁。这样给更多的馆员提供了竞争的机会、搭建了发展的平台，使暂时处于弱势的馆员看到希望，受到激励，使打造“实力+魅力”馆员团队的愿望成为现实。又如，运用“发现亮点评价”策略，促进馆员不断超越自己，就是在按常规标准对馆员工作进行评价的同时，还要着重看馆员工作是否有亮点、有特色，尤其是在新冠疫情下，是否有冲锋在前的魄力，是否有服务读者的好办法、金点子。再如实施“多功能点面式评价”策略，促进馆员个体与群体的和谐发展。用“点”式评价促进个体发展，“点”式评价主要是通过每月评定“十佳馆员”“读者最喜欢的馆员”“明星职工”“领导最称心的馆员”“同事最佩服的馆员”等促进个体发展。并按照民主程序制订和不断完善各项评选条件。每年运用“评价结果+人气指数”的办法进行评选。用“面”式评价促进群体共同发展，“面”式评价操作方式是单位对部门进行统一评价，而对评价结果的奖励实行分级兑现。单位根据对部门的评价结果奖励到部门，部门根据评价结果奖励到馆员。这样如果所在部门评价结果不好，即使个人的评价结果好，整个群体也会受到影响。“整体联动奖励机制”，把个人利益与所在部门利益有机地联系在一起，促使部门之间相互配合，自觉把自己融入集体之中，增强了部门的团队意识，促进了馆员个体与群体的协调发展。部分管理人员的评价，能量化考核的要尽量量化，对于无法量化的部分可采用当年分管领域馆员的平均值，避免个别管理人员重管理、轻业务的现象发生。

3.4 评价程序

3.4.1 宣传动员

结合评估定级要求，向全馆职工宣传馆员评价的目的及意义，组织馆员学习当年各级与馆员评价相关的文件，使馆员吃透政策精神，宣传评议推荐的纪律要求；同时，公示上级文件，使馆员以积极健康的心态对待馆员评价工作。

3.4.2 制定方案

根据各级事业单位职工绩效评价相关文件精神，由馆务会研究确定，馆员评价领导小组启动制定完善方案（讨论稿），经全馆职工大会无记名投票进行审议通过后实施。

3.4.3 提交资料

馆员根据文件和政策的要求，做好相应材料的准备，在规定时间内以书面形式向馆员评价领导小组申报并提交相应材料。

3.4.4 资料审查

馆员对照“方案”中规定的条件进行自我申报，申报以书面申请为准，并按评分项目的顺序将得分的原始证明材料（如获奖证书、经验论文或成果证书等）及能证明自己符合申报条件的全部材料收齐，到指定地点进行业绩审查核实。业绩审查核实时，馆员可相互进行工作业绩核实，发现有不实情况时，可通过适当渠道向领导小组反映。馆员评价工作领导小组的全体成员参加资格和业绩审查核实，并现场认定审查核实结果。业绩审查核实时必须充分发表各自的意见，如果有意见必须在规定的时间内反映。评价小组审查核实完成后将审查认定结果进行公示。

3.5 结果运用

馆员评价结果可作为馆员评优选先的“金标准”，可作为馆员职称、岗位聘用的依据，也可作为馆员职务提拔的依据。

4 结语

完善的基层图书馆员评价体系，有利于促进基层图书馆管理理念和方法的改变，有利于激活基层图书馆现有的资源潜能，有助于形成持续的竞争激励机制，营造和谐进取的氛围，使基层图书馆馆员进一步转变观念，增强基层图书馆馆员的责任意识、质量意识、进取意识，并长期保持饱满的工作热情，优质高效的工作状态，促进基层公共图书馆健康、持续、快速发展。

参考文献

[1] 张克. 图书馆员考核方法初探[J]. 经济师，2006（6）.

[2] 吉卫红. 高校图书馆岗位竞聘制的价值、设计与管理[J]. 图书馆学研究，2005（8）.

[3] 竹哗. 图书馆员修养漫谈[J]. 图书馆情报工作，1980（3）.

[4] 王卓鹰. 试论图书馆员的服务能力[J]. 图书馆工作，2009（1）.

成都地区公共图书馆馆藏体系建设影响因素与发展对策

王舒可

（成都图书馆，四川成都，610000）

【摘　要】 目前，文献资源形式复杂多样，数量庞大，内容广泛，并且新时期下人们的阅读需求也呈现个性化、多元化的趋势，公共图书馆只有持续地积累开发和利用，才能拥有更高质量的文献资源。本文通过调查成都图书馆的馆藏基础，继而对馆藏体系的影响因素进行分析，既能加强对馆藏文献资源的开发利用，也能进一步完善馆藏体系，推动成都地区公共图书馆的发展。

【关键词】 公共图书馆；馆藏体系；影响因素；构建策略

1　公共图书馆馆藏体系建设的内涵与实证研究

公共图书馆馆藏体系是指图书馆人经过采访、加工、组织等一系列程序，根据社会公众的需求，整理不同水平、文种、载体、学科的文献，构成有主有次、相互配合、相互依赖、具有特定功能的藏书整体，形成具有本馆特色的馆藏体系。[1]

我们通过对馆藏文献基础数据的统计分析来了解成都图书馆的馆藏体系。馆藏文献基础数据的统计分析常被图书馆学界作为评价馆藏体系的方法和手段。本文对成都图书馆 2019—2021 年中文纸质图书的馆藏基础数据进行统计，研究现有的馆藏体系和读者的借阅情况，并进行对比分析，进一步延伸归纳影响成都地区公共图书馆馆藏体系建设的因素，为成都地区公共图书馆馆藏体系的建设提出科学合理的建议。本文选取 A ~ Z 大类的纸质中文图书为分析样本，统计指标为 2019—2021 年各大类图书的馆藏数据、借阅数据和利用数据及其排名，学科按《中图法》一级类目进行对比分析。成都图书馆中文图书馆藏量（种数）及近三年借阅情况见表 1。

表 1 成都图书馆中文图书馆藏量（种数）及近三年借阅情况

图书种类	馆藏数据			借阅数据			利用数据	
	总藏量	馆藏比率	排名	近三年总借阅册次	近三年总借阅占比	排名	馆藏借阅情况	排名
I 文学	225 327	24.44%	1	622 007	45.65%	1	2.76	2
K 历史、地理	87 077	9.44%	3	104 151	7.64%	2	1.20	11
G 文化、科技、教育	58 210	6.31%	5	89 360	6.56%	3	1.54	6
T 工业技术	112 600	12.21%	2	79 222	5.81%	4	0.70	18
J 艺术	57 872	6.28%	6	71 453	5.24%	5	1.23	9
F 经济	73 087	7.93%	4	58 806	4.32%	6	0.80	15
R 医药、卫生	47 153	5.11%	9	56 022	4.11%	7	1.19	12
C 社会科学总论	18 672	2.02%	12	55 497	4.07%	8	2.97	1
B 哲学、宗教	48 488	5.26%	8	49 857	3.66%	9	1.03	13
H 语言、文学	31 380	3.40%	10	39 133	2.87%	10	1.25	8
D 政治、法律	57 006	6.18%	7	28 608	2.10%	11	0.50	20
Z 综合性图书	17 176	1.86%	13	24 769	1.82%	12	1.44	7
Q 生物科学	10 585	1.15%	16	18 705	1.37%	13	1.77	5
N 自然科学总论	5465	0.59%	19	13 763	1.01%	14	2.52	3
O 数理科学与化学	14 899	1.62%	14	11 861	0.87%	15	0.80	16
P 天文学、地球科学	10 996	1.19%	15	10 791	0.79%	16	0.98	14
E 军事	6826	0.74%	18	8288	0.61%	17	1.21	10
U 交通运输	8934	0.97%	17	6681	0.49%	18	0.75	17
S 农业科学	18 955	2.06%	11	5256	0.39%	19	0.28	22
V 航空、航天	1706	0.19%	22	3822	0.28%	20	2.24	4
X 环境科学、安全科学	4289	0.47%	21	2431	0.18%	21	0.57	19
A 马列毛邓	5426	0.59%	20	2198	0.16%	22	0.41	21
合计	922 129			1 362 681	100%		1.48	

从表 1 可以看出各类图书的馆藏比率，近三年 I 类文学，T 类工业技术，K 类

历史、地理，F 类经济，G 文化、科技、教育这几类的总藏量排名前列，本馆社科类文献藏量要明显大于自科类文献与其他部类的文献；从借阅量来看，排名前列的主要是 I 类文学，K 类历史、地理，G 类文化、科技、教育，T 类工业技术，J 类艺术，与 2020 年相比，N 类自然科学总论，X 类环境科学、安全科学，P 类天文学、地理科学，D 类政治法律借阅量增长较快；从借阅情况可以看出，近三年，13 个种类的图书借阅量超过馆藏量，9 个种类的图书借阅量低于馆藏量。

通过对成都图书馆馆藏结构和利用情况的统计分析，研究读者的阅读需求、借阅规律等，并对每年的采访标准和馆藏政策进行相应调整，从而对公共图书馆馆藏体系产生影响。因此，本文通过实际调查与文献分析，总结出不仅是读者、公共图书馆自身，以及合作的书商等都会对公共图书馆馆藏体系产生一定的影响，继而为成都地区公共图书馆馆藏体系建设提出优化改进的建议。

2　成都地区公共图书馆馆藏体系建设影响因素分析

2.1　公共图书馆层面的影响因素

2.1.1　经费

公共图书馆大多数是纯公益性质，主要经费来源是政府的财政支出，经费是影响成都地区公共图书馆馆藏体系建设的首要因素，要积极拓展资金来源。首先，可以向主管部门、领导等及时反馈遇到的问题与困难，加大财政拨款；其次，可以与企业合作，通过提供信息服务获取资金支持，拥有充足的资金保障；最后，图书馆员也可以开发和高效利用数字资源，降低经费需求。[2]

2.1.2　公共图书馆定位

成都市公共图书馆立足于成都地区文献信息中心，市民的终身教育中心的功能定位，在此基础上，顺应成都地区发展和市民素质提升的需要，应以读者为第一位，提供优质的文献信息服务，保证公益化，人性化，以此为原则采选、收集整理和长期积累形成的成都地区公共图书馆馆藏体系，因此，公共图书馆的定位也是影响馆藏体系建设的重要因素。[3]

2.1.3　公共图书馆采购制度与标准

成都地区公共图书馆采购主要以“藏用结合，以用为主”为标准，在注重中文图书采购的同时也要关注外文图书采购，保证满足成都地区公共图书馆读者阅读需求的基础上，兼顾学术研究需求，并且要求更具专业性的采访人员对文献进行订购，来满足读者需求，搭建馆藏资源体系。因此，公共图书馆自身遵循的采购标准也是馆藏体系建设的重要影响因素，通过不断提升采访工作质量来完善馆藏体系。[3]

2.1.4 公共图书馆集群自动化管理系统的应用

目前成都地区公共图书馆主要使用 Interlib 图书馆集群管理系统，该系统主要包含采访、编目、典藏、期刊、流通等功能，系统自身的完善度、使用便捷度、流畅度等都会影响图书馆各项工作的运行；同时，Interlib 作为资源共建共享的系统，把成都地区的公共图书馆通过网络连接成一个体系，实现了资源共享的服务模式。目前，成都地区公共图书馆就是基于统一的基础业务系统 Interlib 实现通借通还系统建设的，因此集群自动化管理系统的使用和选择也是成都地区公共图书馆馆藏体系建设的重要评估因素。[4]

2.2 读者层面的影响因素

2.2.1 读者构成与需求

立足于公共图书馆的定位，充分满足读者要求，是确立馆藏体系建设必须首要遵循的原则。成都地区公共图书馆主要面向成都地区的市民提供知识信息服务，经统计，成都地区公共图书馆的读者群仍集中在青年群体，其次是中年，女性略多于男性；借阅行为以“70 后”“80 后”为主，“10 后”“90 后”与“00 后”的借阅量较少。在此基础上，不仅应该持续对成都地区公共图书馆有更清晰的读者画像分析，同时也要反思，充分调查“90 后”与“00 后”的阅读需求，增加文献采选的比重，才能进一步完善馆藏体系。因此，读者的构成与需求同样也是馆藏体系建设需要关注的重中之重。[2]

2.2.2 读者素质

成都地区公共图书馆面对的成都地区的所有公民，素质参差不齐，读者对书籍的使用同样影响馆藏体系建设，如果读者损坏、丢失的书籍数量过多，也会对馆藏体系建设有一定影响。

2.2.3 读者捐赠

读者捐赠也是公共图书馆文献采选的重要渠道，其他图书馆或者个人赠书都能对丰富馆藏有很大的贡献。2019 年 2 月，著名巴蜀文化学者袁庭栋将其毕生藏书、剪报及手稿等资料全部无偿捐赠给成都图书馆，对成都图书馆的藏书体系产生了重要影响。因此，成都地区公共图书馆应重视读者捐赠，对属于馆藏资源建设范围内的文献予以入藏，进而使馆藏体系建设更加完善。

2.3 第三方层面的影响因素

2.3.1 供书商合作出版社的范围

目前据了解，成都地区公共图书馆合作的书商主要是新华文轩、浙江新华、北京人天、布克、方所等，书商所能提供的出版社范围也是馆藏体系建设的重要影响因素。新华文轩、浙江新华、北京人天分别囊括西南、东南、华北等地的出版社，基本上能够提供的图书品种相对全面。据浙江新华数据，2021 年收集图书品种 20.26 万种，其中馆配用书 9.29 万种，在当年新品中占比 81.41%。近三年来，图书品种数呈现下凹曲线态势，2020 年和 2021 年受疫情影响，均未达到 2019 年的图书品种数量，这都会对馆藏体系建设产生影响。

2.3.2 供书商合作出版社的出版质量和出版重点

供书商新华文轩、浙江新华、北京人天、布克、方所等合作的出版质量也很重要，出版社出版图书质量下滑，会直接影响藏书的质量；另外，出版社每年的出版重点都有变化，这些都是影响藏书的质量和种类的重要因素，进而影响整个公共图书馆的藏书体系。

2.3.3 供书商到货率

供书商的到货率主要存在以下几个方面的问题：首先，供书时间上不能保证，这种情况主要是供书商自己工作安排的冲突，加上图书市场有淡季和旺季之分，导致不能及时供书。其次，供书品种上不能满足图书馆的多样化需求，一方面是因为自身书源有限，另一方面受市场的影响，同时还因为自身利益，不愿提供超出折扣的图书。最后，也会存在送货延迟，配送不及时的情况。这些因素都会直接影响馆藏图书，继而影响馆藏体系。

3 成都地区馆藏体系建设发展的对策

3.1 丰富图书采购渠道，完善馆藏体系建设

目前采购渠道主要是图书馆员采购，读者荐购，读者捐赠这几种途径，还可以通过阅读推广服务来推动读者能够更深入地参与到图书采购中；同时针对各种社会热点，也应及时跟进时事政治，补充馆藏；随时关注各大图书榜单等；更重要的是利用好数字资源，重视数字资源的采购，在优化成本的基础上也能使读者阅读更为便利。[2]

3.2 科学制定采购标准，充分挖掘读者需求

采购标准对文献采访具有指导作用，必须要科学化、规范化，才能建立更加科学可行的馆藏体系。最重要的就是要考虑读者的需求，使各类读者都有可用文献，同时也要优化配置馆藏文献，在以纸质资源为主的基础上，扩大数字资源的采购；也要科学地确定文献的品种和复本，平衡各类型，各年龄段的读者需求；但是也要重视特色馆藏的建设，如成都市地方文献等，建设具有本馆特色的纸质和电子文献馆藏；最后要重视藏书的质量，要随时关注读者的需求，及时进行文献种类和副本的调整，使馆藏体系建设在动态中推进，达到馆藏文献与读者需求之间的平衡。[5]

3.3 慎重选择合作书商，提高图书质量，保证图书到货率

选择供书商的关键是注重供书商的综合实力，首先要有突出的统、销货能力，有自己的进货、备货体系和组织资源的能力；其次要有较大的现货、期货优势；还要有优秀的运营和周转能力，减少为图书馆提供服务的中间环节，开展直供业务；最后供书商的人员素质信息化设备是否齐全，数字资源是否完整也是影响供书商的重要因素。

供书商的硬件服务也是重要考虑因素。供书商的硬件服务主要是指供书商的网络化管理程度，能够提供较全的 ISO 电子文件书目和 MARC 数据以供编目使用。另外，也要重视售后服务，对有破损的图书，能及时退换货等，因此选择有实力的供书商，能保证图书的到货率，也是馆藏体系建设的重要影响因素。[6]

参考文献

[1] 齐东峰，罗欢. 密执根图书馆馆藏发展政策及其启示[J]. 图书馆杂志，2012，31（7）：74-78.

[2] 冯惠贞. 关于县级图书馆落后馆藏体系重新构建的思考——以鹤山市图书馆为例[J]. 传媒论坛，2020，3（18）.

[3] 方晓红. 图书馆藏书体系建设的影响因素与对策[J]. 图书馆学刊，2010，32（5）.

[4] 田宇. 分布式集群架构下通借通还常见问题解析——以成都地区公共图书馆为例[J]. 四川图书馆学报，2021（1）.

[5] 许莉. 公共图书馆参考藏书体系评估分析——以湖南图书馆为例[J]. 遵义师范学院学报，2014，16（1）.

[6] 姜曼莉，朱成涛. 图书招标采购的诸多弊端和对策[C]. //新形势下的图书馆采访工作——第一届全国图书采访工作研讨会论文集，2005.

文旅融合下公共图书馆资源融合与创新发展

余夏

（武侯区图书馆，四川成都，610000）

【摘　要】为发挥公共图书馆作为文化服务阵地的作用，将阅读与旅游结合，激发群众阅读热情。本文旨在探索文旅融合下公共图书馆资源融合与创新发展，立足当地文化底蕴和旅游资源，通过不断地挖掘、探索和利用，力争实现在“文化+旅游”融合下公共图书馆的多样化发展，助力全民阅读的推广。

【关键词】公共图书馆；文旅融合；发展

党的二十大报告中提出要“推进文化自信自强，铸就社会主义文化新辉煌”。《中华人民共和国国民经济和社会发展第十四个五年规划和2035年远景目标纲要》中提到，“推动文化和旅游融合发展。坚持以文塑旅、以旅彰文，打造独具魅力的中华文化旅游体验”。为推动文化事业和旅游产业的融合发展，创新公共图书馆服务新途径是必不可少的。在深入推进全民阅读的基础上，如何将“文化+旅游”融合发展？这是公共图书馆当前所面临的问题和挑战。根据国家出台的一系列关于文旅融合发展政策文件，我们从中探索发展道路，这也为新时代公共图书馆与旅游深度融合发展创造了良好的环境。

1　文旅融合下公共图书馆发展的必要性

1.1　群众日益增长的精神文化需求

近年来，随着国家对文化事业的重视度不断加强，作为文化事业重要组成部分的公共图书馆越来越受到大众的关注与重视。根据文化和旅游部数据统计显示，随着全国公共图书馆数量的不断增长，图书总藏量、开展活动次数、参加活动人次等也呈现出逐年增加的态势。就2012年到2021年期间来看，全国公共图书馆数量由

3076 个增加到 3215 个；阅览室坐席数由 73.46 万个增加至 134.42 万个；图书总藏量由 78 852 万册增加至 126 178.02 万册；书刊文献外借由 33 191 万册次增加 58 730.15 万册次；为读者举办活动从 81 890 次增长到 202 568 次，参加人次从 4108 万增长到 11 892.49 万；流通总人次从 43 437 万增长到 74 613.69 万。数据显示，群众对精神文化的需求在不断增长，这也使人民群众对文化的感知能力越来越强，更加注重精神层面的提升和享受；同时随着国民经济收入水平的不断提高，在闲暇时间选择外出旅游的群众也越来越多，从而为文旅产业融合发展创造了良好的机遇。

1.2 国家政策支持

2009 年，文化部和国家旅游局联合印发了《文化部国家旅游局关于促进文化与旅游结合发展的指导意见》,强调了新形势下促进文化与旅游深度结合是文化和旅游部门的共同责任；2017 年，中国中央办公厅、国务院办公厅印发了《关于实施中华优秀传统文化传承发展工程的意见》，将“大力发展文化旅游，充分利用历史文化资源优势，规划设计推出一批专题研学旅游线路，引导游客在文化旅游中感知中华文化”列入重点任务；2017 年，文化部印发了《“十三五”时期文化产业发展规划》，指出要在 2020 年实现文化与旅游双向深度融合。2018 年，文化部和旅游部正式合二为一，挂牌为中华人民共和国文化和旅游部，由此国家从顶层设计上对文化和旅游进行了深度融合，作为公益性文化机构的公共图书馆参与文化与旅游融合也就获得了合理性。在 2021 年文化和旅游部发布的《“十四五”文化产业发展规划》中，指出要“坚持以文塑旅、以旅彰文，推动文化产业和旅游产业深度融合发展，推进“文化+”战略，坚持以文化赋能发展，发挥文化引领风尚、教育人民、服务社会、推动发展的作用。”以上一系列政策不仅为文旅融合发展奠定了坚实的基础，同时也为文旅融合发展找到了方向。

1.3 使命与责任

从公共图书馆的发展历史来看，公共图书馆的使命并不是一成不变的。19 世纪末 20 世纪初，公共图书馆逐步发展起来，古越藏书楼在 1902 年对外开放，湖南图书馆在 1904 年建立，而后在浙江、江苏、河北等地区，公共图书馆陆续建立起来。在百余年间，公共图书馆的种类日益丰富，囊括了音乐图书馆、军队图书馆、盲人图书馆、教会图书馆等，旨在为群众提供各种专业服务。在不同的时代背景下，图书馆人肩负着为公共图书馆寻求新的定位的使命，并对其进行了不断探索和实践。

公共图书馆的使命也从最初的教育教化发展为包括教育、文化传播、信息服务等内容在内的多重使命。而现在，在文旅融合的时代背景下，公共图书馆成为游客了解当地文化历史知识的重要媒介，承担了文化服务阵地的职责，正在向一种全新的“文化+旅游”模式转型，并通过各种创新举措参与其中，这也是图书馆人职业使命的驱动。作为中国图书馆界的执牛耳者，中国国家图书馆摸索出一条适用于图书馆的“典籍展览+非遗技艺+研学旅游+文创衍生品”的文旅融合之路，它通过西湖、敦煌、甲骨文等文化开发了创意生活、文房雅趣、油品书籍等文创产品，还在平台上开通了“国家图书馆旗舰店”，提升了文化与旅游服务需求相契合的图书馆资源的整合和融合能力。再如天津滨海图书馆极具“科技感”的设计，上海浦东图书馆的“空中花园”，由码头改造而建立在江上的铜陵滨江码头图书馆等公共图书馆以独特的建筑设计和舒适的环境被市民列为网红图书馆，也成为不少游客必去的打卡地。而越来越多的新建公共图书馆，在选址上更倾向与自然生态相结合，如天府人文艺术图书馆、福田区儿童图书馆香蜜分馆等，坐落于公园里，立足公园特色为市民打造美景与书香相伴的城市特色图书馆，成为无数爱书和爱阅读群众的读书胜地。

2　文旅融合下公共图书馆的举措

在文旅融合发展领域，公共图书馆在为群众提供文化服务方面具有一定的优势，可以让群众享受到优质便捷的文化服务。图书馆作为社会公益服务机构中的代表，一般坐落在交通方便的区域，且内部阅读空间大，能够容纳多人进入参观和学习，文化服务功能突出。在文化历史知识的普及方面有着丰富的经验，成为游客了解当地文化历史知识的重要媒介之一。武侯区拥有众多的景区景点，被赋予了得天独厚的历史文化。灿烂的历史文化和风土人情吸引了众多的旅游者接踵而至。武侯区图书馆作为旅客了解当地文化历史的重要窗口，发挥着桥梁纽带作用。近年来，武侯区图书馆创新开展了一系列工作，为公共图书馆文旅融合发展奠定了坚实的基础。

2.1　聚焦需求，积极推进社会分馆建设

武侯区历史文化底蕴深厚，素有“千年武侯祠，百年华西坝，丝竹望江楼”之美誉。近几年，武侯区成绩斐然，蜀宫琴台文创场景体验馆入选成都市第五批“新旅游·潮成都”主题旅游目的地名单，梵木 Flying 国际文创公园被评为成都市市级文创产业园区，在 2020 年武侯区更是获评“天府旅游名县”，硕果累累。根据文化

和旅游部、国家发展和改革委员会、财政部联合发布的《关于推动公共文化服务高质量发展的意见》文件精神，武侯区图书馆结合总分馆制建设要求，创新打造文旅融合新场景，在梵木 Flying 国际文创公园打造了“平静生活分馆”、在蜀宫琴台打造了“蜀宫琴台国学分馆”、在 AAAA 级旅游景区“天艺浓园艺术博览园”打造了“天艺艺术分馆”，分馆的打造不仅扩大了公共文化服务覆盖面，同时也得到了市民的广泛关注和认可。“平静生活分馆”“蜀宫琴台国学分馆”被成都市委宣传部等部门评选为“城市阅读美空间”，而“平静生活分馆”更是在“2021 年长三角及全国部分城市最美公共文化空间大赛”中被评为“最美公共阅读空间”，充分提升了图书馆设施网络的美学空间和服务功能。这也是武侯区贯彻落实“成都市幸福美好生活十大工程·高品质公共服务倍增工程”，落实“打造优雅时尚的文旅新场景”的重要成果，满足了市民群众对美好生活的新期待。

2.2 持续丰富图书馆“天府文旅专区”特色馆藏

地方文化最能彰显一个地方的文化特色和文化韵味。悠久的历史文化需要图书馆人不断地去挖掘、探索、整合、运用。公共图书馆馆内收集了很多文化宝藏，还有记录着关于当地历史文化进程和渊源的各种文献资料，这对当地打造特色文旅体系起了很大的作用。为实现“文化+旅游”的充分融合，立足当地深厚的文化底蕴和丰富的旅游资源，武侯区图书馆设立了“天府文旅专区”，收集了天府文化旅游相关的《成都诗词》《陆游咏蜀诗选》《琴台文艺》等散文诗歌，《袍哥文化与四川现代小说研究》《诗意成都》《历代名人咏四川》《老成都记忆》等小说和《天府文化》《文旅成都》《武侯文艺》等刊物，并对相关书籍进行整体呈现，制作了相关的天府文化书单展板对其进行推荐，以此营造浓厚的历史文化氛围，从而体现公共图书馆馆藏特色，同时也可供历史文化爱好者参考和利用。

3 文旅融合时代公共图书馆发展的思考

3.1 继续开辟公共图书馆文旅融合新空间

中国历史文化悠久，各个地方都有其特色的历史文化积淀，其丰厚的底蕴使偏爱文化旅游的游客为之痴迷。为实现公共图书馆文旅融合发展，挖掘当地特色文化旅游资源，可以结合各有特色的文化旅游产品，以“旅游+文化”的方式，通过公共图书馆平台展示特色旅游产品，打造充满当地特色文化氛围的阅览空间实现文化旅游元素的有机融合，让读者“零距离”阅读当地历史风貌，了解有关的历史文化知识。如上海市徐汇区图书馆，以历史人文、优秀建筑、名人故居风貌文献资源为馆藏特色，通过收集历史建筑的图纸档案、影像资料、实地踏勘、收集文献资料等，制作了徐家汇天主堂、太原别墅、爱庐等优秀历史建筑模型 22 座，为读者搭建了一个了解徐汇区历史文化精髓的窗口。又如滨江码头图书馆，一座利用废弃码头所改造的全公益性的大型书屋，它的设计从码头原环境出发，结合铜陵文化，将工业风与自然元素融合，形成了“由地而生”的建筑。因为它特殊的地理位置及巧妙设计，被人们誉为“最美江上书屋”。越来越多的新建公共图书馆，在选址上更倾向与自然生态相结合，如天府人文艺术图书馆、福田区儿童图书馆香蜜分馆等，为市民打造美景与书香相伴的城市特色图书馆，成为无数爱书爱阅读市民的心头好。

3.2 加强“文化+旅游”宣传推广的融合

当前我国网民超 8 亿，网络已然成为人们生活生产不可割舍的一部分。图书馆也看到了网络市场的无尽潜能，大部分都开设了自己的公众号、门户等“互联网+”宣传平台，也拥有了一定的读者群体，因而可借此优势与重点旅游景区、景点合作。两者可通过有机整合，建立长期、稳定的宣传推广关系。品牌成熟的旅游景区、景点游客吸附能力较强，在宣传领域经验相对丰富，可借鉴双方成果经验，确保优势互补、资源共享，发挥“1+1 > 2”的宣传推广作用，有计划、有目的地展开宣传活动，塑造品牌，扩展思路，增强受众黏性，使图书馆与旅游景区、景点结合共同提升关注度、美誉度、竞争力。

3.3 新技术发力助推文旅深度融合

在现代信息化技术高速发展的前提下，社会已进入了数据信息化时代，人们获得信息的途径已不再局限于纸质报纸、电视媒体，慢慢转向了新媒体平台、数字平台等，高新技术的蓬勃发展为促成可体验、可交流、可互动的传播方式提供了技术支撑。在这一背景下，一方面，图书馆可以整合馆内文旅资源将其进行数字化处理，同时建设数字平台进行高效管理，并与主流旅游网站关联，为游客获取文化旅游资源提供便捷性服务，让游客能够随时全面掌握当地旅游知识和信息，进一步宣传地域历史文化，提升地域知名度，创新图书馆服务内容；另一方面，图书馆可以把当地历史文化相关的图文和音频资料进行结合，通过虚拟现实（VR）和增强现实（AR）技术用场景式、空间化呈现出来，以此吸引更多游客感知区域文化特色。

4 小结

目前，在推进文旅融合发展的时代背景下，对公共图书馆进行创新发展研究，是必不可少的。在此过程中，公共图书馆要充分发挥作为文化服务阵地的作用，渗透文旅融合发展的理念，健全文旅融合发展的相关机制，探索文旅融合发展的路径，弥补文旅融合发展的不足之处，提高文旅融合发展契合度，为广大游客提供高质量文化旅游服务，切实提升群众获得感、幸福感。图书馆可以通过实施创新服务职能、创新运用馆藏资源、创新服务内容、创新文创产品开发等举措，达到互利互惠的效果，帮助文旅融合发展顺利实施；同时也能加强对当地文化历史资源的传承与保护，从而为我国文化和旅游事业注入蓬勃的力量。

参考文献

[1] 单红波. 公共图书馆与旅游融合的模式与路径研究[J]. 图书与情报，2019(3).

[2] 鲁忠慧. 宁夏文化产业发展报告[J]. 新西部，2018（7）.

[3] 朱晔慧. 文旅融合背景下公共图书馆创新服务——以上海市徐汇区图书馆“建筑可阅读”特色服务为例[J]. 图书与情报，2020，10（4）.

PART TWO

公共图书馆管理服务

基于用户视角的公共图书馆馆员服务能力评价分析

张坤，张晨曦

（成都瑞巨文化传播有限公司，四川成都，610041）

【摘　要】 公共图书馆属于社会公益性服务部门，图书馆员是公共图书馆服务的主要承担者，图书馆员的服务能力直接决定了公共图书馆服务质量和用户满意度，对用户与公共图书馆之间建立长期稳定的关系至关重要。本研究基于用户视角，利用问卷调查研究对象对图书馆员服务能力的评价进行实证分析。

【关键词】 用户视角；图书馆员；服务能力

引言

人是事业发展最关键的因素。在图书馆服务所发挥的作用中，图书馆的建筑物占 5%，信息资料占 20%，而图书馆员占 75%[1]。公共图书馆属于社会公益性服务部门，其图书馆员的服务能力直接决定了公共图书馆服务质量和用户满意度，对用户与公共图书馆之间建立长期稳定的关系至关重要，同时，图书馆员服务能力也对公共图书馆的服务发展起着关键性作用。所以，公共图书馆应该重视提高图书馆员服务能力。

1　问卷设计与数据收集

本次研究主要通过问卷调查方式获取数据。调查问卷分为两部分，第一部分为用户基础信息，第二部分为问卷主体，通过服务态度、业务水平和仪表仪态三个维度 18 项评价指标及图书馆员总体服务能力综合评价来测评图书馆员的服务能力，问卷主体部分采用李克特 7 级量表测量调查对象对各项指标的认可程度。

成都图书馆用户作为本次研究的调查对象，采取实地发放问卷的调查方式。本次用户调查共计回收问卷 217 份，有效问卷 203 份，有效率为 93.5%，样本数符合测评统计需要。

2　图书馆员服务能力评价实证结果与分析

2.1　用户基础信息和主观认知分析

根据用户基础信息和主观认知，可以很清晰地了解用户基础信息和主观认知情况，有助于更为详细地分析样本数据。具体数据结果如下所示。

如表 1 所示，在本研究样本中男性占 52.7%，略高于女性；年龄结构以青年人（18 ~ 44 岁）为主，占 67%；受教育程度具有本科以上学历的占 66.9%，说明用户文化层次较高；目前工作情况以学生居多，占 42.4%，说明图书馆在学生用户的学习生活中占有相当重要的地位，应该和他们较强的学习需求有密切关系；用户在利用图书馆的行为分布中，您到图书馆的平均频率中"经常（每周 2 ~ 3 次）"以上占 69.9%，近七成用户都有经常到公共图书馆并利用图书馆服务的经历；您到公共图书馆的主要原因（可多选），学习或备考占 57.8%，公共图书馆温馨的阅读氛围，为用户提供了舒适的学习阅读第三文化空间。

表 1　基础信息情况统计

调查项目	选项	样本容量	比例/%
性别	男	107	52.7
	女	96	47.3
	合计	203	100
年龄	18 岁以下	43	21.2
	18 ~ 29 岁	90	44.3
	30 ~ 44 岁	46	22.7
	45 ~ 60 岁	18	8.9
	60 岁以上	6	2.9
	合计	203	100
受教育程度	中专、高中及以下	50	24.7
	专科	17	8.4

续表

调查项目	选项	样本容量	比例/%
受教育程度	本科	103	50.7
	硕士及以上	33	16.2
	合计	203	100
目前工作情况	上班族	55	27.1
	退休	7	3.4
	待业	26	12.8
	学生	86	42.4
	其他	29	14.3
	合计	203	100
您到图书馆的平均频率	很频繁（几乎每天）	61	30.0
	经常（每周 2～3 次）	81	39.9
	偶尔（每月 2～3 次）	55	27.1
	很少（每年 2～3 次）	6	3.0
	合计	203	100
您到公共图书馆的主要原因（可多选）	借还书刊	37	13.5
	学习或备考	159	57.8
	阅读书刊	59	21.5
	参加活动	4	1.4
	其他	16	5.8
	合计	275	100

如表 2 所示，对公共图书馆服务的了解程度，“比较了解”到“非常了解”之间的占 58.2%，一般占 33.5%；“非常不了解”到“比较不了解”之间的占 8.3%；认为图书馆员在所利用公共图书馆服务中的重要程度，“比较重要”到“非常重要”之间的占 87.7%，一般占 10.3%，“非常不重要”到“比较不重要”之间的占 2%。可见样本用户与公共图书馆的关系持续而稳定，这从侧面反映出公共图书馆对于用户的重要性，表明本次调查数据真实有效。

表 2 主观认知情况统计

调查项目	选项	样本容量	比例/%
对公共图书馆服务的了解程度	非常了解	14	6.9
	了解	35	17.3
	比较了解	69	34.0
	一般	68	33.5
	比较不了解	11	5.4
	不了解	6	2.9
	非常不了解	0	0.0
	合计	203	100
认为图书馆员在您所利用公共图书馆服务中的重要程度	非常重要	43	21.2
	重要	68	33.5
	比较重要	67	33.0
	一般	21	10.3
	比较不重要	3	1.5
	不重要	1	0.5
	非常不重要	0	0.0
	合计	203	100

2.2 问卷信度分析

本研究利用 SPSS23.0 分析软件对问卷主体调查数据做信度检验，以确定所检验信度系数数据的可信度。以 Cronbach α 系数为主要检验指数，通过对数据量表的各项维度进行信度检验，通常信度系数在 0.7 以上，就可以认为数据可信度性高。

如表 3 所示，信度检验分析结果表明，量表维度总体 Cronbachα系数值为 0.971，其各项维度的信度系数值在 0.937 ~ 0.967，表明内部一致性检验非常好，问卷维度的信度较高，因此调查问卷是可以采用的。

表 3　问卷信度分析

维度	Cronbachα	内部一致性检验
服务态度	0.937	通过
业务水平	0.967	通过
仪表仪态	0.949	通过
总体	0.971	通过

2.3　测量维度和指标的评价统计分析

2.3.1　服务态度的均值、标准差分析结果

对于服务态度方面，该维度设置七项评价指标，用户通过这七项评价指标来评价图书馆员的服务态度，从均值的情况可以反映用户对图书馆员服务态度的可感知度，标准差可以反映用户评价一致与否。“服务态度”评价指标均值、标准差分析结果见表 4。

表 4　“服务态度”评价指标均值、标准差分析结果

维度	评价指标	最高值	最小值	均值	标准差
服务态度				5.75	
	图书馆员主动热情	7	1	5.35	1.404
	图书馆员谦虚礼貌	7	2	5.90	1.121
	图书馆员态度友善	7	2	5.98	1.072
	图书馆员能及时提供帮助	7	2	5.96	1.112
	图书馆员关注读者的个性化需求	7	1	5.28	1.430
	图书馆员让读者觉得自己受到尊重	7	3	5.96	1.045
	图书馆员会以开放和尊重的态度对待读者提出的建议或意见	7	2	5.80	1.187

2.3.2　业务水平的均值、标准差分析结果

对于业务水平方面，该维度设置八项评价指标，用户通过这八项评价指标来评价图书馆员业务水平，从均值的高低可以反映用户对图书馆员业务水平的可感知度，标准差可以反映用户评价一致与否。“业务水平”评价指标均值、标准差分析结果见表 5。

表 5 “业务水平”评价指标均值、标准差分析结果

维度	评价指标	最高值	最小值	均值	标准差
业务水平				5.96	
	图书馆员业务熟练准确	7	3	6.00	0.980
	图书馆员能准确理解读者需求	7	2	5.86	1.031
	图书馆员能迅速处理我的请求	7	3	6.00	1.005
	图书馆员的理解与沟通能力良好	7	3	6.09	0.942
	图书馆员会立即解答读者提出的问题	7	3	6.01	0.941
	图书馆员能可靠地解决读者遇到的问题	7	3	6.00	0.941
	图书馆员具备解答读者问题的专业知识和技能	7	2	5.86	1.105
	图书馆员具备能满足读者需求的良好专业能力	7	2	5.87	1.111

2.3.3 仪表仪态的均值、标准差分析结果

对于仪表仪态方面，该维度设置了三项评价指标，用户通过这三项评价指标来评价图书馆员仪表仪态，从均值的高低可以反映用户对图书馆员仪表仪态的可感知度，标准差可以反映用户评价一致与否。“仪表仪态”评价指标均值、标准差分析结果见表 6。

表 6 “仪表仪态”评价指标均值、标准差分析结果

维度	评价指标	最高值	最小值	均值	标准差
仪表仪态				6.27	
	图书馆员仪表整洁、规范	7	3	6.30	0.845
	图书馆员举止文明得体	7	3	6.27	0.872
	图书馆员端庄大方	7	3	6.23	0.907

总体而言，用户对图书馆员服务能力从维度层面上来看，“服务态度”均值为 5.75、“业务水平”均值为 5.96 和“仪表仪态”均值为 6.27。再将表中三个维度的均值求平均值，得到的均值为 5.99，在“比较同意”和“同意”之间，说明用户对图书馆员服务能力总体上表示认可。

2.3.4 综合评价的均值、标准差分析结果

用户对上述三个维度 18 项评价指标给予评价后，再通过用户对图书馆员总体服

务能力综合评价均值、标准差对比，可以了解不同类型用户之间的评价差异，可以直观地看出图书馆员总体服务能力在不同类型用户心目中处于何种位置。用户对图书馆员总体服务能力综合评价均值、标准差分析结果见表 7。

表 7　用户对图书馆员总体服务能力综合评价均值、标准差分析结果

类别	总体服务能力综合评价			
	最高值	最小值	均值	标准差
上班族	7	4	6.15	0.826
退休	7	6	6.30	0.535
待业	7	5	6.57	0.724
学生	7	3	6.42	0.746
其他	7	4	6.10	0.860

3　策略建议

检验和数据分析显示，量表中不同维度指标都对用户评价有正面影响。图书馆员服务能力越是被用户认可，用户对公共图书馆服务就越满意，因此用户更有意愿继续选择利用公共图书馆服务。本分析为公共图书馆基于用户视角评价图书馆员服务能力提供了参考依据，并对公共图书馆提高图书馆员服务能力，提出了非常实际的指导建议。

3.1　改善服务态度，提升服务能力水平

图书馆员服务态度是衡量图书馆员能否为用户提供满意服务的重要标准。评价结果显示用户对图书馆员服务态度的评价均值（5.75）是三个维度中最低的，其中一项图书馆员关注读者的个性化需求指标评价均值（5.28）是该维度中最低的，用户希望得到图书馆员关注个性化需求，但图书馆员的工作表现往往并非如此。因此，图书馆员应逐步提升服务态度，并增强主动服务意识与敬业精神，重点要积极主动关注用户的需求，为用户提供个性化和专业化的服务，要以真诚和友善的心态对待用户，使用户在利用图书馆服务过程中感知到图书馆员对自己的尊重，图书馆员积极主动的服务态度会引发用户产生正面回应，以此促进图书馆员与用户之间人际关系的良性循环，这也是提高服务能力水平的重要途径。

3.2 提高业务水平，提升服务能力水平

图书馆员业务水平对图书馆员服务能力存在显著影响，评价结果显示用户对图书馆员业务水平的评价均值（5.96）只达到“比较同意”，说明用户对图书馆员服务能力的认可度不够。目前公共图书馆比较重视图书馆员职业素养与能力的构建和提升，对于图书馆员服务能力的关注程度却相对淡薄，也较少重视用户对图书馆员服务能力的了解和评估[2]。公共图书馆应当在提高对图书馆员职业素养与能力必备要素的同时，还应当着重关注用户对图书馆员服务能力的反馈，提高用户对图书馆员专业服务能力的认可度。图书馆员可靠的业务水平能使用户对公共图书馆产生信赖，也能使图书馆员与用户之间的关系保持稳定状态。

3.3 注重仪表仪态，提升服务能力水平

图书馆员仪表仪态规范得体能直观体现出图书馆员的精神风貌与职业礼仪。评价结果显示用户对仪态仪表的评价均值（6.27）已达到“同意”的程度，说明用户对图书馆员仪表仪态认可度较高，所以公共图书馆必须在维持好用户认可度的基础上提升图书馆员的仪表仪态。图书馆员的仪表仪态是影响用户对其服务能力认可评价的关键因素，图书馆员仪表仪态端庄大方，举止文明得体，从而使用户更深层次了解图书馆员的服务能力，促进图书馆员与用户双方关系的加深，因此需要时时关注图书馆员仪态仪表的标准化与规范性。

4 结语

图书馆是人类文明发展进步的主要标志，而服务质量是图书馆赖以生存的唯一出路，图书馆的未来发展也有赖于图书馆员的服务能力，因此公共图书馆必须要积极改善服务方法，转变传统服务理念，促使图书馆员有责任担当，不断创新服务模式，从而实现图书馆服务质量与服务效能的提升。

参考文献

[1] 吴建中. 21世纪图书馆新论[M]. 上海：上海科学技术文献出版社，2016：83.

[2] 齐向华，刘小晶. 高校图书馆员服务能力对图书馆-用户关系质量的影响研究[J]. 图书馆研究，2019，(9)：24-31.

“图书馆+”模式探究：公共图书馆跨界合作和社会效能发挥
——以成都图书馆为例

张思韬

（成都图书馆，四川成都，610000）

【摘　要】“图书馆+”是当前图书馆界兴起的一种全新服务方式。本文从公共图书馆跨界合作的构成要素入手，以成都图书馆的实践运用为例，分析“图书馆+”运营模式的四项要素；并从服务延伸、空间让渡、思维嬗变、资源整合四个方面探究“图书馆+”模式的运行规则及社会效能。公共图书馆运用兼容并蓄的思维，积极寻求跨界合作，不仅丰富了图书馆公共文化服务的职能，更有利于增强自身的生命力和吸引力。

【关键词】跨界合作；社会效能；图书馆+

跨界合作（Cross-Border Cooperation）指两个不同行业或领域间的合作。其含义多引申为跨越两个不同领域、不同行业、不同文化、不同意识形态等范畴而产生的一个新行业、新领域、新模式、新风格等。在“互联网+”的时代背景下，“跨界融合是智慧图书馆集群协同的重要特点。在信息技术的支持下，跨界融合正成为全球图书馆事业发展的一个特点”。当各行业间的市场覆盖面出现重叠现象时，跨界合作能够实现不同性质服务机构的交流与融合，发掘其隐藏在自身领域之外功能的可能性，从而提升双方的市场竞争力，甚至在跨界碰撞中开辟出新的服务领域。

“图书馆+”模式是以图书馆为发射基站，“+”后面紧跟图书馆实现跨界融合的具体内容。以图书馆为中心平台向外发散，连接其他多元的功能要素，实现互利共赢，构建公共图书馆多态发展新模式。

1　公共图书馆跨界合作的构成要素

根据“3W+1H”理论，笔者认为公共图书馆跨界合作的构成要素主要包括“合作主体（Who）”“合作内容（What）”“服务对象（Whom）”“开展方式（How）”四个方面。

首先是合作主体，即和谁合作，对应范围应该涉及五个方面：① 图书馆信息产业链的上下游：图书供应商（馆配商、出版社）、数据库商等。② 学校教培知识系统：教培科研机构、各类综合性大学等。③ 公共文化组织：少年宫、博物馆、人文艺术馆、文化馆、社区文化服务中心等。④ 实体商业用户：酒店、旅游巴士、书屋书店等营利性机构。⑤ 其他机构：法院、科教文卫事业单位、社会志愿性组织、绿道等非营利机构。

其次是合作内容即合作客体，对应内容应该涵盖：① 资源类建设：共建信息数据库、信息资源共享、长期维护等。② 科普性教育：阅读推广的讲座培训、科学活动的实践体验、文化遗产的保护、素质教育宣传等。③ 自动便捷式服务：公共城市服务、社会福利性服务、智能化自动装置等。④ 学术科研指导：专业知识培训、核心人才技能培养、特殊学科技术支持等。⑤ 空间共建共享：功能空间、共享空间等。⑥ 增值业务：文创周边产品、文化品牌营销、知识援助与服务、数字人文等。

最后是服务对象和开展方式。服务对象的类型根据合作内容细分各有侧重点，但基本概括：以社会大众、地方产业为主。开展方式总体上分为线上+线下、线上、线下三种形式。以成都图书馆为例，如表 1 所示，分别从合作主体、合作内容、服务对象、开展方式四个方面进行统计与分析。

表 1　成都图书馆跨界合作构成要素分析

跨界类别	项目名称	合作主体	合作内容	服务对象	开展方式
服务延伸之图书借阅新业态	社保卡读者证	图书馆+互联网	资源类建设：共建信息数据库	社会公众	线上
	区域同城化	图书馆+成德眉资	信息资源共享、智能化自动装置	社会公众、地方产业	线下
	掌上成图	图书馆+自媒体	增值业务：文化品牌营销、知识援助与服务、数字人文	社会公众	线上
空间让渡之阅读空间新路径	城市阅读美空间	图书馆+书店	空间共建共享	社会公众	线下
	城市阅读新试点	图书馆+酒店（成都文旅酒店投资管理有限公司）	自动便捷式服务：公共城市服务	社会公众	线上+线下

续表

跨界类别	项目名称	合作主体	合作内容	服务对象	开展方式
思维嬗变之用户参与新体验	少儿探索科学奥秘”系列活动	图书馆+科普（社会优质教育组织机构）	科普性教育：科学活动的实践体验	社会公众、中小学生	线下
	“品天府文化”系列活动	图书馆+博物馆	阅读推广的讲座培训、文化遗产的保护	中小学生	线下
资源整合之多元融合新模式	成都图书馆书“YOU”成都文旅主题空间	图书馆+高校（成都大学、川大）	学术科研指导：专业知识培训、特殊学科技术支持	社会公众	线下
	共享云阅读，云学民法典	图书馆+法院（成都中级人民法院）	科普性教育：素质教育宣传	社会公众	线上+线下
	阅读“正铛时”：打造城市流动阅读新阵地	图书馆+旅游（成都文旅公交旅游发展有限公司）	自动便捷式服务：公共城市服务	社会公众	线上+线下
	迎大运添书香，好书C位出道	图书馆+绿道（成都市锦江绿道建设投资集团有限公司）	公共城市服务、社会福利性服务	社会公众	线下

2 “图书馆+”模式实例分析

根据构成要素的差异，以成都图书馆为例，将公共图书馆的跨界合作大致分为四种类型进行归类分析。

2.1 跨界服务延伸之图书借阅新业态

“＋”是一种功能上的补充，正所谓“取长补短”，吸取他者之经验弥补自身之不足。若加以深究，“跨界服务延伸”应该是一个包容、开放的概念，既让原本不相关的领域相互渗透和融合，又从理论和实践等角度为用户提供知识和体验的智能化和便利性。“+”是图书馆跨界服务的新业态，使公共图书馆的服务范围获得空前的延展，不再局限于场馆内部，而是利用“互联网+”的信息资源和万物互联的数据资源，突破时间、空间的束缚、跨越地域性的障碍，进一步扩大图书馆的社会服务效能。

2.1.1 图书馆+社保卡

公共图书馆应尝试以数字新技术新设备应用为重要抓手，利用互联网的信息化与智能系统进一步拓展公共图书馆的服务范围。2019 年，成都图书馆在全国首创第三代社保卡代替读者证，实现了社保卡系统和全市公共图书馆业务系统首次融合，实现了认证和数据共享传输；实现了电子社保卡在图书馆的识别和应用；实现了数字图书馆电子社保卡信息远程校验。成都市1520万已激活社保卡的持卡人成为成都市公共图书馆的免注册读者。除此之外，成都图书馆还在原有信息化技术和设备的基础上，新建智慧墙大数据系统分析全市22家图书馆的客流、图书借还等数据，掌握最新的读者借阅情报，为后续的图书馆采编工作打下良好的信息基础。

成都图书馆积极运用互联网技术，升级现存的interlib3.0图书管理系统、自助借还设备、跨库书目联合检索系统、全市数字资源共享平台、24小时自助图书馆，使读者随时随地可就近借还图书，数字资源的共享使得更多读者足不出户便可享受到阅读的乐趣。

2.1.2 图书馆+同城化

通信技术是图书馆跨界合作满足信息用户需求的重要途径和手段，为了能够从任何一个角落获取信息，图书馆之间可以借助通信技术组成图书馆联盟。“实现联盟共享信息资源的概念，使信息资源向全世界开放，每个图书馆都要通过一个公认的网络数据库来开发自己的信息库软件兼容。”自2019年起，成都图书馆联合德阳市图书馆、眉山市图书馆、资阳市图书馆构建区域公共图书馆联盟，并通过Interlib3.0图书馆集群管理系统加以联通，完成了成都—资阳、成都—眉山、成都—德阳文献通借通还平台建设，市民使用电子社保卡就可以实现区域同城化的图书通借通还服务。

与此同时，成都图书馆签订了成渝双城公共图书馆联盟协议，2020年完成与四川省图书馆融合服务，实现了国内外图书馆异构业务管理系统的创新突破，极大地方便了读者，实现了服务效能叠加，推动了全省公共图书馆的业务协同、集群服务和集约运行创新向前发展。2021年，在成德眉资同城化发展的背景前提下，成都图书馆与德阳、资阳、眉山三地图书馆、四川省文旅志愿服务总队共同策划了“多地联动，振兴乡村，构建全龄友好社会——2021年‘阅读+’成德眉资活动”项目，征集留守儿童心愿书单，为留守儿童捐赠爱心图书500余本。用同城的力量，聚小流成大海，以爱心捐赠之名扩大图书借阅的影响范围。

2.1.3 图书馆+自媒体

公共图书馆应积极运用微信公众号、抖音、微博等互联网自媒体、新技术宣传推广图书文化服务，充分利用自媒体平台开展线上服务，实现借阅服务范围的延伸。以成都图书馆为例，自2020年起，依托微信公众号为主体，成都图书馆推行“掌上成图”数字图书馆借阅服务，囊括140万余册经典电子书、近3000种知名刊物、15万多小时的有声读物，8000万篇学术期刊论文、70万集各类学习视频等，涵盖了学术资源、电子报刊、教育学习、休闲娱乐、音乐艺术、少儿资源等各种类型，实现了全年龄段、多平台、多终端全覆盖，市民足不出户即可远程注册，通过移动端一站式享受图书馆海量数字资源、参加系列线上活动、观看讲座视频等。

成都图书馆跨界服务延伸-创新图书借阅形式，以社保卡代替读者证、构建Interlib3.0 集群管理系统，积极建设数字化图书馆的运营模式，实现借阅方式的再度创新；并且通过区域同城化通借通还服务、“掌上成图”微信公众号的广泛运用，拓宽了图书借阅的渠道、取得了示范先例的效果和良好的社会效益。公共图书馆应以“图书馆+”为连接点，进一步打造开放型、创新型图书馆。

2.2　跨界空间让渡之阅读空间新路径

公共图书馆跨界空间让渡是一种新型的拓宽阅读空间的路径，指的是图书馆与其他协作者通过共享场地、合并职能同类项等方式，让渡出部分生存空间以获得更多发展内容的合作模式。在数字资源和移动阅读的冲击下，纸媒体的地位受到强烈的冲击，大部分民众日渐习惯于便捷的电子阅读方式，由此跨界空间的让渡迫在眉睫。图书馆可利用空间融合优势营造阅读新环境，进一步增强自身的影响范围。

2.2.1　图书馆+书店

自 2018 年起，成都图书馆携手知名实体书店（方所、三联韬奋）正式启动“城市阅读空间”文旅融合项目，充分运用实体书店的空间优势及品牌效应，将书店作为图书馆分馆统一管理，推出新型公共文化空间，让广大市民在各大书店也能借还图书、来蓉游客在休闲娱乐时也能享受阅读福利。

截至目前，成都图书馆打造的“城市阅读美空间”已辐射到 15 个区（市）县，分别在安仁书店（大邑安仁古镇）、溪云书院（崇州街子古镇）、散花书院（邛窑考古遗址公园）等成都市地标性文化场地，覆盖面达到了 34 家。并且，所有阅读空间面积均达到了二三十平方米，空间打造更加注重美学设计，着力为广大读者提供舒适的阅读环境。超过 1000 平米的书店，阅读空间面积都超过了 40 平方米，配置了 2500 册以上藏书的书架；免费的阅览坐席、充足的电源接口和丰富的阅读活动，使其成为读者抢占的热门区域。

2.2.2　图书馆+酒店

2020 年 9 月成都图书馆与成都文旅酒店投资管理有限公司推出了“读‘享’成都好风景”活动项目，在宽窄巷子景区酒店“德门仁里”设置“城市阅读新试点”服务。这是成都图书馆在“阅读+书店”基础之上馆店融合的进一步扩大，也是对公共文化服务进行深入拓展。

活动由成都图书馆为“城市阅读新试点”提供阅读资源，将浩瀚书海“搬”进酒店。在德门仁里精品酒店内，不仅有专属的“城市客厅阅读空间”作为“城市阅读新试点”区域，市民和游客入住酒店即可免费借阅书籍；在房间内还设置有主题立牌，只需扫描二维码，即可免费获取成都图书馆海量的数字资源。“实体书+数字阅读资源”，市民和游客将在旅途闲暇时间享受特色地方文化汇总资源、精品名人讲座、最新数字阅读资源等服务，使个人阅读空间得到延伸的同时，阅读愉悦度也得到极大提升。

当今公共图书馆正在向数字化、智慧型图书馆转型，笔者赞同公共图书馆“未来的重点是与图书馆的用户群体进行接触，以确保馆藏和服务满足需求。收集格式和获取手段的范围和复杂性将继续扩大，为确保获得新形式的信息输出和更传统的来源，必须与越来越多的利益攸关方进行有效合作”。由此，公共图书馆掌握大部分读者的阅读趣味、找准合作伙伴尤为重要。成都图书馆抓住契机积极转型，联合实体书店、酒店实现跨界合作，以馆店融合模式打造“城市阅读美空间”“城市阅读新试点”项目，在推动实体书店、酒店成为公共阅读第二空间的同时也为自身赢得了更多的生存和发展空间。

2.3　跨界思维嬗变之用户参与新体验

公共图书馆的跨界思维嬗变是价值观的转变，需要突破行业的限制和思维的桎梏，图书馆将运用灵活创新的思维视角在其他行业领域挖掘本行业的发展契机，以求融入其他行业，从而获得服务的高覆盖面。例如，若协作者拥有较为专业的知识体系、独立特色的学科门类等资源，则图书馆可通过跨界融合的方式利用合作者的特色资源转变自身的发展方向，刷新用户的参与体验。跨界合作可使不同行业实现内容创新，虽然表面上是两个毫无关联的行业，但只要图书馆充分考虑合作项目与自身融合的可行性，积极寻求跨界思维的嬗变，就能不断提高公共图书馆的服务内容和水准。

2.3.1　图书馆+教育科普

为提升广大青少年儿童的阅读体验，激发他们的学习兴趣，自 2020 年起，成都图书馆推出了“少儿探索科学奥秘”系列活动，该活动采取“认识科学+科学实验”相结合的方式，引导青少年儿童走近科学知识，并配套开展科学实践体验活动，让青少年儿童在学习和实践中感受阅读的乐趣。

该系列活动全年持续开展 12 期，每年成都图书馆都与社会优质教育机构合作，为广大青少年儿童提供涵盖物理、生物、化学等多门学科知识的实验活动，如“月亮的阴晴圆缺”“缤纷脸谱”“地球内部有什么”“跳动的音符”等，运用简单的实验以及音视频资料等引导青少年儿童学习相关原理知识。作为成都图书馆少儿品牌活动之一，该系列活动融科学知识与动手实践于一体，让青少年儿童在“做中学，学中思”。

2.3.2 图书馆+博物馆

为发挥现有的文旅场馆资源优势，进一步提升城市文化影响力，自2018年起，成都图书馆按年度先后与武侯祠博物馆、金沙遗址博物馆、成都博物馆、杜甫草堂博物馆合作，分别推出了“品读巴蜀文化之趣味品三国”“品天府文化系列活动之趣味读金沙”“品天府文化之走近成博”“品天府文化之走近草堂体验‘草堂一课’”等系列活动，采取“公益讲座+互动体验”相结合的方式，以未成年小读者为服务对象，向青少年读者和家长们普及“三国文化”“金沙历史”“成都特色”“草堂故事”等天府文化知识，并配套开展DIY体验活动，增强其文化认同感。

除了保护传统文化，馆博联合还可以承担科普教育的重任。2021年9月，成都图书馆与成都市立巢航空博物馆推出了“探索航空之谜，逐梦飞天之旅”活动项目，吸引了近30多组家庭亲临现场、沉浸式地学习航空科技知识，体验航空模拟设备。这些系列品牌活动开启了“公共图书馆+博物馆”的合作新模式，促进了成都地区馆博文化资源整合、优势互补，给读者全新的阅读体验。

无论是联合教育机构还是与博物馆协同合作，这都是公共图书馆寻求跨界合作、创新服务形式的集中体现，是公共图书馆积极探索文旅融合发展新路径的一次成功的尝试，促进文娱教育资源的合理利用，丰富用户的文化体验。

2.4 跨界资源整合之多元融合新模式

“跨界资源整合是指公共图书馆将其拥有的各类资源与合作者的资源识别、组织和融合的过程，它将不同形式的资源整合并实现资源的一体化。”在跨界资源整合过程中，公共图书馆与协作者之间的行业性质、目标价值可能存有本质的区别。这就需要二者避轻就重，把握工作核心作出适当让步，以积极的心态寻求双方的互惠融合。前期筹备高效沟通，避开价值差异点；中期开展应确立双方都能接受的资源分配模式；最后在实施过程中建立第三方评价系统，做好监督工作并对此次合作进行归纳与总结。如此，既保证了公共图书馆的社会服务效能获得充分体现，又尊重了合作者的权益，促进多元融合的新模式可持续发展。

成都图书馆先后开展“图书馆+社会组织”“图书馆+旅游”等主题活动，以跨界融合、多元合作模式，发挥文化“破圈”之力，实现参与主体的多元化，挖掘文化传承发扬新载体，打造文旅阅读新场景。

2.4.1 图书馆+社会组织

成都图书馆充分利用高校的学科知识和专业人才优势，打造具有成都特色的主题空间，展现出独特的天府文化。成都图书馆联手高校，与成都大学共同打造“书YOU成都文旅主题空间”，该空间分为书“有”成都、书“由”成都、书“友”成都、书“游”成都四个主题功能区，将成都历史文化类、方言文化类、旅游文化类等主题书籍100余本放置在主题功能区，读者只需扫描二维码，即可阅读海量好书，了解成都发展沿革、历史文化、人文风情等。项目由成都大学文旅产业教授练红宇指导，专业学生与图书馆工作人员在线上和线下协同开展，改造团队结合成都图书馆馆舍环境、装修风格、文化内涵等实际情况，立足馆内资源，聚焦“小而精，有特色，有特点”的目标，既为读者创造了认识成都文化风情的机会，又为图书馆提供了美观实用的文旅书籍展示阅读区域。

为号召广大在蓉大学生践行绿色阅读新生活方式，2020年11月3日，由成都图书馆联合成都产业集团、四川大学图书馆举办“低碳迎大运 寻找绿色阅读新青年”活动。活动聚焦绿色阅读，鼓励大家多走进图书馆共享阅读资源，让纸质书籍充分流转；同时鼓励在大学校园推广数字阅读，倡导绿色低碳阅读，让更多大学生通过改变阅读方式践行低碳生活理念，共同助力成都建设绿色低碳的公园城市。

为了让更多市民了解法律法规，保护自己的合法权利，成都图书馆和成都市中级人民法院联合举办“共享云阅读，云学民法典——普法知识阅读推广活动”。成都图书馆将提供馆藏数字阅读资源和普法活动二维码，在成都图书馆及成都市中级人民法院相关点位进行展示，供读者扫码阅读。将阅读服务、司法服务推送到市民身边，让读者学法知法，懂法守法，助力书香成都、法治成都的建设。

图书馆借助与社会组织的合作，不仅可以使自身获益，还可以顺应社会组织的特殊需求，达到互惠互利的双赢局面。图书馆+高校/法院等社会组织的搭配，使图书馆获得了高校、法院的专业学术指导，社会组织也可享受图书馆的免费宣传功能，充分达到了“1+1 > 2”的效果。

2.4.2 图书馆+旅游

2020年，成都图书馆充分整合文旅优质资源，寻求社会多元合作。7月与成都市文旅公交集团联合推出了“阅读正铛时”项目，将数字阅读二维码和旅游资讯二维码张贴在成都文旅公交——“铛铛车”内，并将部分图书放置车内，方便广大市民和来蓉游客在游览杜甫草堂、武侯祠等热门景点时，也可以随时获取海量数字阅读资源和旅游资讯。此举将公交巴士打造成“城市流动阅读新阵地”，让游客在游览成都景点之余还能感受书香成都的旅游特色和文化魅力。

2021年成都图书馆走进天府绿道，与成都市锦江绿道建设投资集团有限公司联合推出“迎大运添书香，好书C位出道”活动，让广大市民参与成都主题好书推荐活动，并在天府绿道、合江亭公园、锦书来书店进行宣传推广，打造阅读一角，让广大市民在绿道散步娱乐休闲时也能享受阅读福利。

成都图书馆积极整合文旅资源实现跨界合作，激活文化和旅游的内生动力，先后打造城市阅读空间等多个文旅融合项目，在博物馆、酒店、绿道、高等院校、旅游巴士等文旅场所，积极探索文旅融合发展新模式，不断提升文旅服务品质。

3 跨界融合的社会效能及意义

随着社会大众日益增长的文化需求，人们对公共图书馆的基本职能提出了新要求，跨界合作成为当前图书馆突破传统模式最直接有效的途径。图书馆要保持可持续发展，就必须坚持不断自我革新，打破原先单一的借阅空间职能，跳出常规定式思维的固定框架，主动寻求跨界合作才能实现突围和创新。以成都图书馆的实例为代表，公共图书馆的跨界合作可以尽可能地整合资源，形成更加完善的知识服务体系，与此同时还能创造出新的服务价值，扩大图书馆的社会效能覆盖面。

“互联网+”时代下公共图书馆开展跨界合作是其履行社会职能、与其他行业合作共赢及促进服务创新的需求，因此，在时代浪潮的推进下，“图书馆+”在一定程度上可以看作是“图书馆是一个生长的有机体”这一理论的创新升级，并呼应了当今时代对跨界融合的新要求。甚至有人强调图书馆开展跨界合作的必要性，强调图书馆跨界合作就是应对知识经济时代各行业竞争发展的必由之路。

自从“互联网+”横空出世，人们的生活方式、思维模式等都开始发生变化，公共图书馆作为提供全民阅读服务的主要阵地之一，也应在这一趋势下积极变革，寻求跨界合作的新思路。“图书馆+×”的组合搭配，以一种无限可能的想象力和创造力打破人们固有的认知，图书馆可以与书店、法院、酒店、绿道、博物馆、旅游巴士等频频擦出合作互惠的火花。成都图书馆将以此为契机，拓展与其他业态就公共文化服务展开更深入的交流与合作，进一步推进图书馆服务由馆内服务向馆外延伸与辐射相结合的转变，为广大读者带来更高质量的创新阅读服务，以多方位、多形式、多角度推动跨界合作活动的有效展开，促进文旅深度融合，实现社会服务效能的最大化。

参考文献

[1] 王世伟．再论智慧图书馆[J]．图书馆杂志，2012（11）：2-7.

[2] MIRZA MOHD, REZAUL ISLAM. Present status of library cooperation, networking, and resource sharing in bangladesh: web-based library cooperation for access to world-wide information[J]. Library Philosophy and Practice. 2012, 784.

[3] JANINE SCHMIDT. Developing a library collection today: revisiting “collection evaluation, the conspectus and chimeras in library cooperation”[J]. Australian Academic & Research libraries, 2016, 47(4).

[4] 唐虹，戴日光．城市图书馆多维联合跨界服务系统结构与运行模式研究[J]．现代情报，2018（6）：106-110.

[5] 姜进.“互联网+”时代公共图书馆阅读推广跨界融合服务发展范式研究[J]. 图书馆学刊，2016（12）：85-87.

[6] 霍瑞娟.“图书馆+”：专业服务跨界融合发展的探索[J]. 图书馆杂志，2016，35（8）：10-14.

[7] 罗桂娟. 跨界竞争态势下图书馆服务功能拓展研究[J]. 图书馆学研究，2010（22）：85-87.

浅论城市图书馆优化与管理

张瑜
（成都高新区巨力文化服务中心，四川成都，610000）

【摘　要】随着我国全面建成小康社会的胜利，人民群众对美好生活的向往有了更高层次的要求和期待，城市图书馆的建设与发展的重要性日益凸显。当代城市图书馆尤其是一线城市图书馆应紧跟时代和国家发展的需要，由传统意义上的“堆书屋”逐渐转型升级为普惠、便捷、智能的文化传播中心，在提升本地区人民文化素质、推动国家现代化建设过程中承担更加重要的责任。

【关键词】图书馆；推广；完善；优化

图书馆是人民群众获取知识的重要场所,担负着提升全民文化素质的重要责任，是推动我国全面建成小康社会的重要力量。不断强化图书馆的服务质量、打造更加适合读者阅读需求的高质量阅读平台是各图书馆不懈的追求。

1　现阶段图书馆存在的主要问题

1.1　读者素质参差不齐，管理难度大

调研对象图书馆自开馆以来，受到了广大市民、群众的一致认可和广泛好评，据后台统计，自开馆之日至今，共接待市民、读者超 20 万人次。图书馆各部门工作人员在为获得群众认可而感到欣慰、鼓舞的同时，也深刻感受到因馆内人员流通数量庞大带来的诸多不便和弊端。

该图书馆本着“面向群众、普惠全员”的服务宗旨，始终追求“让所有人感受阅读快乐”的既定目标，因此，图书馆对入馆阅读的读者身份、年龄没有硬性约束和要求。在此几乎“零门槛”的背景和前提下，各年龄段、各阶层的市民、读者纷纷走进图书馆阅读。由于市民、读者的年龄、身份各不相同，他们的阅读习惯、精神文明、个人素质亦千差万别，由此带来了部分读者尤其是未成年读者因年龄、心

智、家长监护不力等因素而大声喧哗、频繁跑动，使其他读者的阅读体验受到影响，并给该图书馆数以万计藏书的安全性带来了巨大隐患和不确定性因素。由于图书馆在读者管理方面尚未形成完备、成熟的机制、体系，管理人员时常出现有职无权、监管效力不到位的困境。

根据笔者数月经历、经验，读者反馈的主要问题之一是他们对因图书馆环境嘈杂造成自身阅读体验不能完全满足而感到遗憾，对书籍保护、管理的潜在风险而感到担忧。

1.2 图书馆书籍查找效率低下，影响阅读体验

资料显示，调研图书馆建筑面积约 32 000 平方米、馆藏规模超过 80 万册。巨大的面积和藏书规模给读者快速查阅目标书籍带来了一定困难。当前，该图书馆共有各类工作人员、管理人员 100 名，客观上无法兼顾每日数以千计的读者的各类咨询、答疑。有较多读者反映无法快速、精准查找和检索到心仪的目标图书，降低了阅读体验。

1.3 少年儿童图书区域喧哗、吵闹

调研图书馆少年儿童馆所在区域与常规馆藏区域（即主馆）距离较近，由于少年儿童的年龄特点和心智发育尚未成熟，该区域时常出现少儿跑动、嬉戏、喧哗等现象。由于图书馆各区域的互联互通，少儿喧哗、吵闹会影响其他读者的阅读体验。同时，少年儿童的奔跑、嬉戏会造成自身受到意外伤害等潜在风险。

1.4 图书馆古籍和少数民族书籍保护、展出功能区域建设不完备

四川省作为历史悠久的文化大省，文化底蕴丰厚，历史文化典籍浩如烟海。调研对象图书馆作为四川省重点打造的图书和文化品牌，在古籍、书画等相关内容的收集、整理、展出等相关工作开展上尚有可挖掘、可利用的空间与潜力。当前，该馆尚未建成关于书画展览、古籍修复等方面固定或流动的特色展区，不能完全适配人民群众的文化需求。四川省是汉、藏、彝、苗等多民族共同生活的地区，当前该馆馆藏书目中，少数民族文字的书籍占比较低，不利于促进各民族间的交流、融合、团结。

1.5 推广力度有待加强，品牌效应尚未形成

图书馆自对外开放以来，积极响应上级号召，把“提升市民文化素质、推动全面建成小康社会”作为自身发展目标，推广自身品牌、彰显社会价值成为与强化自

身建设同等重要的课题和需求。然而，由于图书馆建成、开放时间较短，文化宣传专业人才体系尚未形成，宣传工作经验、技术尚不成熟，当前，图书馆的品牌效应、社会认可度、人民群众的关注度仍有较大发展空间，对于自身的宣传与推广仍有大量紧迫的工作亟待完成。

1.6 图书馆与读者的互动有待加强

读者体验是图书馆赖以生存的核心要素，当前，调研对象图书馆在与读者的互动性，特别是读者离馆后的互动性上还有很大的提升和改进空间，图书馆的服务内容仍处于传统意义上的“投喂式服务”，读者的选择权、自主权仍有待提高。

2 针对上述问题给出以下几点优化图书馆管理的措施

2.1 完善制度建设，提升管理水平

针对当下图书馆读者素质和阅读环境存在的问题，笔者建议应从以下几个方面加以解决和改进：一是要推进管理制度的普及程度和落实力度。图书馆作为市政工程的组成部分，应该既服务于广大人民群众又兼具一定的管理属性，即应该在提供便民服务的同时相应地具备对读者的约束和管理能力。图书馆应建立和完善适宜的阅读区域管理制度，通过手机客户端、入馆公告、管理员口头告知等多种形式向群众、读者普及相关规定，使读者具有“红线意识”，以制度的方式促进读者的自律、自控。二是要指导工作人员强化环境管理。当下，图书馆内大多数工作人员依然存在“读者是上帝，我无权管辖”的固有思维模式。对此，图书馆应加强对工作人员的教育和指导工作，监督各岗位员工熟知图书馆相关法律法规，告知工作人员“制度面前人人平等”“劝勉少数是为了服务多数”等基本管理原则。同时，图书馆应督促各部门员工熟练掌握岗位职责和工作内容，使馆内巡视员、安保人员建立密切的合作关系，使图书馆管理体系形成分工明确、各司其职的有机整体。三是要建立健全读者投诉、举报、监管机制，确保读者在与图书馆管理人员发生纠纷、矛盾时有维权空间和手段，同时还必须充分保护图书馆管理人员的申诉权，使得监督管理合理公正。

2.2 推进数字化终端建设，创建“自助化”阅读模式

随着手机等电子设备的推广和普及，智能化、自助化的运营模式成为符合当下

读者需求的全新模式。由此，图书馆应与信息化职能部门开展深度、密切合作，大力推行手机终端的人工智能服务。读者入馆前可通过扫描二维码在手机终端获取图书馆三维全景影像图、馆藏分布图、馆藏书籍更新等相关信息。入馆后，读者可通过手机客户端地图、语音提示自助导航到目标区域阅读和借阅书籍。同时，图书馆应进一步优化馆内各类实体、电子指示牌、引导图的布局和利用，确保读者在使用过程中能轻松、清晰地获得信息。建议图书馆借鉴快递、银行等行业的服务理念、服务模式，构建手机客服模式，通过读者自助求助（即通俗意义上的“客服机器人”）或与客服代表对话等方式获取相关资讯。

2.3 优化图书馆结构布局，实现各区域之间互惠免扰

少儿读者心智有待成熟，因此管理难度大、制度约束力有限。所以，图书馆要优化区域布局，重新安排和构建部分区域的功能结构。方案之一是将少年儿童馆搬迁至离主馆较远的楼层，并安排具有一定与少年儿童沟通能力和经验的工作人员负责该区域的管理与协调，同时应明确告知少年儿童监护人相关管理规定，实现图书馆与监护人的共同监护。少年儿童馆区域的图书设置应同时兼顾学前儿童和在读小学生的文化需求、喜爱偏好，针对不能识读文字的儿童打造传播知识的专属平台，力争实现儿童知识普及的全覆盖。同时，图书馆应通过手机客户端定期推出“给孩子的调查问卷”等特色活动，有针对性地征询未成年人关于图书内容、传媒方式的感受和建议，确保将“不忽略任何读者阅读体验”的服务宗旨落到实处。

2.4 弘扬传统文化，打造特色展区

图书馆应建立健全古籍阅览、展览工作。一是联合国家、省、市考古、文物等相关部门，逐步实现古籍的数字化，即通过高清全景式扫描将经典古籍、字画、名人手稿等历史文物收录进图书馆数据库保存，读者可借助图书馆电脑网络、电子展板、互动屏幕进行查阅和欣赏。在展出过程中，图书馆可配备相应的文字、语音介绍，进一步拉近读者与古籍、字画的文化距离。二是引导读者特别是青少年读者参与和体验古籍、字画的修复和保护工作。方案之一是在少年儿童图书馆设立古籍修复体验区，通过电子设备模拟操作对古代残损图书的清理、粘贴、校对、装裱工作，培养少年儿童热爱传统文化的情操。三是建立古籍阅览的特色区域，摆放部分仿古书籍，为古籍爱好者查阅、学习提供便利。

同时，图书馆加强少数民族尤其是本省少数民族文化的传承和推广，在惠及广大人民群众的基础上增加少数民族文字书籍的占比，借助藏汉双语、彝汉双语书籍

等形式，促进少数民族文化的传承和发展，打造各民族间相互了解、相互学习的沟通渠道，进一步维护国家繁荣稳定。

2.5 号召全员参与，做好自身推广

一是要明确自身定位与核心亮点，调研对象图书馆是成都文化建设的最新成果和亮点之一，在阅读环境、空间布局、功能完备等方面具备其他传统图书馆不能满足的优势，因此在推广过程中应深入挖掘场馆优势，凸显文化自信。二是要多角度展现场馆的特殊优势，展现方式包括文案、图片、视频等形式，借助大数据、信息化手段，在地铁、商圈、广场等人员密集区域进行推广，同时应充分结合“图书进校园”“图书进社区”等活动，彰显自身品牌优势。三是在宣传过程中凸显“人性温度”，在展示馆藏数量、设备设施的同时兼顾对场馆工作人员精神风貌、日常工作内容等“幕后细节”的介绍和展现。四是教育和引导员工积极参与图书馆各类传媒平台的构建与创作，借助手机、电脑等电子产品设备记录日常工作中的亮点和细节，将“做自己工作的宣传员和代言人”的思维理念传递到每个员工心中。五是做好读者离开图书馆后的回访工作，通过电子调查问卷、电话回访等方式倾听、收集读者关于阅读体验、场馆建设等方面的意见建议，在场馆与读者间搭建互信、互助的沟通桥梁。

2.6 加快创建“个性化”“多元化”的服务模式

建议图书馆进一步强化与读者、市民的沟通交流，实现双方的零距离对话。一是定期向各阶层、各年龄段读者邀约、征集书籍的读后感。读后感呈现形式应包括撰写文字、拍摄照片、录制短视频等多种方式，由图书馆定期将这些素材进行整理、展播，以此表达“每个读者都是主人翁”的服务理念。二是定期邀请图书管理、美学、建筑学等方面的学者、专家来馆考察、访问，听取他们对于改进空间布局、优化图书结构、提升服务质量的意见和建议，从而不断完善自身建设。三是根据季节、节日等因素定期调整图书馆内部装饰风格，营造图书馆的归属感。

3 结语

文化建设是推动城市和地区蓬勃发展的重要力量。图书馆作为凝聚文化、传播文化的重要环节，必然要把强化自身建设、完善服务质量当作首要发展目标。在建

设和发展过程中，图书馆应从传统意义上的“堆书屋”向数字化、智能化、多元化的交互式体验文化中心方向转型，为进一步推动我国现代化建设、增进人民福祉不懈努力。

参考文献

[1] 苏明忠. 新媒体环境下图书馆更应挖掘特色资源[J]. 中国教育网络，2017（8）：74-75.

[2] 魏大威. 数字图书馆推广工程“十三五”规划思考[J]. 图书馆杂志，2015（6）：4-10.

文旅融合下少儿阅读管理模式的转变
——以天府人文艺术图书馆为例

彭徬博

（成都高新区巨力文化服务中心，四川成都，610000）

【摘　要】文旅融合背景下诞生的网红图书馆是文旅游资源优化整合的新阵地，是营造“书香城市”全民阅读氛围的新地标，有着“图书馆+”的新功能定位。少儿阅读管理模式在文旅融合的新趋势下需提质增效，转型升级。推动图书馆成为旅游目的地，培育特色鲜明、成人和少儿共享的美好阅读生活空间。坚持科学管理和优化服务并举、改善阅读体验和提高文化素养并重，在旅游服务中增加文化元素和内涵，推动图书馆向“以人为中心”转型。新时期图书馆需全面贯彻“儿童优先”原则，公共文化服务更多向青少年倾斜，将青少年阅读融入全民阅读，使青少年成为“书香成都”的新生力。

【关键词】读者管控；文旅融合；少儿阅读；公共文化服务；阅读管理模式

文化产业和旅游产业密不可分，要坚持以文塑旅、以旅彰文，推动文化和旅游融合发展，让人们在领略自然之美中感悟文化之美、陶冶心灵之美。近年来，成都大力推动文化资源和旅游资源创新、深度融合，文旅产业发展迅速。2021 年，成都实现文创产业增加值 2073.84 亿元，同比增长 14.83%。从公园城市理念“首提地”，到公园城市建设“示范区”，成都以文旅经济高质量发展推动世界文化名城建设迈上新台阶。天府人文艺术图书馆作为成都图书馆的主题分馆，正是在文旅融合的强劲势头下应运而生的。天府人文艺术图书馆坐落于天府艺术公园内，毗邻欢乐谷，依傍迎桂湖，与成都市当代艺术馆、成都市天府美术馆拥湖而立，是一座名副其实的公园里的图书馆。浓郁的书香氛围，衬以醉人的自然美景，让天府人文艺术图书馆真正成为成都市民闲暇时光滋养民族心灵、培育文化自信的重要场所。

公共图书馆为公众提供文化服务的同时，也应为少年儿童提供均等化、相适配的文化服务。因此，公共图书馆中少儿阅读区的设立既独具优势，又肩负使命。《公共图书馆服务发展指南》指出："公共图书馆负有特殊的责任支持儿童学习阅读，鼓励儿童使用图书馆和其他载体的资料。"[1]我国也积极促进文化服务均等化进程，鼓励社会组织、文化艺术机构为儿童文化艺术活动提供专业指导和场地支持，确定公共图书馆单设儿童阅览区。[2]天府人文艺术图书馆少儿阅读中心（以下简称"天府少儿"）由绘本迷宫、亲子中心、作业园地、小小剧场、少儿借阅区五部分组成，主要为 0～14 周岁的少年儿童读者提供图书阅览及相关活动的服务。作为成都市公共图书馆中最大的少儿阅读区域和活动发布场所，天府少儿工作日平均日接待量总计 450 人次，周末、节假日平均日接待量总计 1000 人次，平均月借阅量达 3 万余册，约占全馆总借阅量的七成。

1 少儿阅读管理模式现存问题及成因分析

据统计，自 2022 年 4 月 23 日开馆至 5 月 22 日，天府人文艺术图书馆接待读者近 7 万人，成都图书馆接待读者超 3 万人；天府人文艺术图书馆外借图书近 6 万册，成都图书馆外借图书超 3 万册。通过比较不难发现，无论是读者接待量，还是图书借阅量，天府人文艺术图书馆都是成都图书馆的两倍。因此，作为分馆建设的天府人文艺术图书馆，在沿用成都图书馆运营管理模式的基础上，做出调整与改变，以适配场馆运作的新要求。在文旅融合背景下，少儿阅读管理模式主要呈现以下几个问题。

1.1 节假日读者激增难以管控

单就读者接待量而言，工作日网红图书馆与传统图书馆大体无异；但逢周末、节假日，二者则不可同日而语。相较于传统图书馆，网红图书馆的进馆群体兼具"读者"与"游客"的双重身份。传统图书馆的读者进馆目的单一，无非是查阅资料、获取知识、自修研习；而对于网红图书馆，以上进馆目的单一的读者只占一小部分，大部分读者是抱着"尝鲜"、猎奇的心态慕名前来"打卡"，或者玩赏美景之余，进馆稍憩闲聊。图书馆的主要功能由以往的"阅览"转变为当下的"游览"。以天府少儿为例，采用线上预约进馆的方式，定额为 1000 人。预约进馆的方式虽然可以在日进馆总量上控制读者，避免当日读者接待量超额定上限，但是无法实现全天候实时管控。比如下午是进馆高峰期，当日预约成功的 400 人涌入天府少儿，实时读者远超其容纳上限 300 人；而上午和晚间进馆人数较少，当日预约成功的另外 400 人分两批于上午和晚间进入天府少儿，每批 200 人。这样下来，虽然当日进馆总量未超天府少儿的额定上限，但是下午的实时读者接待量突破其最大容量，进而引发后续诸多问题，如不文明阅读行为增多（喧哗吵闹、阅览区用餐等），使人身、财产安全风险增高。

1.2 阅读环境嘈杂

大体量网红图书馆的建筑规模宏大，场地空旷，传声效应明显，微弱细小的响动一多便会形成巨大的噪声。通过走访，作者发现成人阅读区除了极个别读者接打电话外，几乎没有大声说话的现象。然而少儿阅读区，尽管有工作人员在巡查劝导，追逐打闹、大声喧哗的现象仍不绝如缕。大体量网红图书馆的占地面积大，读者基数庞大，阅读秩序仅凭三五个工作人员的巡查劝导根本无法维持。加之少年儿童正处于探索未知的人生阶段，好奇心驱使他们多说、多动，用语言和行动探索身边的事物。孩子的天性本无可厚非，但是进入公共场合，培养“规则意识”，谨守约定和秩序也是人生的必修课。通过观察，作者还发现很多家长坐视不理，把孩子带进图书馆就任由他们释放天性，放飞自我，使图书馆从过去的“学习场地”转变为如今的“游乐场所”。除此之外，网红图书馆的构造布局遵循“大融通”理念，传统图书馆下的各个区域不再严格划分，比如自然科学与人文艺术的融通（领读区、展台区突破依索书号排架的陈列方式），成人世界和少儿天地的融通（成人阅读区增设外文少儿专架、二次流通少儿专架），传统卷张阅览和现代电子阅览的融通（电子阅览室不单设且不与馆内其他区域物理分隔）。多区联通联动致使少年儿童“满馆飞，满场蹦”，喧哗吵闹的现象也随少儿读者流散至其他区域而蔓延开来，从而造成全馆阅读环境嘈杂的不良局面。

1.3 少儿文献的馆藏混乱且流失量增大

首先，由于网红图书馆实行“大融通”，少儿阅读区的文献可以外带至馆内其他区域，借出后也可在成人阅读区归还，这就造成两部分藏书混淆、少儿馆藏外流至成人馆藏的后果。其次，流通环节中的工作粗略疏漏也易引起少儿藏书缺乏统一的标识体系、馆藏判定错漏等一系列问题，进而增大图书分拣作业的难度和少儿馆藏的不确定性。再者，绘本因其藏量丰富、外形不规整、被翻阅次数频繁等特点而难以管理，如依索书号排架的传统方式陈列，工作量太大且不足以在短时间内进行高效维护。如置之不理，采用“混放”的方式上架，既影响视觉感官，也不利于定位查找。久而久之，绘本就呈现出馆藏流失的现状。除了上述因遗失引发的馆藏流失，最后，还有另一类馆藏流失的原因——剔旧。少儿文献的借阅群体多为少年儿童，他们的图书保护意识差，在流通环节中少儿文献的污损率极高，尤其是一些玩具书、翻翻书，因缺乏及时、专业的修复，下架率特别高。凡此种种表明，少儿文献因馆藏混乱，继而流失，给图书管理工作带来新的难题。

2 转变少儿阅读管理模式的普适性建议

2.1 预约总数和动态管控“双保险”

公共图书馆的公益性特点决定其在促进儿童平等、便捷获取图书馆资源与服务方面有着不容推卸的责任。范并思教授著文《图书馆服务中儿童权利原则研究》谈及图书馆服务中包含三方面的儿童权利，即平等应用权、优先使用权和安全权。在平等权的论述中着重强调儿童之间平等享受图书馆服务的权利。[3]在保障少儿读者平等使用图书馆资源与服务方面，成都市政府将理论付诸实践，推动制度保障建设——全面贯彻儿童优先原则，鼓励和引导企事业单位、各类公共服务机构更加关注儿童发展和权利保护；提升面向儿童的公共文化服务水平，在图书馆根据不同年龄段儿童的生理特征与心理需求，打造充满童趣的文化活动空间，鼓励开展儿童阅读讲座、引读、辅导等活动。[4]针对少儿阅读区在特定时段出现突破最大容量（即“爆棚”）的问题，作者建议馆方在入口处增设人次计数门禁系统。以天府少儿为例，当进馆人数达 300 最大容量时，入口处工作人员随即启用“熔断”机制，在其监管下实行“一出一进”，最终使少儿阅读区的读者数量始终保持在合理区间内浮动。与此同时，改进线上预约进馆的模式，由之前的分日期预约变为分日期、分时段预约。分流当日的读者至不同时段，既能保障每一位读者平等地享有公共文化服务的权利，又能减轻图书管理员的工作量，可谓一举多得。

2.2 “大区分”与“小分区”双管齐下

针对不文明的行为，图书管理员的尴尬定位决定其只能好言规劝，并无批评教育甚至惩罚的权力，然而现实面前好言规劝的收效并不明显。更重要的是，三言两语的劝导在一片人声鼎沸中顿显苍白无力、杯水车薪。成都市教育局就规范少儿读者的阅读行为也作出指引：加强公共图书馆为未成年人群体服务的资源建设和专项服务，通过活动、培训等方式逐步建立少儿读者的阅读意识和习惯，培养阅读兴趣，形成良好阅读习惯，促进青少年全面发展和健康成长。[5]虽然“大融通”的趋势不可逆，但是现实情况决定少儿和成人还是应该区分开来，不仅要有基本的物理分区，而且要互不联通。例如天府少儿可设置正门为入口，侧门为出口，单向流入和流出，既缓解现有一个出入口拥堵的现状，又减轻读者在少儿馆内进出往来穿梭的响动。此外，禁止暂未外借的少儿文献外带至馆内其他区域，禁止 3 周岁以下的婴幼儿进入馆内除少儿以外的其他区域（可借鉴一些博物馆、展览会的此类规定），对家长发放监护义务提示卡片。这些措施在很大程度上可以减少馆内其他区域少儿读者大声喧哗、哭闹、追逐嬉戏的不文明现象。探讨完“大区分”，接着聊聊“小分区”。少儿阅读区依据实际情况划分片区，图书管理员分区定岗管理，“包干”到人头。这里的分区管理不仅指分管所负责区域的藏书，而且指对所负责区域内的少儿、监护人进行管理。比如，入口处定岗一名工作人员，对人员流入实行卡口管理，并且对每一位入馆的家长发放少儿文明阅读监护义务温馨提示卡片，以简明生动、吸引眼球的宣传方式对亲子阅读的读者进行入馆教育；自助终端处定岗一名工作人员，解答咨询，回应求助，规范读者自助借还的操作，这样既可以在很大程度上减轻读者七嘴八舌的议论声、抱怨声，又可在一定程度上降低因操作不慎引起馆藏流失的概率，提高藏书保有率。“大区分”与“小分区”双管齐下，管好少儿就能止住嘈杂，止住嘈杂就能止住图书馆一半的投诉。

2.3 图书管理业务

馆藏混乱，甚至馆藏流失，除了少儿读者的问题，工作人员自身也负有一定的责任。比如，在成人阅读区归还的少儿文献需检查特殊标记，对于某种文献的馆藏划定与系统显示不一致时需请求更高一级的专业人员进行馆藏判定。新书上架前、馆藏经系统查询后、馆藏经权威人员判定甚至变更后的少儿文献都需特别标记，少儿图书和绘本分别编制两套不同的特殊标识且严格区分。图书分拣、馆藏判定、少儿藏书特殊标识的编制都是对图书管理员专业知识、工作细心程度的考量。定期开展图书管理业务培训与技能比武，定期就流通作业中出现的问题展开研讨，定期赴外馆参观学习，可以在一定程度上减少少儿馆藏混乱的情况。

读者中最难管的群体是少儿，藏书中最难管理的应该就是绘本。首先，建议绘本分级、分区入藏。2011 年，国务院颁布的《中国儿童发展纲要（2011—2020 年）》中明确提出，推广面向儿童的图书分级制，为不同年龄儿童提供适合其年龄特点的图书，为儿童家长选择图书提供建议和指导。[6]2016 年，《全民阅读“十三五”时期发展规划》发文指出：建立符合中国儿童特点的阶梯阅读体系，开展我国少儿阶梯阅读工程的研发及推广应用工作。[7]成都市政府积极开展制度建设，赋予少儿分级阅读的指示精神以法律层面的意义——根据《中国儿童青少年分级阅读内容选择标准》《关于进一步加强少年儿童图书馆建设工作的意见》等，成都市教育局在“十四五”期间加快推动《成都市儿童阅读权利保障条例》的制定出台。[5]分级阅读已引起广泛关注并被逐渐重视，并成为图书馆馆藏资源建设的重要理论指导。以天府少儿为例，先以少儿的认知程度进行分级：适合 0～3 周岁的幼儿阅读的玩具书、翻翻书入藏亲子中心，由爸爸、妈妈陪读；适合 3～9 周岁儿童阅读的故事绘本、科普绘本、桥梁书入藏绘本迷宫。再以文献外形大小进行分区：打破传统依索书号排架的陈列方式，改为依开本大小和分类号相结合的陈列方式。比如，8 开本的亚洲文学绘本指定入藏 A 区域，16 开本的亚洲文学绘本指定入藏 B 区域，8 开本的美洲文学绘本指定入藏 C 区域。如此管理，当需要查找某一特定绘本时，可以先上网查询其开本和外观信息，结合开本大小和索书号定位大致区域，再结合外观（如书脊处颜色搭配、薄厚程度）快速锁定。

图书管理业务+既包括对现有业务知识的熟练掌握，也包括在处理解决新问题时对现有业务知识的拓展延伸、研究学习。实现图书管理能力+，既是做好本职工作的要求，也是对图书管理工作的更高一级挑战。简言之，在思考中工作，在工作中成长。

3 结语

文旅融合催生出的网红图书馆，突破传统图书馆功能性单一的局限，寻求与旅游、科技、酷玩、书店等的多重跨界合作，探索出激发阅读兴趣，增进长效化阅读的更多可能性。依据成都市委宣传部发布《建设书香成都 发展实体书店三年行动计划》，2022 年建成“中国书香第一城”，市民综合阅读率、城市综合阅读指数、个人阅读指数、公共阅读指数位居全国前三，实体书店发展水平位居全国一流。[8]要实现这一目标，需要继续发挥图书馆在全民阅读活动中的领头作用，把图书馆打造成“阅读+旅游”的新高地，提振“书香成都”的城市基蕴，实现“寓读于乐”的完美转型。

参考文献

[1] 菲利普·吉尔主持的工作小组代表公共图书馆专业委员会. 公共图书馆服务发展指南[M]. 林祖藻，译. 上海：上海科学技术文献出版社，2002.

[2] 中国儿童发展纲要（2021—2030 年）[EB/OL]. http：//www.gov.cn/zhengce/content/content_5639412.htm，2021-09-27.

[3] 范并思. 图书馆服务中儿童权利原则研究[J]. 中国图书馆学报，2012（6）：38-46.

[4] 成都儿童发展纲要（2021—2030 年）[EB/OL]. http：//www.cdsfl.org.cn/show-54-53079-1. html，2022-07-12.

[5] 成都市教育局关于《“双减”背景下关于中小学生阅读提升的几点建议》答复的函[EB/OL]. http：//gk.chengdu.gov.cn/govInfo/detail.action?id=3432881&tn=2，2022-09-21.

[6] 中国儿童发展纲要（2011—2020年）[EB/OL].http：//www.baoshan.gov.cn/info/egovinfo/1001/zfxxgkpt/zfxxgkptzn-content/01525541-X-/2021-1230006.htm, 2021-12- 30.

[7] 全民阅读“十三五”时期发展规划[N]. 中国新闻出版广电报，2016-12-28（3）.

[8] 建“中国书香第一城”成都发布三年行动计划[EB/OL].http：//sc.people.com.cn/GB/n2/2020/0424/c379471-33971584.html，2020-04-24.

公共图书馆信息素养教育探究

熊美凤

（成都高新区巨力文化服务中心，四川成都，610000）

【摘　要】 “互联网+”时代，人们的生活方式、消费方式、学习方式都呈现出了新的趋势，智能终端和网络的使用越来越广泛，信息素养被提到了重要位置。本文通过对信息素养教育的思考，提出开展信息素养的重要性，并结合高校图书馆、公共图书馆已有的开展相关工作的经验，提出公共图书馆开展信息素养教育工作的方向。

【关键词】 公共图书馆；信息素养；读者教育

1　信息素养及其发展情况

1.1　信息素养概论

信息素养一词最早是在 1974 年由美国信息产业协会的主席保罗·泽考斯基提出的。他认为“信息素养就是人们运用丰富的信息技术手段和主要的信息源来促使问题有效解决的一种技能”。后续几年陆续有不同的学者对信息素养的概念提出不同的见解，均存在着相异之处。直至 1989 年，美国图书馆协会主管委员提出“具有信息素养的人能够知道什么时候需要信息，能够有效地获取、评价和利用所需要的信息”的定义，成为当今使用最广泛的定义。[1]

1.2　我国信息素养的发展情况

我国 20 世纪 80 年代初才开始进行信息素养的相关研究，且大体上游离于信息素养概念之外，是一种广泛意义上的信息素养研究。如 1985 年王丽萍发表在《中国金融》上的论文《驾驭信息是信贷员应有的素质》。[2]而信息素养的概念是在 1999 年由华东师范大学的王吉庆教授首次引入国内学者视野中的。他把信息素养分为信息意识、信息能力和信息道德 3 个方面，并在内涵上强调了信息技术的应用。[3]

2 开展信息素养的必要性

根据第 50 次《中国互联网络发展状况统计报告》显示，截至 2022 年 6 月，我国网民规模为 10.51 亿，较 2021 年 12 月新增 1919 万，互联网普及率达 74.4%。其中，使用手机上网的比例达 99.6%，短视频的用户规模占网民整体的 91.5%。[4]由此可见，网络使用人数日益增长，网络已成为我们生活中不可或缺的一部分。如日常的网络购物、网络支付以及常态化出行的智能终端应用等，人们已逐渐习惯使用网络，并不断享受着互联网带来的便利性。

互联网在给我们带来快乐和便利的同时，也带来了日益增长的网络犯罪和各种真假难辨的网络信息。虽然国家有出台关于加强网络信息安全的法律法规，也采取了多项措施打击网络谣言、有害信息、虚假新闻等违法违规行为，但仍需要我们自身拥有辨别网络信息的能力。在这个互联网资讯充斥的年代，人们能够通过各种渠道得到不同的资讯，但是怎样能够正确、迅速地收集到真正的资讯，还需要系统学习。在这个时候，“信息素养”一词，进入了更多人的视野。

3 我国图书馆信息素养教育工作现状

我国的信息素养教育大大滞后于发达国家，而图书馆的信息素养教育工作更是一直呈现发展不平衡的趋势。相对来说，高校图书馆信息素养教育形式多样，且比公共图书馆信息素养教育出现的时间更早，规模更大、更完善。

3.1 高校图书馆信息素养教育

2002 年 1 月，首届“全国高校信息素质教育学术研讨会”在哈尔滨召开，标志着“文献检索课”向“信息素质教育”的转型。在接下来几年的图书馆界学术会议上，信息素质教育成了大会的主要议题，高校信息素质教育也逐步成为研究热点，信息素养的教育日益得到重视。[3]2019 年 3 月，“万方杯”全国高职院校信息素养大赛首次在深圳职业技术学院启动，到目前为止已成功举办 4 届。信息检索大赛使信息素养在全国高职高专院校得到了有效的普及，提升了整体的信息素养水平。

高校图书馆已通过多种方式开展信息素养教育，其主要形式有：①新生入馆教育，如入馆自测、现场参观、讲座培训、知识竞赛、线上学习、寻宝活动、互动小游戏等；②讲座培训，如开展线下培训、线上直播、微课堂、慕课等；③信息检索大赛；④手机游戏，如情景式手游、闯关小游戏、排架小游戏等；⑤嵌入式教学培训。[5]

3.2 公共图书馆信息素养教育

2019 年 11 月，首届图书馆对公众开展信息素养教育研讨班在海口举办，此次活动使大家全面、系统地学习了国内外有关公众信息素养教育的进展情况和优秀案例，对信息素养教育的普及和发展有极大推进作用。2020 年，中国图书馆学会阅读推广委员会举办首期“全民信息素养教育公益大讲堂”线上讲座活动，社会公众均可免费扫码观看。目前已成功举办 3 期，共吸引 10 万余人在线学习，在提升公众信息素养、助力全民阅读方面，取得了极为显著的效果。2022 年，中国图书馆学会开展“2022 年图书馆员信息素养业务能力提升行动”线上活动，全国各级各类图书馆及有关单位均积极参与。此次活动的开展，让大多数馆员对信息素养有了初步的了解和认识，提升了馆员信息素养的能力，也对图书馆开展信息素养教育起到了很好的推进作用。

公共图书馆重视信息素养始于近几年。因受疫情影响，公共图书馆面临着新的工作要求，服务形式及内容也逐渐向线上转移，如线上培训、线上讲座、线上直播、线上答题、线上展览、数字资源共享等。

4 公共图书馆开展信息素养的必要性

图书馆是文献信息的存储和传递中心，具有承担公众信息素养教育的信息资源优势、空间优势及人力资源优势，并广受公众信赖，一直被视为最重要的信息素养教育机构。高校图书馆信息素养教育面向的主要是学校的师生，而公共图书馆面向所有公众，信息素养教育的群体更为广泛，也尤为重要。

公共图书馆作为知识的殿堂，不同职业、年龄、文化及需求的社会公众均会到图书馆来，或围观打卡或考研自习或扩展视野或答疑解惑或丰富精神生活。这就不可避免地需要利用信息检索、电子资源及图书馆数据库等。馆员在服务读者的过程中进行正确的指导，也是信息素养教育的一部分。

农民工群体、低学历群体、老年群体、残障群体等一系列脱离校园生活并缺乏信息素养的社会公众，往往更需要提高信息素养能力，但他们却很少有接触和了解信息素养教育的机会，他们更多能依靠的是公共图书馆。而公共图书馆更应该将这部分缺乏信息素养的读者作为重点，让他们知道如何正确地检索和利用信息，帮助他们不与社会脱节。

5 公共图书馆开展信息素养教育工作的有效途径

5.1 政府支持

目前，公共图书馆开展信息素养教育还存在着些许障碍，主要表现为：①读者与图书馆的黏度不强，真正使用和利用图书馆的读者不多。天府人文艺术图书馆月度问卷调查结果显示，读者到馆频率不高，多为每周或偶尔到馆，且到馆读者的主要目的是学习或备考；同时，少数读者在图书馆使用过程中遇到困难时通常会采取自己想办法解决的方式。②政府事业编改革。馆内专业人才不足，没有专人负责信息素养教育工作。

公共图书馆在努力吸引读者到馆、开展信息素养教育的同时，也需要政府的支持。政府可出台有关计划，把信息素养纳入中小学教育范围，并适当增加人员的投入。[6]

5.2 针对性开展信息素养教育

公共图书馆受众群体广泛，开展信息素养不能一概而论，而需针对不同群体的特色开展不同的信息素养教育。针对青少年读者，可以举办社会实践活动，让青少年在社会实践活动中认识图书馆、了解图书馆、利用图书馆；可以开展趣味性、互动性强的活动与竞赛，教导青少年使用检索工具；也可以制作动画短片，用可爱、卡通的画面和故事吸引青少年了解图书馆及信息素养。针对老年读者，可以开展电子设备使用培训，指导老年读者如何使用手机、电脑，如何摄影、手机支付，如何在网上查询信息等；可以开展情景式表演活动，让老年人了解信息素养，了解虚假信息的危害。如临沂市图书馆于 2014 年开展“从零开始学电脑”暑期计算机培训班，浅显易懂地为老年读者讲解计算机使用的基础知识；并于 2016 年开始，每年定期举办中老年人智能手机使用培训班，教导老年读者如何使用智能手机。[7]针对视障读者，可以开展盲文培训、盲用设备培训，帮助视障读者学会如何获取信息。如浙江图书馆及深圳图书馆均有针对视障读者开展的盲用电脑培训。针对农民工，可以开展职业技能培训、文化普及、电子设备培训等。

5.3 提升馆员信息素养水平

公共图书馆开展信息素养教育工作，首先要保证的就是馆员的信息素养。只有馆员具备了良好的信息素养，才可以在日常工作中引导读者，才可以策划并开展更优质的信息素养活动。馆员的一言一行、一举一动都会在服务读者的过程中影响读者。所以，公共图书馆开展信息素养教育工作的重心就是提升馆员的信息素养水平，打造一支高素质人才队伍。

可组织馆员积极参与图书馆界的各类公益课程、线上讲座、培训等，也可组织馆员在慕课上自行学习。当然，也有必要在事后通过知识竞赛、考试等方式来检验与巩固馆员的学习效果，督促大家学习的自觉性和积极性。

5.4 与其他机构合作

公共图书馆也要积极与其他机构合作，扩大信息素养教育的群体范围。可与社区合作，开展关于如何辨别信息虚假的相关公益讲座，提升老年人的防骗能力；开展关于如何搜集和利用医药卫生、健康安全相关知识的培训。可与残联合作，开展图书馆相关知识培训及情景表演等，让残障人士认识图书馆，并愿意到图书馆来。可与企事业单位合作，开展信息素养专题讲座及培训等。

5.5 社会力量参与

目前，国内已陆续出台了一些法规或政策来支持、鼓励社会力量参与公共图书馆建设。公共图书馆信息素养教育的开展，也可以让社会力量参与进来。这样做一是可以解决人力不足的问题；二是可以让专业的人来做专业的事；三是可以扩大受众群体，使公共图书馆信息素养教育工作更上一层楼。

6 结语

“互联网+”时代，信息素养是每个人都应具备的基本能力。只有具备了良好的信息思维，才能适应当前信息社会发展。作为公共图书馆来说，必须行使自身的教育职能，肩负起培育和教导公众信息素养的责任，积极开展各项信息素养教育工作，引导公众对获取到的信息进行评估和思考，利用批判性思维去审视，提高公众的信息利用能力和知识创造能力。

参考文献

[1] 金国庆. 信息素养一词的概念分析及历史概述[J]. 国外情报科学，1996(1):

26-33.

[2] 刘晓波. 新世纪十年我国信息素养研究可视化分析[J]. 现代情报,2013(4): 159-161.

[3] 刘巧英. 我国信息素养教育发展现状与展望[J]. 情报探索,2013(2): 45-53.

[4] 第 50 次中国互联网络发展状况统计报告[EB/OL]. http: //www.cnnic.cn/n4/2022/0914/c88-10226. html，2022-08-31.

[5] 曹瑞琴，杨丽兵，高俊杰“双一流”高校图书馆读者信息素养培养服务[J]. 中国中医药图书情报杂志，2022，46（2）：36-39.

[6] 司杨.当前我国公共图书馆素养教育探析[J]. 佳木斯职业学院学报，2018（1）：466-467.

[7] 王东. 公共图书馆面向老年人的信息素养培训研究[J]. 河南图书馆学刊，2021（4）：30-32.

城区自助书屋服务项目的实践探析
——以德阳市图书馆为例

廖小军

（德阳市图书馆，四川德阳，618000）

【摘　要】　德阳市作为首批试点城市建成的“书香天府·全民阅读”自助书屋项目已运行 3 年，该项目在推动阅读资源与服务下沉、构建“15 分钟生活圈”以及实现公共文化服务均等化方面发挥了积极作用，取得了良好的社会效益。本文全面梳理了该项目筹备、建设、运营、管理各个阶段的实践路径和解决策略，阐述了自助书屋可持续发展的工作思路，以期充分发挥自助书屋在构建公共文化服务体系建设中的优势作用。

【关键词】　自助书屋；公共图书馆；融合；发展

1　背景

“全民阅读”作为一项国家文化战略，已连续九次被写入政府工作报告。四川省早在 2016 年就将“建设阅读服务场所、数字阅读平台作为完善服务体系，提供良好阅读环境”的重要内容写入了《四川省人民代表大会常务委员会关于促进全民阅读的决定》。推进以公共图书馆为核心的各类阅读服务场所以及自助借阅机、数字阅报栏等阅读设施建设，日益成为推进完善阅读设施，有效整合阅读资源，改善阅读条件，进一步满足人民群众精神文化生活和多元化阅读需求的重要抓手。2017 年，德阳市作为四川省首批试点城市，启动“书香天府”全民阅读自助书屋试点项目建设，于 2018 年建成，至今运行已逾 3 年。

2　项目简介

通过“书香天府”全民阅读自助书屋试点项目建设，德阳市在主城区建成 10 个 24 小时自助书屋，项目引入第三方运维持续有效的运行维护服务保障，完善互联网与物联网环境下的智慧阅读服务网络体系，推动阅读资源与服务下沉，进一步解决基层公共文化服务“最后一公里”问题，实现阅读资源的流通、流转，建立健全管理、运行和保障机制日趋完善的现代公共阅读服务体系。该项目经过 3 年多的运行，初步形成政府、市场、社会共同参与公共文化服务体系建设的格局。

3 建设情况

3.1 网点布局

2017 年项目前期工作启动后，德阳市图书馆根据按需布局、就近覆盖、统筹规划的总原则，在大型居民社区、中心广场、机关单位、公交站点等人口密集、人流集中、便于管理的区域初步确定上报了东汽总部、上美广场、区政府办公区等 10 个点位。经省新闻出版广电局会组织专家论证建议，结合该市现有公共阅读设施分布状况，最终确定了市文化馆、红星美凯龙、曙光广场、汽车南站、高槐村城市近郊旅游区、体育公园、珠江路社区、市演艺中心、万达广场、旌阳广电中心 10 个点位。

3.2 建设过程

3.2.1 招标采购

启动项目采购前，德阳市图书馆就书屋硬件、软件建设标准尤其是设备参数问题多次召集专题论证。出于提高项目利用效率、便捷程度的考虑，论证意见一是满足四川省新闻出版广电局《“书香天府”全民阅读自助书屋试点建设指导意见》，实现该项目同一技术构架下全省范围内的通借通还；二是在此基础上，通过扩展条码识别功能以及系统对接开发等方式，兼容支持德阳市图书馆现有业务系统，实现自助书屋与馆藏书籍实现通借通还。最终，包含有“馆—点通借通还”论证意见内容的建设方案未获省新闻出版广电局采纳备案。

3.2.2 项目实施

项目招标采购结束后，德阳市图书馆对 10 处拟建自助书屋点位逐个进行安装环境协调确认，对其中占用公共区域的 6 处点位向城管执法部门报批。通过三个多月紧张的施工、安装、调试，建设单位战高温、斗酷暑，克服汛期暴雨给施工安装带来的不利影响，于 2018 年 8 月底完成项目建设，投入试运行，9 月 26 日顺利通过项目验收。

4 运行情况

4.1 运行概况

投入运行以来，项目依托城区内主要商业街区、居民小区、大型商超、公园广场布局的 24 小时自助书屋网点，通过委托运营机构对读者信息、借还数据、阅读喜好、借还时段等要素进行综合分析，根据读者画像对各网点书籍进行动态流转补给，进一步满足了市民阅读需求，完善了阅读服务设施。

4.2 运营管理

一是保障点位书籍更新频次，最大限度地满足辐射区域读者的阅读需求；二是倡导学习风尚设置专题书架，近年推出的疫情防控专题、党史学习教育专柜等广受读者喜爱；三是做好数据分析，满足读者个性需求；四是发挥公益宣传效能，适时推出图文并茂的公益广告，助力践行社会主义核心价值观；五是探索多方合作运营模式，初步形成政府、市场、社会共同参与公共文化服务体系建设的新格局，同时也成为德阳市图书馆智慧化服务实践的第一步。

4.3 数据统计

项目运行 3 年多以来，实现图书流通 30 834 册次，平均每月图书流通达 907 册次，活跃读者人次 7804 人次，持续精准更新上架图书 18 500 册，平均每月更替达 544 册，累计接收市民读者心愿书籍反馈信息 2348 条，响应上架心愿图书 1820 册，开展主题阅读推广活动 136 次，平均每月不低于 4 次，惠及市民近 3 万人次。特别是在面对 2020 年突如其来的新冠疫情，德阳市图书馆充分利用项目智能借阅服务特点，在当时公共文化服务场馆相继关闭的情况下，坚守服务阵地，弥补了服务的空白。

5 绩效分析

5.1 有利于与图书馆形成良性互补，构建普惠多元的服务格局

自助书屋布局延伸至市民读者“身边”，面向市民免费开放，依托无人值守、自助使用、24 小时不打烊等创新服务方式，在一定程度上解决了传统公共图书馆一个中心网点，服务下沉困难，服务受空间、时间限制等问题，与图书馆等传统公共文化服务形成良性互补。数据显示，自助书屋使用时间主要集中在下午 5 点至晚上 9

点，其 24 小时不打烊和设置于社区、小区等所带来的便利性将与图书馆及实体书店形成了良性互补，为市民提供普惠、多元的公共文化服务。

5.2　有利于弥补传统读者服务模式短板，增强资源运行效能

自助书屋在内容资源的供给服务上，依托运维方及时、丰富的图书资源优势，线下运维团队较为高效的图书流转服务能力，基本实现了书屋网点阅读服务资源与实体书店优质阅读消费资源的同频服务；在此基础上，依托专业的阅读运营团队，线上线下服务渠道，以读者阅读需求为核心，针对新书、热门图书等，策划丰富的主题性阅读推送活动，建立读者“心愿图书”反馈上架机制等，既为市民持续奉上阅读“精品菜单”，又针对市民个性化阅读需求，向读者提供“菜单”外的定制服务，不断设计阅读服务“新玩法”，极大地提升了市民获得新书、热门图书的时效性、便利性，激发市民阅读热情，有效弥补图书馆在阅读内容、运营服务等方面存在的不足。同时，依托项目运行大数据，实时动态掌握网点图书结构、读者阅读偏好，结合书店、图书出版行业大数据，逐步形成供需精准对接的运行机制，增强公共文化服务资源运行效能。

5.3　有利于创新全民阅读推广模式，推进阅读“七进”工作

全民阅读是党和国家文化战略，全民阅读“七进”工程明确要求，推进全民阅读“进社区”“进家庭”“进机关”。本项目网点布局紧紧围绕“贴近老百姓、服务下层、智能便利、资源大流通”的原则精心选点，形成了遍布城区主要社区、街道、公园、小区的服务体系，通过自助便利的服务、丰富优质的资源供给和创新高效的运营，得到了市民的广泛认可，在社区、街道等城市基层、老百姓身边扎下了根。在移动互联网时代背景下，创新了全民阅读“进社区”的服务模式。后台运行数据显示，由于网点贴近市民生活，到点借阅方便，大量读者依托自身注册账户，为家庭各类成员，特别是小孩借阅图书，甚至带动家人共同到社区书屋选书阅读，有效地推动了全民阅读从社区进一步向家庭阅读服务延伸。

5.4　有利于促进智慧图书馆建设，完善城市公共文化服务体系

自助书屋的建设运行，有效地将阅读资源和公共文化服务链接到了广大市民的家门口和日常生活之中，让读一本书、获取阅读资讯成为市民上班下班、工作学习、茶余饭后触手可及之事，借助智能便捷、不打烊、精准供给等创新服务模式，与德

阳市图书馆形成了良性互动的公共文化服务新局面，推动了阅读资源和公共文化服务有效下沉，多渠道流通，便利化服务，在德阳市主城区内基本形成了以 1 个图书馆为中心、10 个自助书屋为补充的 15 分钟公共文化服务圈的雏形，构建了一个具有德阳特色的“1+10+15”城市阅读服务体系。运维方在图书资源、物流配送、门店网点、大数据分析等领域的传统优势和在弘扬社会主义核心价值观、传播先进文化的平台优势也得以充分发挥。

6 问题与启示

本项目运维期已届满，从完善阅读设施，改善阅读条件、促进阅读均等性方面看，虽得到了市民群众的认可，获得较好的社会效益，但在项目便利性、融合发展、良性运行等方面还存在着无法回避的问题。笔者作为项目直接参与者，一路走来，至少有三点工作启示，需要在今后工作中注意。

6.1 以读者体验为出发点，着力打消技术壁垒

数字时代，业务合作都必须要以技术作为支撑。公共图书馆作为业主单位，实现读者利益最大化是必然要求，这就需要在公共图书馆和其他部门合作服务时务必解决技术对接问题，比如在文献通借通还的问题上，必然是以图书馆为主导进行。合作双方各自的系统都有自身的专业特殊性，因此在技术对接中实现安全性、共享性、简化性的统一以及确保读者在实际操作中的体验感，才是项目合作成功的基础。

6.2 以融合发展为结合点，实现各方共同促进

自助书屋项目采用“终端设备+云端管理+线下流转”相结合的方式为市民提供自助服务，后台管理与前端服务必须配合无间才能发挥出聚合效应，实现相互促进。因此，在选择合作机构时，图书馆应在清晰明确自身服务需求和目标基础上，进行充分的前期评估和了解；在项目实施过程中，务必明确双方的权利义务，同时建立沟通协调机制，并以双方签订协议的模式确定下来，确保合作顺畅；在项目运营中，避免因资产属性不一、业务逻辑差异、服务数据无法互通等因素造成的服务割裂、服务“孤岛”问题。

6.3　以项目绩效为关键点，推进项目良性发展

试点项目的服务绩效，是得到政府的政策与资金支持从而推动项目可持续发展的主要依据。以自助书屋为例，一是要保障硬件维护，系统运行相配套的技术能力和技术资源，否则将无法有效保障书屋网点正常运行，造成项目提前停摆，导致国有资产浪费。二是要保障服务供给，要有与项目相适应的内容资源供给、落地运转保障和阅读运营机制及体系化服务能力，否则将与市民阅读需求脱离，拉低项目运行效能。

参考文献

[1]　徐力. 文旅融合下的馆店合作服务探索[J]. 传播力研究，2020，4（14）.

[2]　张竞. 馆店合作精准服务——哈尔滨市图书馆创新服务模式探索[J]. 内蒙古科技与经济，2019（18）.

公共图书馆读者分级管理及服务模式探讨

周艳

（青羊区图书馆，四川成都，610000）

【摘　要】 本文围绕公共图书馆的发展、现状进行概述，对读者群体细分、管理、服务提出解决方案，并借北美及国内图书馆出版业务案例进行可行性探讨，旨在为图书馆的业务线提出市场化的新思路，为公共图书馆提升影响力探索新方式。

【关键词】 读者分级；服务产品线；大客户策略；年费试点

1　公共图书馆现状概述

公共图书馆是知识信息的集散地、是广大市民终身教育的学校、是区域地方文献的宝库、是公共图书馆共享信息枢纽，为广大读者提供 “信息”“空间”“阅读”的体验。以成都市青羊区图书馆（以下简称青图）为例，2013 年青羊区图书馆为读者提供了 207 657 册书籍的借阅服务，服务注册读者达到 75 202 人次。2013—2022年，除开 2016 年装修闭馆以及 2020 年疫情闭馆的客观原因，其余年份的业务量均呈现稳步增长趋势。截至 2021 年，青图为读者提供了 476 039 册书籍的借阅服务，服务注册读者达到 167 671 人次。十年来，纸质书籍传统借阅业务的增长率分别为 229%与 223%。

稳定增长的业务基数为公共图书馆的高速发展奠定了各类型衍生服务的基础，开启了读者分级化管理及服务的新篇章。

2　细分读者群及普遍差异化服务方式

公共图书馆常见的读者分类方法是按照书籍类别分，因此在馆内场地规划上普遍设定有诸如“儿童绘本馆”“文学馆”“方志馆”等，并围绕分类主题提供与之相关的线上及线下活动，诸如“阅读推广”“征文”“读书会”等。这种入门级分类方法的优点是基础、普惠、开放、培养兴趣，缺憾是不能伴随读者群年纪的增长及认知的增长提供升级多样化、有针对性以及个性化的服务。本文根据读者阅读偏好及特征提出读者分级管理、分级服务的思路，并展开思考和探讨。

2.1 以借阅量基础的读者分类

最直观、最易采集的读者数据是单个身份证号码下的借阅量。粗略划分可以将读者分为四大类，分别为：广大普通读者、有固定阅读习惯的忠诚读者、数和量都极强的超级读者、团体读者（分馆也可划归此类）。

这四类读者的数量和服务需求分别呈现正向金字塔递减和反向金字塔递增的特征。

2.2 细分读者群体的阅读习惯及行为特征

普通读者：没有特定的阅读要求，浏览量与借阅量随机。

忠诚读者：对某个图书馆、某个时段、某种品类的作品有阅读偏好。

超级读者：阅读与借阅量极大，从其借阅记录中能清晰地勾勒出阶段性的阅读偏好。

对馆员推荐阅读的建议最终执行的是自我认知。

团体读者：有明显的阅读引导意向，特色馆藏和与之相关的延伸服务是这类读者的潜在需求。

2.3 细分读者群的服务模式及馆员素质要求

普通读者和忠诚读者的活动轨迹常见于馆内，因此，对馆员的素质要求是不断地重复基础业务；而超级读者和团体读者对某个公共图书馆的认知是基于公共图书馆的业务线是否能足够满足自身的发展。举例来说，一个公共图书馆具有借阅、咨询、活动、研讨、出版甚至改变影视的功能，其竞争优势绝对大过只有某个特色馆藏的公共图书馆。

传统的借阅业务对于公共图书馆来讲只是一个产品，借阅量增高的公共图书馆就是具备识别产品的能力。公共图书馆未来的发展趋势应该是不断加强图书馆本身的品牌建设。诸如：这位作家家喻户晓，重要的是，大家都知道这位作家的伯乐是某公共图书馆。

超级读者与团体读者正是由于有更多潜在与图书馆相关的业务需求，因此从服务上来讲，有定制服务的需求。此时，对馆员的素质要求不是重复产品，而是具有识别读者需求的能力、与读者建立信任的关系。自我感知度极强的读者，信任的是这个馆员的本身。

3 增值服务开发与合作

为了满足不同读者群体的需求，公立图书馆需要开发不同的线上及线下业务，并逐渐形成有关联的业务线。在设计业务时，需要关注四个点——业务、合规、标准、品牌。

业务： 业务本身也可以称为产品，产品不是单一存在的，而应该是有关联关系的产品线。在这里，强调的不是产品本身，而是产品能给目标读者带来的益处。产品可以由图书馆自己开发，也可以和有影响力的品牌合作。

合规：合规的目的是寻找一个监管制高点，主动为产品寻找一个安全的底线。

标准：建立产品标准的目的是便于复制。

品牌：依靠增加产品线增强图书馆的影响力。

为了产品线的不断开发与专业化，未来，公共图书馆应该会与更多的社会机构进行合作。合作对象的选择应该遵循品牌、唯一性、客户三个原则。

品牌：首选足够大的品牌合作，以增加公共图书馆的影响力。

唯一性：合作机构的业务具有稀缺性，公共图书馆与之合作才容易制造标准。

客户：这里的客户指合作机构的主营业务拥有大量的直接客户，这些客户经过品牌合作之后转化成图书馆的潜在读者。

4 特色分馆建设思路

本身具备营运或者社会公益功能的机构、组织，是公共图书馆分馆建设中的首选合作对象。当前，分馆建设常见于社区、城市空间或者学校。公共图书馆提供的支持主要指纸质书籍，形式单一。随着公共图书馆服务产品线的发展与丰富，合作的机构（分馆）可以综合性地选择系列产品，如果条件成熟，可以进行服务定制。对这部分有定制需求的机构，公共图书馆可以试点试行“年费制度”。

对试行“年费制度”的机构或者分馆提供服务的策略应该完全区别于免费读者群体。

在沟通中应该表述两个方面的内容：一是给合作方树立信心，二是梳理合作方的需求。

树立信心：需要简要介绍产品团队、过往产品、发展方向以及现在。

梳理需求：厘清合作方需要公共图书馆团队做什么，以及如何达成目标。

最后，需要出具合作建议书，证明公共图书馆如何帮助合作方完成选择并行动。

5 以北美图书馆为例浅谈图书馆出版业务的可行性

2013 年，美国 60 余所高校图书馆共同成立了图书馆出版联盟，旨在促进图书馆出版服务主流化。近年来，我国图书馆出版服务相关研究得到了充分的认知与发展。“出版馆员”这一专业化的新名称频繁见诸各类文献。

密歇根大学图书馆指出，密歇根出版部代表着图书馆的活力与创新，更是学校学术交流的中心。图书馆应该意识到图书馆出版对自身及所在系统的重要意义，重视图书馆出版服务，并建立有效的激励机制，鼓励出版馆员在图书馆出版工作中不断进行尝试。同时，由于出版成为图书馆的一项服务，正在变得越来越重要，对出版馆员的业务素质也提出了更高的要求：出版领域的基础知识、版权法、元数据标准、数字出版技术、计算机语言、网页技术等都将成为基础技能；同时，出版馆员还需要主动了解行业动态、政策法规，并将新的理念、知识和技术都运用到工作中去，不断为图书馆出版业务打下坚实的基础。

6 结语

当前，公共图书馆的基础业务已经进入高速发展期。随着读者群人数的不断增加，读者的需求反馈也呈现出阶梯式的上涨。公共图书馆读者分级管理及差异化服务模式是未来的发展趋势。对公共图书馆来讲，这是机遇，也是挑战。愿在不断的探索与实践中，砥砺前行，为不同读者群提供更为切合的服务。

参考文献

[1] 毕新. 从 0 到 1 的管理笔江：新型国际化大学图书馆十年创见[M]. 南京：江苏人民出版社，2021.

[2] 杨欢. 北美高校图书馆出版馆员岗位设置及需求分析[J]. 图书馆工作与研究，2022（3）.

寻求公共图书馆与中小学校图书馆的多元融通之道
——以金牛区图书馆跨越式发展为例

郑燕

（金牛区图书馆，四川成都，610036）

【摘　要】 倡导全民阅读、建设书香社会已成为社会的共识。公共图书馆应主动作为，与学校图书馆加强馆际交往，搭建专业化平台支撑、丰富阅读模式和创新多元共建共享机制，有效实现与校园图书馆的深度融合，为书香社会的建设作出应有贡献。

【关键词】 馆际交往；挖掘优势；阅读指导；点线面互动；多元融通

推进全民阅读、建设书香社会已逐渐成为社会的共识。习近平总书记强调："要提倡多读书，建设书香社会，不断提升人民思想境界、增强人民精神力量，中华民族的精神世界就能更加厚重深邃。"[1]多读书，读好书，读整本书，养成良好的读书习惯，积累整本书阅读的经验，已被写进《义务教育语文课程标准（2022年版）》[2]，并落实在统编教材"和大人一起读""快乐读书吧"栏目教学中。

公共图书馆，是收集、整理、收藏图书资料供人阅览、参考的专业机构，具有保存人类文化遗产、开发信息资源、参与社会教育等各种职能[3]。图书馆是社会记忆的外存和选择传递机制，是社会知识、信息、文化的记忆装置、扩散装置，在全民阅读书香社会建设中有着重要的不可替代的作用。

1980年，国际图书馆协会和机构联合会在《中小学校图书馆宣言》中明确提出："中小学图书馆是保证学校对青少年和儿童进行卓有成效的教育的一项必不可少的事业，是保证学校取得教育成就的基本条件，也是整个图书馆事业的不可缺少的组成部分。"[4]优化公共图书馆与学校图书馆的战略合作，在资源共享、课程研发、平台支撑、成果物化等方面提升合作水平，成为公共图书馆主动作为的重要突破口。

1 加强馆际交往，推动深度融合

1.1 建立互动式馆校联系

公共图书馆应主动联系辖区内中小学校园图书馆，充分发挥专业优势帮助校园图书馆做好书籍的整理与上架工作，协助其建立科学实用的借还系统，制定出管理制度，进行科学的管理。学校可组织校内学生到公共图书馆参观，一方面可让学生在书海中遨游，激发其阅读的兴趣，另一方面可让其感受图书馆内专业化的借还设备、视听体验、沉浸式阅读等，使学生爱上图书馆。金牛区图书馆利用每周二上午的闭馆时间，接待周边学校组织的不同年级、班级的学生到馆阅读，用优质的图书资源吸引学生，让学生享受阅读。

1.2 招募中小学生志愿者

环境育德，身临其境，耳濡目染。公共图书馆到校园招募志愿者，让其主动参与到公共图书馆管理中，进一步加深学生对图书馆的认识，真切感受到图书馆宣传教育、文化推广的服务效能和社会责任。在巡视中，身边埋头苦读的读者是最好的榜样；在服务中，与人交往的能力得以提升；在管理中，图书馆相关知识融入其中。志愿者们可以参与到活动的组织、秩序的维护中，还可开展对借还书籍上架、剔旧、修补等工作。

1.3 共享优质阅读资源福祉

公共图书馆与校园图书馆因各自功能的不同，在服务对象、图书配置、资金来源等方面均存在较大差异。校园图书馆馆藏主要针对的是在校学生及教师的需求，应配合学校的教学开展工作，主动为师生提供教学参考资料。公共图书馆要面向社会不同层面的读者需求，因而拥有丰富的图书资源，这是学校图书馆所不能比拟的。加强区域内馆校图书资源共享，建立共建共享、通借通还体系，可将图书馆的资源作用发挥到最大化，加大学生阅读数量，提升阅读质量。

2 挖掘自身优势，加强对青少年阅读的指导

公共图书馆拥有全社会最优质的阅读推广资源，中小学校拥有很多教学经验丰富的教师资源和阅读课程资源，二者深度融合，分工合作，就可以有所作为。

结合青少年的年龄特点、认知规律、审美需求、节庆风俗、社会热点等，可制定一系列阅读指导课程，有针对性地开展阅读专题实践活动。“授之以鱼，不如授之

以渔”，引导广大学生深度参与“阅读-研学-展评-发布”等活动，让学生掌握阅读方法，提升阅读能力，达到知行合一。

学校图书馆应主动承担起阅读推广的重任，在校内组织各种阅读活动。可以是班级内的读书沙龙，也可以是年级内的读书分享会，还可以是学校的读书演讲比赛；可以是学生间共读一本书的指挥者，也可以是家庭阅读、亲子阅读的倡导者。让少年儿童从小掌握科学的阅读方法，养成终身阅读的习惯和能力。

公共图书馆应整合多方资源，为书香社会的建设保驾护航。妇联、社区教育学院应加强对家庭教育的指导，推进家庭教育理念、方法、知识在社区的宣传与普及，提倡亲子共读；法院、检察院加强对青少年的普法教育，以案说法，强化规矩意识；关工委发挥好老红军、老干部、劳模、科创人员等引领作用；街道、社区要营造热爱阅读的浓厚氛围，为书香社区建设提供支持。公共图书馆要充分利用好场馆，邀请各职能部门到馆服务青少年，形成关爱青少年，人人都是教育者的良好风气。把场馆建设成为爱国主义教育基地、家庭教育示范基地、青少年科普基地、未成年人保护基地等，努力为更多青少年服务。

3 点线面互动，创生多元融通新机制

3.1 推荐好书在心田播种

读一本好书，就是和品德高尚、知识渊博的智者对话。阅读经典，就是在心灵世界播下善良、悲悯、真诚、创造的种子。公共图书馆要按照《“十三五”时期全国公共图书馆事业发展规划》要求：完善针对不同读者群体的优秀读物推荐机制。结合自身特点，广泛征求读者阅读需求，有针对性地选购高品质书籍，开展“线下+线上”好书推荐活动，引领青少年进行精品阅读，提升阅读品质。

学校要结合学生年龄特点、教学要求，向中小学生提出阅读要求，并以多种形式检测，如进行好词好句摘录、撰写读后感、阅读分享等，对中小学生进行阅读内容、方式、方法的指导。二者联动，使“好书发布会”成为社区的重大文化事件。

3.2 专家引领夯筑文化自信

专家、社会名流因其较高的专业造诣，具有很强的社会感召力。合理利用他们的影响力，往往能起到事半功倍的助推效能。公共图书馆可邀请社会各界人士为全民阅读出谋划策，担任全民阅读推广人。金牛区图书馆将图书签售会开在了馆里，邀请《特种兵学校》作者、少儿军事文学作家八路老师到馆进行“阅读成就阳刚少年”图书分享会。邀请《假装被风儿吹走了》作者、冰心儿童文学奖获奖作家陈梦

敏老师进行以“做回一个自由自在的孩子”为主题的读者见面会。见面会围绕“有效阅读：完成从读到写的转变”展开，作者分享了许多写作技巧，给中小学生上了一堂生动的作文课。

专家更要走进校园，利用自己的影响力，引导学生能有品位地参与阅读，以此消除快餐式、消遣式阅读对学生造成的影响，使学生从小树立正确的“三观”。全国科普日，金牛区图书馆在学校举办了“月亮与梦想”主题活动。以特邀嘉宾身份参加活动的知名电视主持人陈岳，用充满童趣的方式，声情并茂地为孩子们讲述了嫦娥奔月、吴刚伐桂的经典故事，穿插讲解了我国自主研发的月球车，以及如何开启走向深空，探索宇宙奥秘的时代，其生动的表述让台下小朋友们听得津津有味。在与青少年共同朗诵传统经典的过程中，陈岳解析着诗词背后的家国情怀、蕴含的中华文化，让孩子们领略着传统文化独特的魅力。

3.3 阅读进校园激扬诗意文创

《“十三五”时期全国公共图书馆事业发展规划》明确要求：公共图书馆要根据职责制订阅读推广计划，围绕世界读书日、图书馆服务宣传周、全民读书月以及中华传统节日、重要节假日和重大节庆活动，深入开展系列阅读推广活动[5]。目前，各公共图书馆的阅读推广活动均有声有色，涌现了很多品牌活动，如四川省图书馆的“名人大讲堂”“天府文旅大讲堂”“巴蜀讲坛”“川图·微图书馆”，成都图书馆的“锦城讲堂”“成图阳光课堂”“成图书友会”等。

公共图书馆组织阅读活动不应只在图书馆内举行，还应走出去，走进学校、社区、医院等人员密集场所。在“六月儿童阅读月”期间，金牛区图书馆将满载图书的“流动图书车”驶入学校，开展了一场以“十万个为什么”为主题的阅读活动。活动以“思考世界的孩子”为引，引导孩子们围绕书籍阅读和思考展开讨论。在建党 100 周年之际，金牛区图书馆的品牌活动“读书吧！少年”阅读分享会，以“阅读红色经典·致敬百年历程”为主题走进校园。四川人民出版社文教中心主任、新华文轩编辑导师李淑云老师与现场近两百名同学一起温习建党小知识，忆苦思甜，追忆党的峥嵘岁月。活动中，李淑云老师介绍了红色经典《小英雄雨来》的故事，通过领读《小英雄雨来》片段，剖析并描述书籍中所描述的时代背景，让同学们深刻理解到故事中所表达的社会责任与理想信念。

3.4 沉浸式“悦读”入情入境

3.4.1 诵读以声传情

百度百科对儿童诵读这样描述：儿童诵读的作用在于使少儿从小培养语言表达

能力，练习口齿、咬字、发音、归韵等。儿童诵读主要以亲子共读的方式进行，可以增进亲子感情。中国有句古话“读书百遍，其意自见”。诵读能让阅读者全身心地投入，真切地感受作品节奏，品味出作品情趣和神韵。在建党100周年之际，金牛区图书馆举办“吟百篇经典·诵百年党史”活动，以红色文化资源为出发点，以党的百年历史中各个时期的重大节点为中轴线遴选出经典诗词，通过“线上诵读+线下展演”的形式，激励广大朗读者尤其是青少年参与诵读。为期2个多月的前期活动，通过打卡、递交视频资料，选出12位选手参加决赛的展演。入围决赛的12位选手从7～69岁，囊括了各行各业。有感情地诵读，特别是对经典的诵读，让青少年与作者对话，产生共情。东北师范大学附属小学校长于伟在《关注儿童在学习中的“安全感”》中提出：阅读教学中，身临其境的朗读更能拉近读者和作者的距离，增加代入感，让文本形象化，由此获得“可听性、可见性和触觉上的可感性”。唤起每个个体生活经验文本化后那些不可言喻的特质，这是诵读对于文本理解的意义所在。

3.4.2 舞台剧表演投身入戏

金牛区图书馆在2022年策划打造了“金图绘本剧团”，在传统绘本阅读的基础上深化场景式、沉浸式、互动式阅读，营造可观看、可参与、可融入的文化氛围。绘本以其有趣的图画，鲜艳的色彩深深吸引着少年儿童，其每一张图画都蕴含丰富的信息，可以引发丰富的想象。金牛区图书馆一方面联合金牛区内小学、幼儿园进行剧团团员现场招募，另一方面通过网络投稿社会招募。历时30天，在初选的基础上进行网络人气评选，再进行复选，确定小演员团队。目前剧团根据绘本改编的《完美小孩制造公司》《最好的伙伴》与自创剧本《新·长征路上的少年》《蜀绣》均在排练中。“金图绘本剧团”的组建，锻炼了孩子的胆量，培养了其表演才能。让孩子通过深度阅读，在理解角色的同时进行加工创造并表演为戏的形式，既为全民阅读构建书香社会作出了贡献，又提升了金牛区图书馆知名度。

3.5 融入生活在研学中感悟

博学、审辨、慎思，笃行，是中华民族传统治学美德，将在课堂上学到的知识在社会中、现实场景中去验证、感悟，从而思考、理解、升华，即古人所谓“读万卷书、行万里路”。

金牛区图书馆的品牌阅读活动“读书吧！少年”已进行了两年，是针对青少年群体开展的以“研学+演讲”为主要形式的深度阅读系列活动。该活动旨在带领青少年结合书籍和目的地，实践、思考和感悟书本及生活知识，提升青少年在活动中的参与感、体验感和互动感。在“金牛古建筑之美研学活动”中让青少年感受古建筑之美、领略中华文化的魅力。在“体育进化论”活动中，孩子们在图书馆收集有关体育项目的演变与发展的相关知识，带着所了解的体育知识来到凤凰山体育公园，感受现代体育场馆的科技魅力，体验智慧大运，进行仿古运动项目体验。“走进金牛特色街道”活动在麦鲁小城开题，让孩子们带着选题实地考察，感受地道的风俗文化，发现其中蕴藏的美。研学活动均分为四步，一是开题，分组查找资料；二是实地进行目的地研学；三是按组进行资料整合、小组讨论，形成汇报材料，完成演讲演练；四是展开演讲，进行学习成果展示。小组合作式的学习方式，培养学生的团队意识；带着课题查找资料、实地考察，导师实时指导、答疑，教给孩子学习的方法；最后 PPT 的制作，演讲汇报，展现学习成果，获得成功体验。应用“研究性学习”先进理念，通过“教、学、做”合一的方法和模式，根据学生成长规律，培养青少年科学思维方式和学习能力，培养学生良好的思想品德和健全人格，实现素质教育的目标。

新时期，我国幼儿园、中小学、中等职业学校等，在校学生数已经达到 2.3 亿。少年儿童的阅读状况，很大程度上决定着全民阅读的整体状况[6]。搭建专业化平台支撑、丰富阅读模式和创生多元共建共享机制，有效实现与校园图书馆的深度融合，为书香社会建设作出应有的贡献，已经成为公共图书馆跨越式发展的必然选择。

参考文献

[1] 盛玉雷. 推进全民阅读 建设书香社会[J]. 人民日报，2021-04-23.

[2] 鲍道宏. 义务教育语文新课程的阅读教学变革——从《义务教育语文课程标准（2022 年版）》的变化看语文核心素养的落实[J]. 福建教育，2022（19）.

[3] 于良芝. 公共图书馆存在的理由：来自图书馆使命的注解[J]. 图书与情报，2007（1）.

[4] 徐斌. 国际图联《中小学图书馆宣言（1999）》解析[J]. 中国图书馆学报，2001（5）.

[5] 文化部关于印发《“十三五”时期全国公共图书馆事业发展规划》的通知[EB]. 中华人民共和国中央人民政府，2017-07-07.

[6] 黄强. 全民阅读从孩子抓起[J]. 新阅读，2022（1）：24-26.

公共图书馆延伸服务之老年群体服务探究

仰叶

（彭州市图书馆，四川成都，611930）

【摘　要】人民群众对公共文化服务的需求在逐步发生变化。党的二十大报告提出，要推进文化自信自强，铸就社会主义文化新辉煌。面对新形势新挑战，公共图书馆应与时俱进，在服务创新与服务延伸上寻找突破口。本文从老年群体服务视角探究公共图书馆在延伸服务上的有效举措。

【关键词】老年群体；延伸服务

公共图书馆依托互联网开展线上活动，使“闭馆不停服务”“线上云阅读”等新兴活动成为常态。这些创新是否能满足老年群体的需求？本文从老年群体服务视角探究相关举措。

1　目前我国社会老龄化现状

根据国家统计局发布的《中华人民共和国 2021 年国民经济和社会发展统计公报》，截至 2021 年末，全国人口 141 260 万人，其中 60 周岁及以上人口 26 736 万人，占总人口数的 18.9%；65 周岁及以上人口 20 056 万人，占总人口数的 14.2%。根据研究预测，到本世纪中叶，我国老年人口将达到 4.87 亿，约占总人口的 34.8%。这表明，我国正逐步步入老龄化社会，人口老龄化将成为我国中长期发展的基本国情。如何应对人口老龄化是国家的一项长期战略任务。以笔者所在彭州市为例，统计数据显示，截至 2021 年年末，彭州市人口中，60 周岁及以上人口 19.7 万人，占总人口数的 25.27%。公共图书馆作为公共文化服务的重要阵地，如何提供均等、精准的公共文化服务，如何统筹好老年群体的阅读需求，是新时期新机遇下各级公共图书馆面临的一项重大挑战。

2 图书馆延伸老年服务的重要性

老年群体是公共图书馆服务的重要对象，为老年群体提供服务毋庸置疑，延伸服务应触及老年群体的诉求。2018 年第三次修订的《中华人民共和国老年人权益保障法》中明确指出，“老年人”指我国 60 周岁以上的公民，国家和社会都应该积极采取措施，开展适合老年人的群众性文化、体育、娱乐活动，丰富老年人的精神文化生活，实现老有所养、老有所医、老有所为、老有所学、老有所乐。同年施行的《中华人民共和国公共图书馆法》第三十四条中也指出，公共图书馆应当考虑老年人、残疾人等群体的特点，积极创造条件，提供适合其需要的文献信息、无障碍设施设备和服务等。

3 老年读者获取服务现状

3.1 活动形式单一

线下活动形式相对单一，缺少对老年群体的人文关怀。目前图书馆围绕老年群体开展的活动常见的有看书阅报、讲座等，形式简单、内容重复。以彭州市图书馆为例，面向老年人开展的活动有健康系列讲座、阅读看报等，线上活动几乎没有老年群体参与。老年群体各项身体机能都在逐步衰老，层出不穷的线上活动虽然内容丰富，但是操作复杂，尤其是“藏”在多级以下的菜单，更是让老年人没法利用。老年群体对公共文化服务的诉求得不到正确的回应，间接导致了图书馆老年读者的流失。

3.2 存在数字壁垒和数字鸿沟

随着互联网的高速发展，现代人已经习惯生活在智能化设备环绕的环境里。出行一部手机：扫码付费、扫码点餐、实时导航等。在疫情常态化防控的要求下，进入图书馆等公共场所也要使用智能设备扫码登记。对于年轻人而言是再寻常不过的事，在老年群体看来却难以操作。现实生活中的各种数字壁垒和数字鸿沟极大阻碍了老年人获得均等服务的权利。但这并不能说明老年人对数字化服务没有需求。2022 年 8 月，中国互联网络信息中心发布了第 50 次《中国互联网络发展状况统计报告》（简称《报告》）。《报告》显示，截至 2022 年 6 月，我国网民规模为 10.51 亿，互联网普及率达 74.4%，其中 50 岁及以上网民群体占比为 25.8%，较 2020 年增长 12.2%，可见老年人上网需求呈不断上升的趋势。早在 2020 年 11 月，国务院发布了《关于切实解决老年人运用智能技术困难实施方案的通知》，指出要助力老年人在智能化时代享受健康管理、便利就医等服务工作。对于公共图书馆来说，帮助老年读者享受均等化的数字服务是我们的首要任务。

3.3 老年群体对图书馆的诉求变化

当下老年读者对图书馆服务的诉求从走进图书馆变成了图书馆服务进家门。进入场馆增加扫码亮码等环节，无形中造成等待队伍冗长、门口拥堵等情况，这些都使老年读者“不便出行、不愿出行”。老年群体是图书馆要面对的一个特殊群体。笔者认为，老年群体有以下三个“固定”特性：兴趣爱好固定、空闲时间固定、活动地点固定。由于精力和财力有限，老年群体的兴趣爱好多是延续年轻时的，用来怡养性情。也有培养新兴趣的，用来丰富自己的老年生活。兴趣爱好一旦选定便很难更改。老年人的时间，一部分支配来照顾家庭、做饭、接送小孩等为家庭劳动，另一部分则是自己的空闲时间，时间相对固定。从老年人自身体力、精力和家庭牵绊因素的考虑，老年人的活动地点也相对固定，这就使老年读者对公共文化服务的诉求日趋变得有强烈的个性化诉求，希望图书馆资源能满足自身爱好，更希望图书馆能建在自己家门口。

4 延伸服务触角，探求服务老年群体的有效措施

在“老有所养、老有所医、老有所乐、老有所为、老有所学”指导下，文化养老成了社会关注的话题，在保障老年人物质生活需求的前提下，公共图书馆要与时俱进，更新服务理念，延伸服务触角，创新服务，满足老年人的精神需求。我们应通过情感的沟通、思想的交流，让老年人有一个享受快乐、愉悦精神为目的的养老方式，以此为老年人提供精准化服务，让文化养老蔚然成风。

4.1 优化城乡文化资源配置，推进城乡公共文化服务体系一体建设

全面打造覆盖城乡社区的 15 分钟阅读圈，进一步提升文化服务质量，让老年群体看书不再难。笔者认为，从“以人为本”的角度出发，探求公共图书馆的服务理念，真正实现国家倡导的老有所乐。目前，彭州市有公共图书馆总馆 1 个，分馆 20 个，遍布全市 13 个镇，其中 3 个深入村级行政区建立，1 个设立在武警中队；建成阅读空间 48 个，分别设立在景区、街区、民宿、咖啡店、餐饮店、影院等公共空间，让市民朋友在公园城市中畅游的同时感受浓浓书香。

4.2 推进个性化精细化服务

一是创新借书服务机制，解决借书难的问题。老年读者借书难是目前最常见的

问题。对此，图书馆开拓的“点单式”借阅服务，除了适用于当代生活节奏快的年轻人之外，也符合老年读者的诉求。将借书模式再升级，形成图书馆+物联网模式，通过图书馆+快递方+服务平台，实现用户足不出户就借书还书。二是联动大数据，将点单式借阅服务数据与图书馆宣传推广结合起来，建立个人借阅清单，实现定制式喜好书单，精细化新书推荐服务，让老年读者感受图书到家服务的便捷化和智慧化。三是延伸线上活动服务，打造线上老年群体活动服务矩阵。一方面要增强线上交互性，让老年读者能快速适应智能化、智慧化服务；另一方面要增加老年人的参与感，提升老年朋友获得感。四是开启图书馆服务新业态。国家典籍博物馆在疫情期间开展的线上云展览《山海社的宝藏》《众志成城 抗击疫情》等精品“云展览”，让人们在不能出门的情况下也能得到知识的滋养、文化的大餐。这样的“云展览”也给我们了启发：转变服务模式，将开讲座变为送讲座。

4.3 提升老年群体的信息素养

授之以鱼，不如授人以渔。图书馆作为公共文化服务机构，担负着社会教育的职能。为解决老年读者身边的数字鸿沟问题，首要任务则是要普及智能设备的用法，帮助老年读者通过智能手机、平板等智能设备获取资讯。利用文化教育阵地的优势，进行整合资源，推送系统化的数字资源，安排参考咨询馆员实时交互，及时为老年读者解答疑惑，为老年群体提供一站式指导。这就要求馆员在发布内容上有所侧重，针对老年读者，要在时长上选择短小精干，制作过程中要附获取途径简明直接，不建议附 4 级或 4 级以上的链接地址。而是直接到参考咨询部门，互动界面简洁，醒目，参考咨询对话框位置明显，让老年读者仅填报名字和电话号码等简便信息，就能获得后续的完整的公共文化服务。

4.4 提升馆员素养，打造适应智慧化智能化图书馆建设的人才队伍

政府工作报告提出的全民阅读深入推进，向我们提出了明确要求指令：公共图书馆应当充分发挥职能职责，开展内容丰富、满足人民群众需求的阅读推广活动。这也要求图书馆人守正创新、不断进取，建设一支高信息素养的队伍。目前各种创新服务平台层出不穷，利用短视频平台，发布老年人群体热衷话题，也是获取老年读者的有效办法之一。

应对老龄化社会是我国一项长期战略任务，公共图书馆是一个服务大众的文化服务阵地，有责任有义务为老年人提供更多人文关怀，精细化服务，助力文化养老社会的建设。

参考文献

[1] 杨一帆.健康老龄化蓝皮书：中国大中城市健康老龄化指数报告（2019—2020）[M]. 北京：社会科学文献出版社，2020.

[2] 王东. 公共图书馆面向老年人信息素养培训研究[J].河南图书馆学刊，2021（4）.

[3] 赵磊. 公共图书馆推动文化养老实践及创新[J]. 中国国情国力，2022（1）.

[4] 吴荔. 后疫情时代图书馆云展览的探讨[J]. 四川图书馆学报，2022（2）.

人口老龄化背景下成都地区公共图书馆老年读者文献需求与分析*

付利翔

（成都图书馆，四川成都，610000）

【摘　要】通过对成都地区公共图书馆老年读者的问卷调查，了解老年读者对公共图书馆文献的需求现状，在此基础上分析成都地区公共图书馆提供老年文献服务中存在的问题，并提出一些建议。

【关键词】人口老龄化；老年读者；文献需求；成都地区

根据国家统计局公布的第七次全国人口普查公报数据显示，截至 2020 年 11 月 1 日零时，60 岁及以上人口为 2.64 亿人，占总人口的 18.70%。预计到 2050 年前后，我国老年人口数量将达到峰值 4.87 亿，占总人口的 34.9%。随着老年人口数量的快速增长，老年群体的精神文化需求也日益增长。在人口老龄化背景下，公共图书馆作为公共文化服务体系的重要组成部分，对加快养老服务体系建设起着重要的作用。为更好地了解成都地区老年读者对文献的需求，提升公共图书馆老年读者服务的质量，笔者对成都图书馆、天府人文艺术图书馆 2022 年 6—7 月进馆老年读者进行了问卷调查，发放问卷 120 份，回收问卷 112 份，问卷有效率达 93.33%。

1　成都地区公共图书馆老年读者基本情况

根据表 1 可知，在年龄分布上，60 ~ 70 岁的老年读者最多，占 66.07%，71 ~ 80 岁的老年读者有 30 人，占 26.79%，81 岁以上仅有 8 人，占 7.14%。从文化程度上看，经常使用图书馆的老年读者学历普遍较高，高中以上学历占大多数。从老年读者退休前的工作来看，职业分布较为平均，但工人、教师、机关事业单位工作人员是进入图书馆的主力。

* 本文系成都市哲学社会科学规划项目“大数据时代成都地区公共图书馆藏书体系研究”（编号 2021BZ084）的研究成果之一。

表 1 成都市老年读者基本情况

基本情况	调查选项	人数/人	百分比/%
性别	男	63	56.25%
	女	49	43.75%
年龄	60～70 岁	74	66.07%
	71～80 岁	30	26.79%
	81 岁以上	8	7.14%
文化程度	小学	6	5.36%
	初中	19	16.96%
	中专	7	6.25%
	高中	29	25.89%
	大专	37	33.04%
	本科及以上	14	12.50%
退休前工作	工人	19	16.96%
	教师	24	21.43%
	公司职员	14	12.50%
	机关事业单位工作人员	26	23.21%
	灵活就业人员	10	8.93%
	其他	19	16.96%

2 成都地区公共图书馆老年读者文献需求现状

此项调查主要从到馆频率、到馆目的、主要利用的文献类型和阅读偏好四方面来了解老年读者的文献需求现状。

2.1 老年读者到图书馆的频率

调查显示，相对于其他年龄段的读者，老年读者到馆次数更为频繁。这是因为老年人退休后有充足的时间，他们的在馆时长也远远高于其他读者，经常一待就是一上午甚至一整天，公共图书馆已经成为他们生活的重要场所。

2.2 老年读者到馆目的

调查发现，了解时事新闻、参加活动讲座、休闲娱乐已成为老年读者到馆的主要目的。老年人退休后依然关心国家大事，而公共图书馆的报刊较为齐全，可以在这里及时了解国内外重大新闻。另外，一部分老年读者喜欢通过到图书馆参加各种活动来打发闲暇时光，也可以达到交友的目的。

2.3 老年读者主要利用的文献类型

调查还显示，老年读者利用文献的类型主要集中在期刊和报纸。笔者经实地走访和向窗口工作人员了解到，报刊阅览室确实是老年读者最集中的区域。2021 年成都图书馆最受“50 后”老年读者欢迎的期刊前三名分别是《三联生活周刊》《读者》《啄木鸟》。但老年读者对电子资源的利用率较低，主要是因为他们对电子书和电子数据库不太了解，以及使用电脑的普及程度不高。

2.4 老年读者的阅读偏好

老年人偏好的文献内容是保健养生类，其次是历史文化类和时事新闻类。随着年龄增长，老年读者身体机能大不如前，因此，他们比较关注保健养生类书目，希望增加健康方面的知识，以减少或控制疾病。由于老年读者文化素养普遍较高，名人传记、历史故事也是他们比较关注的信息类型。他们也十分关注时事新闻，渴望参与到热点话题中去，因而通过阅读来帮助自己认识世界，了解社会。

3 成都地区公共图书馆老年文献服务中存在的问题

2022 年国务院印发《“十四五”国家老龄事业发展和养老服务体系规划的通知》，倡导“践行积极老龄观”，要求扩大老年文化服务供给，改扩建或新建一批老年公共文体活动场所，鼓励编辑出版适合老年人的大字本图书。我国大部分地区公共图书馆早已认识到要顺应人口老龄化的趋势，给予老年读者更多关注，然而在实际工作中，还有很多不足之处。

3.1 馆藏资源分配不均

由图 3 可见，期刊和报纸是老年读者偏爱的文献类型，但文献采选人员在采选过程中往往会有意识地针对少儿期刊进行挑选、征订，很少会特意关注到老年期刊。以成都图书馆为例，2021 年共征订少儿期刊 418 种 22 313 册，全年少儿期刊购置经费为 15.05 万元，占全馆期刊购置经费的 12.15%。而老年期刊全年征订量仅有 76 种 3528 册，购置经费为 2.74 万元，只占全馆期刊购置经费的 2.21%。由于不了解老年读者的阅读心理和偏好的文献，在提供文献资源时，缺乏针对性，从而造成部分文献资源利用率低下。

随着年龄的增长，老年人身体各项机能退化，听力、视力、注意力逐步衰退，可能无法进行长时间阅读，此时就需要大字版本的文献资源、有声图书等来代替传统阅读方式。但由于市面上大字本出版物较少，文献采选时也往往容易忽略这一类型，所以馆藏文献资源载体单一，老年文献类型缺乏。

3.2 缺乏适宜的阅读空间

绝大多数公共图书馆都有专为青少年打造的阅览室，天府人文艺术图书馆的少儿阅读中心更是目前成都市公共图书馆中最大的少年儿童阅读与活动中心。但在成都地区公共图书馆中，却还没有出现专为老年人打造的阅读空间。部分公共图书馆设施较为落后，阅览室缺乏老年读者需要的老花镜、放大镜等，阅读区域的座椅未配备靠背、软垫等用品，不适合老年人久坐。从老年群体生理和心理角度分析，老年人更适合群体性阅读，即在阅读时可以自由沟通交流，但大多数公共图书馆没有专门的老年阅读区域，部分老年读者和青年读者容易因阅读习惯的不同而发生矛盾。

3.3 老年读者对数字资源的使用率低

目前成都市公共图书馆数字资源共享平台、微信平台共有数字资源（含试用）40 种，涵盖电子书刊、学术资源、教育学习、少儿资源等 7 个大类，面向广大读者免费开放。但由于在老年群体中宣传推广力度不够，绝大多数老年读者不了解有哪些适合自己的数字资源，更不用说操作和使用了。还有部分老年读者因不能熟练操作自助设备而找不到需要的文献资源，或者因无法掌握移动设备如微信公众号中的预约到馆、活动报名签到等而错失参与机会，打击了其参与公共文化服务的积极性。

3.4 缺少专业文献采选人员

成都地区公共图书馆的文献采选人员普遍具有较强的专业性，有专门研究少儿文献、地方文献、港台文献、外语文献，甚至小语种文献，但几乎没有研究老年文献的专业人员。这就导致公共图书馆馆藏结构建设中，老年文献内容的缺失。在文献采选的过程中，没有结合老年读者的心理、生理特点，真正了解老年读者的需求，缺乏前瞻性和主动性，更无法提供特色服务。

4 基于老年读者需求的成都地区公共图书馆文献建设建议

4.1 优化老年读者文献资源配置

海量的阅读资源是公共图书馆开展读者服务工作的基础，而馆藏资源的布局构建是图书馆资源建设中十分重要的组成部分。成都地区公共图书馆应当根据老年读者的需求来调整馆藏结构，使文献资源的分布更为科学合理，指导和引领老年读者阅读方向，促进知识的交流和传播。

4.1.1 优化馆藏结构

公共图书馆可通过调查问卷、邀请老年读者座谈、开辟荐书通道等方式，充分了解老年读者的阅读需求。同时也要加强与各大出版社之间的联系，了解当前老年文献的出版方向，以及市面上大字版本的文献类型。进一步加深馆际沟通，学习其他地区公共图书馆的先进经验，合理分配馆藏结构。

（1）图书类。文献采选人员在图书采购中，应充分考虑老年读者的需求，在资金允许的前提下，有意识地加大老年读者偏好的图书采购量。主要有：① 保健养生类，包含老年常见病的预防和护理、老年医学、老年健身、老年膳食指南等；② 政治历史类，包含人物传记、历史故事、时事、社会焦点等；③ 生活实用技术类，包含花鸟园艺、宠物、手工编织、烹饪等；④ 经济法律类，包含股市操作、与老年人相关的法律法规等；⑤ 文学艺术类，包含名家名著、书法绘画、摄影、音乐等；⑥ 地方文献类，包含地方名人、家乡历史等。采选一批符合老年人阅读偏好的大字图书，并在借阅室设置大字图书专架，方便老年读者查阅。

（2）期刊类。期刊是老年读者最常使用的文献类型，相较于年轻读者，老年读者更看重公共图书馆期刊的免费性。笔者在调查中发现，许多老年读者有固定喜爱的期刊类型，有些读者会守着自己喜爱的期刊上架，争取能第一时间进行借阅。而老年期刊往往也是老年文献馆藏资源中最薄弱的环节，文献采选人员应高度重视老年期刊的需求量，适量增加部分期刊复本数，逐步提高老年期刊的比，构建起更加合理的期刊馆藏结构。

（3）报纸类。公共图书馆的报刊阅览室往往是老年读者最集中、最固定的区域，在这一区域的老年读者到馆频率也最为频繁，大多数能达到一周 4～5 次以上，甚至有部分读者坚持每天到馆。这部分老年读者阅读偏好为时事新闻，关心国家大事。因此，文献采选人员应重点关注《人民日报》《文汇报》这类综合性报纸，以及《成都晚报》《华西都市报》等成都地区的地方性报纸，保证报纸类文献资源的时效性，力求做到当天整理、当天上架。

（4）数字资源类。公共图书馆应在官方网站上设置老年读者专区，将老年人喜欢的网站信息、电子报刊、医疗资源等汇总到网页上。网站画面尽量简单、字体放大、字体颜色加深、提供有声网页阅读功能，使老年读者能够畅通无阻地体验网络阅读的乐趣。加快数字资源库建设，丰富数字资源种类，采选一批符合老年读者阅读需求的电子文献资源。

4.1.2 激发老年读者阅读需求

公共图书馆可根据馆藏资源，在阅读区域设置时事专栏、历史文化专架、保健养生专架等主题书架，挑选一些符合老年读者阅读偏好的优质资源，图书推介。也可以在官网、微信公众号上设置阅读偏好的选项，再利用先进的大数据平台将信息汇总、归纳，以微信、短信的方式将适合的文献资源定向推送给老年读者，还可以通过“大咖荐书”、阅读分享会等来进行阅读推广。这就避免了他们在茫茫书架中盲目寻找，能激发老年读者的阅读需求，解决“读什么”和“怎么读”的问题。

4.1.3 提升老年读者对数字资源的使用意愿

公共图书馆可在老年读者中开展现代化服务设备使用方面的培训，教授他们操作 OPAC、RFID、自助借还系统等。培训内容要尽量通俗易懂，切忌过多的专业术语。考虑到老年人的记忆力、接受能力、反应能力，还可将具体操作方法录成简短的小视频发给老年读者，让他们可以反复观看、记忆，以强化教学效果。允许老年人账户与其子女账户绑定，子女可以帮助老人进行各种线上操作，例如登录电子资源库、下载电子文献资源等。在老年群体中加大数字资源的宣传推广力度，让他们了解并学会使用海量的数字资源。

4.2 构建适宜的阅读空间

由于老年人身体机能退化，他们在使用公共图书馆时首先要求硬件设施的高度无障碍化。公共图书馆可在低矮楼层靠近电梯的位置设置老年读者专属阅读空间，按照人体舒适的状态来设定温度、湿度，配备老花镜、放大镜、助听器、读报机等辅助用具。座椅根据老年人的特点进行高度调整和防滑处理，放置靠背、软垫等人性化用品。按照老年人的阅读习惯、兴趣爱好来合理布局，可分为静读区域、交流区域、体验区域等，科学设计阅读空间，以达到最佳的服务效果。

4.3 建立专业的文献采选队伍

公共图书馆应当培养一批专业的老年文献采选人员，他们不仅需要学习相关心理学知识，了解老年群体特殊的生理和心理需求，还要实时掌握出版趋势，从茫茫书海中挑选出最适合老年读者的文献资源。文献采选人员应定期与老年读者进行面对面交流，主动热心地询问他们的需求，耐心倾听、保持友善的态度，及时了解他们的需求变化，调整馆藏资源。通过新书推荐会等形式，将优秀资源推荐给老年读者，并通过讲解和引导，吸引更多的老年读者来到图书馆。

参考文献

[1] 张恺悌，郭平. 中国人口老龄化与老年人状况蓝皮书[M]. 北京：中国社会出版社，2010.

[2] 张静. 公共图书馆如何提升老年读者服务[J]. 传媒论坛，2018(9)：141+143.

[3] 徐伟革. 公共图书馆电子阅览室老年读者服务影响因素的研究[J]. 河南图书馆学刊，2017(8)：31-32+37.

[4] 邓咏秋，刘弘毅. 日本图书馆的老年阅读推广实践及其启示[J]. 图书馆研究与工作，2017(2)：52-55.

[5] 王宝兴. 老年读者阅读心理及服务策略研究[J]. 中文信息，2017(5)：48-49.

图书馆开放服务模式中后勤保障作用浅析

何明翔

（成都图书馆，四川成都，610041）

【摘　要】 后勤保障管理是图书馆整体服务的有机组成部分，是维持图书馆温馨阅读环境的重要保证。本文以图书馆后勤保障服务为切入点，探讨了在开放服务模式下公共图书馆后勤保障工作与物业管理的具体架构、自身特点、工作模式及心得体会。通过建立行之有效的制度化管理控制体系，以动静结合的管理方式优化图书馆后勤服务水平。

【关键词】 图书馆；管理；后勤保障；服务

以自动消防设备（火灾自动报警系统、自动喷淋设备、火警自动起落卷帘、广播预警），自动安防设备（110 联动报警装置、安防监控系统、楼层安全巡更管控系统），智能电梯梯控管理，开放覆盖式网络，集中式中央空调系统，图书馆智能一卡通、变配电管理（程控照明系统）、区域 IC 卡门禁管理为代表的智慧化、现代化系统已广泛应用于公共文化场馆。它们改善了图书馆的硬件条件，转变了图书馆服务模式、提升了服务效率，同时又将后勤管理成为图书馆读者服务有机组成部分这一特点变化凸显出来。相较于图书馆的主流业务，后勤服务在图书馆开放服务模式中的作用也越发明显。经过几年的探索，成都图书馆的后勤保障工作已全面进入健康有序的管理模式。实践证明，智慧化物业服务管理系统是开放服务模式下图书馆后勤保障工作发展的趋势。当然，在发展过程中不断涌现出新的情况、新的探索点也是不可避免的，需要我们持续不断地加以完善和补充。

1　图书馆后勤保障工作的具体架构

1.1　馆舍维护管理

为了防止、避免可能发生的场馆建筑结构老化磨损问题，保障图书馆安全的阅读环境，后勤管理团队有必要调阅熟悉场馆建筑的设计方案和建筑布局线路图纸，加强馆舍的技术管理，提前对建筑物易出现问题的薄弱区域作出有效维修规划，让场馆保持美观的同时，又能兼顾安全度与完整性。

1.2 设备运行与管理

要使图书馆内大量设备获得专业的维保服务，就需要制定全面的设备管理相关制度，明确特种设备应当由具备相应资质的维修保养方负责定期测试与设备保养。物业部门负责监督管理馆内设备如配电、空调系统、消防监控等常态化检查、修理，以确保各项设备的正常稳定状态。

1.3 消防安全管理

图书馆内拥有数量庞大的文献资源和电器电路，消防安全无疑是图书馆安全工作的重中之重。制定完善的消防安全制度体系，让消防设施始终保持良好的运行模式，杜绝潜在的安全风险。辅以周密的场馆保卫措施，捍卫读者与馆员生命财产、馆藏信息资源的安全。

1.4 清洁卫生管理

图书馆作为公共文化场所，读者流动量大，对于开放服务模式下的公共图书馆来说，清洁卫生、日常维护是图书馆后勤服务的基本元素，对于图书馆阅读环境维护工作的成败具有极其重要意义。

1.5 文献资源管理

对于文献资源的常态维护，普遍采用以图书文献书库的温度、湿度控制、防潮、通风、照明、粉尘污染、除虫措施为主，从而达到降低文献损坏率的目的。

2 图书馆后勤保障工作的特点

一是范围广。图书馆属于公共文化服务，不仅包括场馆本身的硬件设施，阅读活动的开展、文化展览的发布也包含其中，这些都离不开完善的后勤保障体系。因此，传统的安保、清洁、设施维修已经无法满足图书馆日新月异的新型服务模式，多样化、全面化的配套后勤服务越来越引起图书馆人的重视。

二是难度大。优质的读者服务是图书馆的终极目标。由于图书馆实行开放服务模式，平均到馆日读者流量 5400 人次，最高峰达 11 000 人次，人流量非常大。对图书馆工作人员服务质量也不断提出新的要求，如若处理不当，可能会引起很多不必要的借阅矛盾。那么，作为公共文化服务窗口的图书馆应当更加明确服务优先于管理的意识，时刻保持精神文明建设的先锋模范作用。

三是任务重。随着图书馆消防、监控、电梯、空调、配电机组等设备数量规模的日渐增长，为丰富读者阅读时间，成都图书馆在全年365天开放的基础上，又推出全馆夜间延时阅读服务的全新服务模式。在收获读者一致好评的同时，保证图书馆正常运作方面也对后勤管理部门提出了更高要求，其中就涉及电梯设备是否安全运行、空调通风系统是否正常运行、安全应急措施是否完善等。

安全工作是图书馆后勤保障的核心任务。作为公共文化服务窗口的图书馆，馆藏文献资源丰富而珍贵，大量纸质图书又有易燃易损的特点，消防及公共安全在图书馆后勤管理工作中的地位就显得尤为重要。既要保障来馆读者与全体馆员的人身安全，场馆自身公共财产安全也不容忽视。在全面实现无烟图书馆的同时，还要根据场馆实际情况，结合图书馆业的特点，强化总结出一套独有的管理方法。

3　图书馆后勤保障管理实践与探索

后勤服务从方式上区别于其他图书馆业务，服务品质决定了整体的成效与满意度，同时对服务中经验的积累也具有极为深远的意义。这里以流程管理和效率管理作为切入点，讨论进一步提升图书馆后勤服务整体质量的途径。

3.1　融入本馆文化，提升服务水平

作为读者服务的紧密连接环节，图书馆后勤保障工作需要明确服务目标，主动实现与图书馆特有氛围的有机结合。管理部门通过引导建设融洽的读者、文化场馆和后勤保障之间的紧密关联，从而大幅提升图书馆“美学”阅读环境的读者服务水平。成都图书馆通过多年来的转变与摸索，以“馆际通借通还、社会保障卡借阅服务、移动智慧墙”等为代表的各种新型业务延伸为全体馆员开拓工作思路、先进服务理念、优化服务模式提供了强有力的支撑，潜移默化中也增强了文化归属感与读者满意度，达到了事半功倍的效果。

3.2　提出岗位要求，规范服务流程

规章制度、岗位职责是后勤保障工作的重要依据，是图书馆后勤保障工作细节管理的基础。围绕成都图书馆后勤服务的“几大板块”：场馆安全管理体系、设施设

备维护保养、环境卫生治理，图书馆始终坚持在“专业一流、追求卓越”工作模式的引领下分门别类地进行细化和优化，为图书馆后勤保障工作的大范围、多层次管理打下了坚实的基础。

以消防安保工作为例，图书馆对公共安全、防火防汛的要求较高，因此安保及监控服务的压力也相对较大。除每年年初都会与图书馆各部（室）签订《成都图书馆消防安全责任书》外，还要求全体馆员务必掌握防灾减灾知识要点，加强消安全培训和技防学习。同时图书馆成立了以馆长为队长，书记、副馆长为副队长，男性干部职工为成员的成都图书馆安全保卫应急支队，负责全馆安全保卫反恐防恐工作的组织实施。同时于入馆处设置安全检查设备（包括 X 光安检机、金属探测门、手持金属探测器、危险液体检测仪），加强危险物品和重点人员的排查，及时消除安全隐患；齐心协力群防群治，全力维护成都图书馆的安全稳定。

作为图书馆后勤管理中重要的基础管理工作，馆内各项设施设备的日常保养维护工作普遍当作后勤服务质量的考核项目。针对各类设施设备运行特征推出与方式、周期相对应的各自保养方案，对于特种设备和安全设施维保方又有着专业的资质要求。例如：成都图书馆建筑物修建至今已经超过 15 年，屋顶防水层超出使用有效年限，特别是大楼屋面由于地震原因已经多处出现裂纹，汛期图书馆大楼出现漏水渗雨现象，发现情况后立即安排专业公司检测，进行必要的防水维修处理，避免了可能产生的安全风险。

同时，密集的读者进出馆人次和较长的开放时间也给图书馆环境维护工作造成了不小压力。清洁卫生与环境消杀的特点就是循环性和流动性，结合场馆卫生环境的总体要求，在实际操作时尽可能采取“方案—实施—自检—完善”的动静结合管理办法，特别是周末、节假日等人流高峰期全面实行动态化调配，有效提升馆内各区域环境维护工作的保障度。

3.3　推动管理制度化，辅助监督

规章制度的落实保证了后勤保障工作的有效管控，通过制度化的管理模式又可以有效加强后勤管理的监督工作，二者有着相辅相成的关系。成都图书馆始终将制度化、体系化的设备维护管理、日常安全巡查、门禁权限等措施作为实现后勤服务质量总体控制与监督的有效手段。

在服务量化考核方面则要求图书馆秩序维护、环境维护及设备维护人员负责做好每日工作登记表，每周提交工作情况报告；对于其中涉及全馆安全稳定的秩序维护，图书馆更是制订了详细完备的安全巡视与重点保卫方案，严格执行安全

巡查记录制度并加以监督。通过“入馆安全验证+区域门禁”模式，配以人脸识别系统以有效保持对图书馆各楼层全部区域安全秩序的强化管控。每当“春节”、“国庆”等重大节日前夕，成都图书馆安全综合治理小组均会对全馆安全重点要害部位进行全面彻底的安全检查并登记存档，及时排除各种不稳定因素，确保节日期间馆内阅读环境的安全稳定，全面提高图书馆后勤保障工作的感知度、可靠性、响应度和保障度。

3.4 后勤保障工作的扩展

除了以上各项后勤保障工作外，成都图书馆始终坚持“以读者为中心、服务为主导”的办馆理念，在日常工作中不断总结思考能否为来馆读者阅读服务提供更多的便利性和实用性，竭尽所能为所有在馆读者和馆员营造更加良好温馨的阅读环境，如在图书馆主体建筑物原有无障碍坡道的基础上，按照“全国文明典范城市”建设标准增设无障碍停车位，以“标识标牌+馆员”引导方式时刻保持其畅通无阻碍；另外，在各阅览开放区域设置无障碍卫生间、母婴室，层内房门、洗手台、全自动红外感应小便池、坐便器均符合无障碍设计规范，安全抓杆、挂物勾等设施一应俱全，各楼层均有明显的无障碍标志和无障碍行进图，盲文读物阅览室设置于一楼大厅最便于引导进出的区域。规范自助存包柜及失物招领服务，形成准确及时登记、严格验证核销的一体化流程；同时，图书馆一至五楼阅览区均设有多层过滤净水设备，为开放区域所有读者免费提供纯净饮用水，使读者来图书馆阅览期间可以安心享受阅读的乐趣，提高工作效率的同时也获得了来馆读者的一致好评。

4 结语

综上所述，后勤保障工作如何更好地融入图书馆新型服务模式中仍有很大的摸索、实践空间，需要通过循序渐进的方式不断补充完善，没有事前周密谋划的论证支撑就盲目而上是不可取的，而若是安于现状、举棋不定又会阻碍后勤保障工作的开拓创新，只有坚持“思而不动则殆，动而不思则罔”的思想理念才是图书馆后勤服务让读者满意的关键所在。因此，不妨大胆吸收优质的服务模式并加以融会贯通，因地制宜结合本馆实际查漏补缺，群策群力以实现最佳的后勤保障和安全管理目标。

参考文献

[1] 胡玉香．图书馆物业管理工作“三要素”浅析[J]．图书馆工作与研究，2007（3）．

[2] 李道林，曹菊铭．改革后勤保障发展[J]．图书馆杂志，2003（1）．

[3] 陈恒福．论图书馆物业管理的内涵[J]．江苏图书馆学报，2000（2）．

[4] 李满．国外物业管理规范化专业化[N]．经济日报，2006（6）．

图书馆延伸服务发展探究

周淑琼

（新津区图书馆，四川成都，611430）

【摘　要】 只有延伸服务才能促进图书馆事业发展，才能让读者宅在家里足不出户阅览更多资讯、参加各类阅读活动，缓解读者负面情绪，真正实现“闭馆不闭服务”；通过延伸服务，让读者享受更多个性化、多样化、数字化、智能化的服务，继续发挥公共图书馆文化引领作用、更好地满足读者精神文化需求。

【关键词】 图书馆；延伸服务；常态化

公共图书馆作为一个城市重要的文化标志和文化设施，是滋养民族心灵、培养文化自信的重要场所，肩负着弘扬优秀传统文化、更好满足人民群众精神文化需求的重任。新形势下，公共图书馆只有积极开展延伸服务，才能创新服务内涵，更好地服务读者。

1　前言

图书馆延伸服务（Library Outreach Serv ices，LOS）是指图书馆为适应社会发展及读者需求的变化，在结合本馆特点及能力的基础上，通过创新思路，探索可以为读者提供各类服务的新机制、新模式及新领域[1]。延伸服务的目的就是提升公共图书馆的服务能力，为读者提供多样化、个性化的服务。

2　公共图书馆开展延伸服务

开展延伸服务，延伸服务方式、服务手段、服务内容，拓宽公共图书馆的服务渠道，这是公共图书馆发展的必由之路。那么，如何延伸、怎样延伸呢？图书馆人不断思索、不断探寻。例如可以免收违约金，以实际行动体现人文情怀、关心关爱读者，减少读者的焦虑情况，舒缓各类负面情绪，理性对待入馆不便，这就是一些很好的尝试。

3 延伸服务时间，更加便民、个性化

3.1 延伸对外开放服务时间

各地公共图书馆根据各省公共图书馆管理办法，拟定了对外开放服务时间并在其官方网站和微信公众号、馆内等进行公示。有的区县级公共图书馆对外开放时间至 17：00，这个时间段，难免出现“你开放我上班”“我下班你下班”的尴尬，读者借阅图书不方便。数据显示，绝大多数公共图书馆进馆人数的高峰均出现在下班后到闭馆前这一时间段[2]。于是很多图书馆根据读者的生活、阅读习惯调整并延长开放时间，引导读者错时、错峰、分流到馆时间，避免“打拥堂”。据统计，我国部分省级公共图书馆和全国 15 个副省级城市图书馆，工作日已延时开放到 18：30，最长的开放到 22：00；国家法定节假日开放时间最短到 15：00，最长开放到 23：00。将公共图书馆对外开放服务时间延伸至夜间，这是公共图书馆创新服务方式，完善服务供给的一项重要举措，真正做到了让读者错时、错峰、限流，也便民、为民、惠民、利民，更好地促进城市夜间文化交流。

如成都图书馆及其主题分馆天府人文艺术图书馆自 2022 年 6 月 1 日起，实行超长延时服务，周日、周二至周四及节假日最后一天（每周一例行闭馆）开放时间由原来 20：30 延长至 22：00，周五、周六及节假日（除最后一天）开放时间延时至 23：00，增强了市民阅读获得感、幸福感，满足了公众日益增长的多样性文化需要，培育成都夜间城市文化体验和消费新场景。天府人文图书馆自开馆后成为网红打卡地，随着其以读者为中心超长延时开放服务的实施，将吸引更多的人来成都、来天府人文图书馆，体验天府文化、夜间文化，感受成都城市文化魅力。

3.2 延伸活动举办时间

更多公共图书馆根据读者情况，将活动时间选在延时服务时间段或周末举办。如成都市新津区图书馆举办亲子阅读活动时，考虑孩子父母都在上班，所以将活动调整至延时服务时间或安排在周末，有利于更好地促进父母与孩子的亲子互动、增进亲子间的关系。活动也能让父母见证孩子的成长、蜕变，促进孩子身心健康发育，受到了家长和小读者们的一致好评。

4 延伸服务内容，更加丰富、多样化

4.1 延伸空间服务内容，更加注重阅读环境的安全

环境安全是第一位的。例如在疫情期间，为给读者营造一个安全、稳定、有序的阅读空间，文旅部制定了《公共图书馆、文化馆（站）疫情防控措施指南》，指导公共图书馆做好疫情防控工作；2021 年 11 月对其进行了修订，从总体原则、防控措施、场馆防控、员工防护、公众防护，以及线上线下公共文化服务要求等方面逐一进行指导，指导公共图书馆将服务延伸至更安全服务空间，对图书馆人、物、境等都有了具体的防控标准。图书馆在入口处设置了检测点，放置一次性洗手液或酒精，指导入馆读者“一扫四查”。图书馆遵守疫情规定，采用错时、错峰、限流的方式，每日限定人数、读者网上预约、分时段到馆。同时，提醒读者佩戴好口罩，让公共图书馆绝不成为疫情防控的绊脚石，给读者一个更安心、舒心、放心的安全阅读空间和环境。

4.2 延伸活动服务内容，让活动更加多样化

公共图书馆要拓宽思路，多形式开展服务，各馆员要集思广益、创新更多的服务内容，为因疫情失去工作的读者、受困的商家、困在家里大学生等群体出谋划策，让读者受益。

5 延伸服务阵地，更加安全、多元化

为了便利、安全，公共图书馆活动会选择在馆外举办，从馆内移到馆外、从室内移到室外，延伸了活动服务阵地的同时，也延伸了活动服务方式；可以依托各种基地开展户外研学、依托停车场举办汽车故事会、依托广场开展亲子阅读等。如成都市新津区图书馆精心策划推出了“津图乐游行”户外研学活动，选择具有新津地域特色、能直观体验的景区、工厂等户外场所作为活动地点，让读者在白鹤滩国家湿地公园实地观看成群的白鹤，体验“春日湿地找鸟趣”；到宝墩遗址感受 4500 年的古蜀文化，“与 4500 年文明对话”；走进民营企业成都希望食品有限公司体验“图书馆+工厂”，探索美食的奥秘；走进诺威骑士马术中心，体验小骑士。读者在“户外+研学”体验与实践中获得知识，提高认知，增强动手能力和感知力，体验、找寻书本以外知识的乐趣，不同的户外研学主题给读者带来不一样的体验。在户外研学活动中，孩子们在动一动、找一找、看一看、学一学、比一比、想一想、说一说

中，既培养了动手能力、观察力、模仿能力、思维能力、语言能力、创造力，又学会了与人分享；在与家人的互动配合中增进了感情、促进了亲子关系的健康发展。到户外走一走，又有小伙伴陪同，促进了孩子沟通交流能力，是孩子一笔宝贵的经验财富。这样的活动不仅孩子喜欢、家长喜欢，组织者同样喜欢，因为得到读者喜爱就是对公共图书馆工作最大肯定。很多读者参与活动后，非常期待下一次的活动，想提前锁定参与资格，我们会耐心地告知读者，让其及时关注新津图书馆微信公众号、官网，获取最新活动资讯并参与活动。

6　延伸服务方式，更加数字、智能化

科技的飞速发展让数字资源的优势和重要性日益凸显，图书馆也要有充分的认识，积极探索，延伸服务方式，注重数字化和智能化的开发和利用，运用数字资源开展线上活动、拓展智能化服务水平等。比如成都市新津区图书馆，利用新津图书馆的官方微信公众号、官网等开展线上精彩“慕课”课程、线上“文旅大餐”、欢乐猜灯谜·喜庆过新年、全民健身宅家练等活动，将公共文化、体育服务延伸至家中，让读者宅在家里也可充实知识、快乐自我。

为让读者享有更加充实、更为丰富、更高质量的精神文化生活，图书馆将更加注重服务与互联网数字化、智能化的结合，提升图书馆智慧化服务进程。一是更加重视开发互联网、大数据等数字资源。闭馆不闭服务，数字图书馆增量增容，微信公众号、官网等数字资源将不断推陈出新。如国家图书馆，进入其官网看到的就像看到一个巨大的宝藏，期刊、图书、论文、古籍、音乐影视、缩微应有尽有，学习、指导类的书籍琳琅满目。读者足不出户就可以享受大量资讯、观看海量视频、收听美妙音乐。二是扩展数字资源传递渠道。活动开始线下线上同步推送，很多图书馆推出了官方微信公众号、微博、网站、数字图书馆等线上传递渠道，后又推出了图书馆抖音、快手等新媒体账号；增加更为便捷、高效的线上办证、退证及线上借阅功能，开通了线上咨询服务平台，读者在线进行咨询，利用人工智能技术保护读者信息、为读者提供更有针对性的资讯推送。三是更加注重智慧化。智能设备的普及，自助办证机、自助借还机、自助消毒机、书目检索机、机器人引领服务等被广泛应用，传统的借阅服务会被先进的图书馆自动化集成系统取而代之。也许不久的将来，随着云计算、大数据、物联网、人工智能、区块链等科技发展进程的不断加快，读者借阅图书不再通过馆员，读者自己在图书馆借阅显示屏上点击借阅、到书籍在读者手中全是智能设备自动化完成的；同时，读者的需求通过智慧化大数据云端，为图书馆的决策、全民阅读活动推广等提供决策支撑。

7 结语

图书馆不断开展延伸服务，更多超级图书馆联盟，公共图书馆资源共享、联盟交流、活动交流、学术交流，会越来越频繁，这些都会推动图书馆事业不断发展；随着图书馆人的不断探索，将会出现更多延伸服务方式、内容。总之，图书馆要牢记“服务”宗旨，用心把延伸服务展现在图书馆各服务环节中；也要强化馆员业务技能培训，以适应新形势下图书馆事业发展，同步提升图书馆服务质量和服务水平。

参考文献

[1] 张伟庆.国内外高校图书馆延伸服务研究现状及展望[Z]. 大学图书馆学报，2018（5）.

[2] 李雨心.最晚到23点！成都图书馆6月1日起推出超长延时服务》[Z]. 封面新闻，https：//baijiahao.baidu.com/ s?id=1733880912248268008 &wfr=spider&for=pc, 2022-05-26.

[3] 看世界｜疫情背景下图书馆服务创新成新常态[Z]. https：//sites. lynu.edu.cn/ggwhyjzx/info/1024/2795. htm, 2021-09-08.

公共图书馆服务效能研究
——以成都市县级公共图书馆为例

任秋菊

（成都图书馆，四川成都，610000）

【摘　要】 服务效能是公共图书馆的职责之一，持续提升服务效能，对促进我国公共图书馆发展有着重要意义，是推进文化传播能力，促进科学文化教育目标实现的有效方式。本文以成都市县级公共图书馆实践为例，在分析其服务效能现状基础上，探讨如何有效提升公共图书馆服务效能，以期促进公共图书馆事业的高质量发展。

【关键词】 公共图书馆；服务效能；阅读推广；总分馆制

1　引言

公共图书馆是向社会公众免费提供资料查询、图书借阅及其他相关服务的场所，担负着传播知识文化的任务，是社会主义公共文化服务体系的重要组成部分。《中华人民共和国公共文化服务保障法》《中华人民共和国公共图书馆法》《“十三五”时期全国公共图书馆事业发展规划》等法规文件的出台，为公共图书馆发展带来新契机的同时，也对其服务水平提出了新要求[1]。提升服务效能已上升为当前公共图书馆在构建现代公共文化服务体系中的重要任务，在西部地区更需大幅度、跨越式提升服务效能。2022 年，以全国县级以上公共图书馆第七次评估定级工作为主导，成都市各级公共图书馆坚持服务效能优先的科学办馆思路，不断提高管理水平和服务质量，以评促建、以评促管、以评促效能提升，大力推动全民阅读工作，传播新思想、新理念。在这样的背景下，笔者以成都市县级公共图书馆为例，在阐述服务效能现状分析的基础上，进一步探讨如何有效提升公共图书馆服务效能，进而促进新时期公共图书馆事业的高质量发展。

2 成都市县级公共图书馆服务效能现状分析

2.1 接待到馆读者

2022 年，成都市县级公共图书馆总到馆读者 449.62 万人次。双流区、武侯区、青羊区、郫都区、简阳市、成华区、邛崃市、龙泉驿区、温江区、青白江区图书馆等全年接待读者人次排名靠前。

2.2 文献流通

目前，成都市公共图书馆藏书量 2945.69 万册，人均 1.39 册。县级图书馆文献年外借总计 361.55 万册次。因新冠疫情影响，2022 年到馆读者数降低，文献外借量比 2021 年降低 6.70%。金牛区、锦江区、双流区、温江区、青羊区、郫都区、邛崃市、武侯区、彭州市、新都区图书馆等全年文献外借总量排名靠前。成都地区公共图书馆与国内众多图书馆建立了馆际互借与文献传递关系，开展了多样化、跨系统的馆际互借与文献传递服务，并积极开展政府公开信息查询服务。

2.3 阅读活动开展

成都市公共图书馆积极承担和发挥公共图书馆在阅读推广与社会教育方面的责任及职能，县级图书馆与乡镇（街道）、村（社区）基层文化阵地积极行动起来，开展多种阅读活动：全年合计 13 042 场，平均每日 35.73 场。邛崃市、简阳市、金堂县、彭州市、龙泉驿区、新都区、都江堰市、郫都区、崇州市、金牛区等开展阅读活动的场次排名靠前，其中邛崃市开展阅读活动 1335 场，成效明显；彭州市图书馆“湔江讲坛”公益讲座获评 2022 年省“四个一批”优秀品牌。

2.4 总分馆建设

县级图书馆不断延伸服务覆盖面，拓展阵地服务功能，推进打造“城市阅读美空间”等身边的图书馆。目前，全市共建成乡镇（街道）图书馆分馆 247 个，村（社区）图书馆服务点 1203 个，县级分馆、社会分馆 257 个。采用“图书馆+实体书店”模式，在高新区、天府新区、都江堰市、大邑县等 15 个区（市）县建设 28 个“城市阅读美空间”。基层公共阅读空间不断提档升级，建筑面积超过 500 平方米的乡镇（街道）级分馆 146 个，其中 98 个分馆的阅览面积超过 300 平方米。温江区 24 小时“留灯书屋”获成都市幸福美好生活十大工程 2022 年“人民阅卷十大市民点赞项目”，东部新区知也图书馆获评 2022 年省“四个一批”优秀空间，金牛区方庭欢乐里店、邛崃市留灯书屋、成华区杉板桥文轩 Books 店、郫都区望丛书院、天府新区玥书阁等上榜 2022 年长三角及全国部分城市最美公共文化空间大赛获奖名单。

2.5 业务建设

各县级图书馆加强人才队伍建设，积极组织参加各级图书馆业务培训和交流活动，提高馆员的业务能力和专业水平；大力推行新技术应用，发展智能型图书馆、自助式图书馆，提升图书馆现代化水平和服务效能；依托 Interlib 图书管理系统和 RFID 技术，实现了采访、编目、馆藏、期刊、流通为一体的数字化管理；加强文献资源建设和保障力度，开展古籍保护和古籍普查工作，取得了较好成绩。天府人文艺术图书馆、金牛区图书馆、成华区图书馆、武侯区图书馆、郫都区图书馆被确定为成都市儿童友好图书馆试点单位；青羊区图书馆被确定为第一批四川省古籍保护站；新都区、都江堰市、崇州市等图书馆建立了较为完备的地方特色数据库，挖掘特色馆藏资源，有效传播地方文化。

3 公共图书馆服务效能提升的思考与展望

3.1 总分馆制建设需进一步深化

根据县级公共图书馆乡镇（街道）分馆、村（社区）服务点覆盖情况，可以看出全市村（社区）图书馆服务点尚未实现全覆盖。部分县级图书馆下沉开展工作不够，对乡镇（街道）分馆指导不多，总分馆联动偏少，图书流转量不高。部分地区尚需加快推进本区公共阅读场馆体系建设，统筹整合县级各种文化资源，并且加强与各级图书馆、博物馆等公共文化机构的交流活动，共同组织开展文化活动，扩大服务范围，走出一条借力发展、合作共赢的服务网络[2]。

3.2 阅读推广活动有待优化创新

公共图书馆开展阅读推广活动，对公众阅读习惯的培养以及全民阅读理念的形成具有重要意义。目前，县级图书馆具有独特影响力、区域号召力的全民阅读活动品牌还不多，活动覆盖人群不够广泛，需要进一步拓展联动空间和联动项目，进一步提升活动的参与度和满意率。此外，开展阅读活动还要注重活动过程中与读者的互动，从读者的角度出发，设计多样的互动环节，加强读者在活动中的参与感与存在感，能充分调动读者的积极性，提升读者对活动的满意度[3]。

3.3 人员、资金保障需进一步加强

根据调研发现，个别县级图书馆缺少管理人员，专业人员数量不达标，缺乏专业的人才培养、使用、评价机制。此外，部分县级图书馆运行经费存在困难，年新增购书经费有缺口，不能保证每年新增书籍的数量和质量，需要确保各级政府对公共图书馆建设的经费投入。公共图书馆的公益性决定了其图书购买、人员配置等需要持续的资金投入。除加大财政投入外，还可以广泛吸收社会资金赞助。

3.4 新技术的使用滞后

目前，各图书馆都依托 Interlib 图书管理系统和 RFID 技术，实现了采访、编目、馆藏、期刊、流通为一体的数字化管理。但对于 RFID 技术、物联网技术以及 AI 技术的融合实现较少，暂未实现智能人脸识别、精准图书推荐等服务，这些基于新技术开发的精准推送服务，简化了借阅流程，提高了读者的借阅效率，提升了公共图书馆借阅转化率[3]。

4 结语

县级图书馆作为我国公共文化服务体系的重要组成部分，是实现基本公共服务均等化，保障城乡居民文化权益最直接的执行者。目前，我国已基本建成覆盖城乡的图书馆服务网络，硬件设施也明显得到改善，但县级图书馆服务效能仍有较大的发展空间，如何提升服务效能将成为今后相当长的一段时间内需要关注和探索的问题。本文以成都市县级公共图书馆为例，在阐述服务效能现状分析的基础上，进一步探讨如何有效提升公共图书馆服务效能，以期为加强基层图书馆服务效能提供实践借鉴。

参考文献

[1] 吴苏芬. 公共图书馆区域一体化发展提升服务效能的浙江实践[J]. 图书馆界，2022（4）.

[2] 何盼盼，陈雅. 我国县级图书馆服务效能提升及可持续发展研究[J]. 新世纪图书馆，2019（6）.

[3] 雷勇. 全民阅读背景下公共图书馆服务效能提升策略研究[J]. 图书馆，2022（8）.

PART THREE

文献资源的开发与利用

公共图书馆馆藏线装方志初探
——以成都市青羊区图书馆为例

康良琼

（青羊区图书馆，四川成都，610000）

【摘　要】 本文从青羊区图书馆馆藏古籍的基本情况入手，探讨了古籍方志的文献价值、文物价值、艺术价值，对开展古籍方志的研究方法进行了初步思考。

【关键词】 图书馆；线装书；地方志

做好古籍工作，把祖国宝贵的文化遗产保护好、传承好、发展好，对赓续中华文脉、弘扬民族精神、增强国家文化软实力、建设社会主义文化强国有重要意义。成都市青羊区图书馆作为一个建馆于 1960 年的区级公共图书馆，经过几代图书馆人的不懈努力和孜孜追求，已积淀、收藏有数千册纸质线装文献，在区县级公共图书馆中较具代表性，其中尤以地方志较具特色。这些历经岁月风尘的典籍，在库房的书柜中安详地静卧着，任凭江阔云低、雁叫西风，只静默地恪守一份素朴。谨此文初探其一二，以期业界专家和有志于此类研究的学者们指正建言，并推进深入研究。

1　馆藏线装方志基本情况

地方志是指各地因地理因素、地形气候、物产资源、风土人情、社会经济、工农业发展和历史环境递嬗等因素，将其差异性和区域特色用文字、影像、声音等形式记载下来的史料性文献，涉及不同地区的自然现象、社会现象及风土人情等。地方志是一个地区经济和社会发展的见证物，对于了解该地的历史变迁、社会经济的演变和发展过程，有着深远的意义和积极的作用。

青羊区图书馆馆藏线装文献 1074 种 3513 册，其中地方志类共有 290 种 1753 册，占馆藏线装文献总量的 49.9%。其成书年代分布大致如下：清代方志类古籍 206

种 1267 册（包括：康熙年间 3 种 6 册，雍正年间 2 种 8 册，乾隆年间 12 种 62 册，嘉庆年间 21 种 264 册，道光年间 33 种 183 册，咸丰年间 9 种 67 册，同治年间 36 种 211 册，光绪年间 74 种 394 册，宣统年间 7 种 21 册，清代后期 9 种 51 册），民国时期线装方志类文献 84 种 486 册。

从地域覆盖上，青羊区图书馆馆藏线装方志包括四川、云南、重庆、陕西、贵州等所辖部分地域的通志、厅州志、郡县志、乡土志等。四川省内涉及成都、广安、遂宁、南充、营山、内江、 江油、中江、北川、西昌等地的县志，区域覆盖面较为宽泛。

“治天下者以史为鉴，治郡国者以志为鉴。”青羊区图书馆的馆藏线装方志，虽大部分存在缺卷、破损、老化等问题，但依然有着重要的存史、典藏、开发和研究价值。

2　古籍方志的文献学价值

文献是人类社会发展到一定阶段的产物，是人类智慧的结晶。古籍方志从产生之初，其特点、功能、类型、分布、发展规律、整理方法，就具有鲜明的时代特色和地域印记，且在体裁上融合史、书、志、记、录、传、图、表等多种类别，既是人们探求社会发展源流的重要依据，又是人们获取知识和信息的资料宝库，更是传承珍贵文化遗产，开展区域研究可资借鉴的有效工具，地方志具有重要的文献学价值。

例如青羊区图书馆收藏的《阙里志二十四卷》，（明）陈镐撰（明）孔胤植重修，馆藏 7 册，缺三卷（一至三），版本为清康熙八年（1669）至雍正元年（1723）间刻本，开本 26.4 cm × 16.4 cm，版框 20.7 cm × 14.5 cm，版式为：十行十九字小字双行同，白口，四周单边，单黑鱼尾。经查考《中国古籍总目》，该书卷前有李东阳《阙里志序》、杨士聪《重修阙里志序》，后有孔子六十五代孙孔胤植《阙里志后序》。1989 年出版的《孔子文化大全》亦是以此为底本。

据查阅相关资料，明朝内阁首辅李东阳在曲阜期间，与巡抚都御史等官员共同议定撰修一部《阙里志》，提学副使陈镐参阅了大量文献资料，至弘治十八年编撰完成，李东阳亲自作序，然后刻版印刷。当时这部志书共计十三卷，详细记述了孔子一生的活动、阙里庙制、历代皇帝的封赐、祭孔礼乐等内容，是一部较为完整的孔氏家族史。此书为曲阜历史上的第一部《阙里志》。其后，孔氏子孙孔弘干、孔贞丛分别于嘉靖三十一年、万历三十七年有过两次重修。崇祯年间，孔子六十五代孙孔胤植又进行了第三次重修，内容更为丰富，增至二十四卷。

青羊区图书馆收藏《阙里志二十四卷》版本，正是在清康熙八年（1669）至雍正元年（1723）这个期间，以崇祯刻本翻刻，内容有所增补，因此书中有清康、雍间史事。本馆所藏即明崇祯刻清雍正增修本，存卷为四卷至二十一卷、二十四卷，内容包括祠庙志、宗族志、礼仪志、乐舞志、艺文志、史传志、铭志等。

该书第二十四卷“铭志”第一篇《唐正议大夫尚书左丞孔公墓志铭》较具代表性，现依照原书照录原文前几句，并加上句读如下（网上原文前部分讹误较多，感兴趣的朋友，可比对品阅）

“孔子之后三十八世，有孙曰戣，字君严，事唐为尚书左丞。年七十三，三上书去官。天子以为礼部尚书，禄之终身，而不敢烦以政。吏部侍郎韩愈常贤其能，谓曰：“公尚壮，上三留，奚去之果?”曰：“吾敢要君?吾年至，一宜去；吾为左丞，不能进退郎官，唯相之为，二宜去。”愈又曰：“古之老于乡者，将自佚，非自苦。闾井田宅具在，亲戚之不仕与倦而归者，不在东阡在南陌，可杖屦来往也……”（鉴于引文查重率等因素，省略后面内容）

《阙里志》经过明清两朝的多次修订、补撰、注解，体例完备，内容丰富，对一些未能确定的山川地理进行了解释和补充，运用文字学、音韵学个别的讹误进行了校勘，文中诸多考据类著作，对研究孔氏家族史及曲阜地方史有着重要的文献学价值。

再比如青羊区图书馆收藏的《[乾隆]元丰九域志十卷》，馆藏 3 册，存七卷（一至四、八至十），为清乾隆四十九年（1784）冯集梧刻德，十一行不等小字双行二十一，开本 28.0 cm × 17.3 cm，版框 18.7 cm × 13.4 cm。据目次末原题乾隆四十九年那八月十六日桐乡冯集梧识并参考《中国古籍总目》史部七第 3711 页右，该书由（宋）王存纂修、[清]冯集梧校订，全书内容分路记载所属府、州、军、监及其地里、户口、土贡、领县。每县之下列乡、镇、堡、寨、关、务以及著名山川。府、州、军、监、县详建置沿革、列赤、畿、望、紧、上、中、下等级，户口与土贡载当时主客户数字和贡物数额。全书记述时代性强，以元丰年间为限，给研究宋代地志和经济史提供了可贵文献。

3 古籍方志的历史文物价值

衡定古籍历史文物价值的标准，经历了一个漫长的发展变化过程。最初有价值的古籍专指经过严格校勘，无文字讹误的典籍，例如：《汉书·河间献王传》：“从民间得‘善书’，必为好写与之，留其真。”宋代叶梦得《石林燕语》：“唐以前，凡书籍皆写本，未有模印之法，人以藏书为贵。书不多有，而藏者精于校勘，故往往皆有善本。”清代时期提出了“足本、精本、旧本”和“旧刻、精本、旧抄、旧校”等标准，20 世纪 70 年代提出了“三性九条”的遴选标准。近年来学界又提出了时间下限，就是清乾隆六十年（1795）以前，但出于对古籍保护的慎重，同时又提出了“等次上靠”原则。并将古籍的历史文物性，详细表述为需具备三个方面的特征：作为历史上各种文献的实物；刻印、抄写较早者；流传较少或已成为孤本者。因此，古籍的文物价值既不能单纯以时间界定，也不可依貌而定，甚至半页残纸，也可能是一件重要文物。

例如青羊区图书馆收藏的《九经学报两期》，该书由清代吕翼文撰录，馆内存两册两期，虽版本类型为清光绪三十一年（1905）公置九经训故学堂铅印本，但却具备独特的文物价值。1905 年 8 月，《九经学报》于成都创刊，这是成都较早的近代刊物之一。20 世纪初叶，西风东渐，《九经学报》刊载的是传统经学的内容，使用的却是近代的杂志形式（每月一期）。1905 年 9 月，清光绪帝下令终止科举考试制度，以经学为主要内容的这份刊物只好就此停刊，故而此学报也是近代成都文化转型的活化石和典型代表。

在国家图书馆收录的《近代学报汇刊》当中，这份成都出刊的《九经学报》仅有第二期，首刊号未予收录。四川、成都区域内多家图书馆均未见馆藏，而青羊馆却拥有全套二册，较为珍贵，其文物价值可待专家考证。

4　古籍方志的艺术价值

古籍中蕴含着丰富的美学价值，能给人带来视觉的愉悦、跨越时空的情感共鸣，起到净化心灵、陶冶性情的作用。眼及祖先精雕细刻、奋笔抄写的文字，有一种心理上超越时空的亲近之感。“从来精刻先精写，此体无如信本宜”，身心沉浸其中，能够激发阅读者的借鉴能力和创新能力，感悟平凡的生活和生命的价值。现代的书籍基本上都是电子排版，所用字体也都是电子字库，生硬的笔画加上程序化的文字排布，使得阅读少了些情趣。然而在远古时期的典籍中徜徉却是一种惬意，书籍中蕴涵的艺术气息，使阅读不仅是信息的获得，更是一种艺术的享受。

青羊区图书馆所收藏的古籍，以清中后期刻本为主。而这一时期，也正是官私刻书业均达到鼎盛的时期。这一时期，校刻俱精，保存了宋元本的风貌文字，在内容的准确可靠程度上，有些可以说是更胜于前代版本。例如清初顺治刻书，字身修长，工整秀丽，匀称，笔画挺拔，起落偏顿，横斜竖直，粗细一样，间隔均匀，多左右双栏，或四周双边，行狭字细，字体瘦长，多白口，双鱼尾。乾嘉时期，考据学兴起，学者热衷于版本校勘，出现了大批校核精审，刻印典雅的图书。乾隆前后所刻精刻本受到学者重视，有不少被列为善本。康熙武英殿本，开本较大，纸张洁白，装潢考究。字体：盛行宋字、宋体、仿宋体。在纸张的选用上，清刻印纸多选用罗纹纸、竹纸、棉纸、宣纸，一般刻书仍以竹纸居多。讳字：与宋本一样，严格避讳。而且这一时期的刻印艺术也相对成熟，篆书落款、印章更为严谨。

同时，透过不同时期版本的字体对比，还可纵观中国书法的风格变化和意蕴风骨。清代末期的部分刻本虽给人一种拘谨、压抑、版式局促之感，缺乏活泼多样的风格和豪放气魄，但还是有部分写刻本、抄本甚显柔美、秀丽。所以，馆藏中的清代刻本，仍不失为图书馆馆藏文献中的一道靓丽风景线。

例如青羊区图书馆收藏的《[康熙]朝邑县后志八卷》[（清）王兆鳌撰]，版本为清康熙五十三年（1714）刻本。据字体、纸张、出版风格及纂修职名人物年代，参考《中国古籍总目》史部八第 4723 葉右，王兆鳌，原题“纂修文林郎朝邑縣知縣王兆鰲東桂寧州人”。雕版先由名家手书，后交付刻工雕版。该书后序中是赵孟頫书法的变体字，字体体态丰腴、风格稳健，既有雍容大度的气势，又有一种舒缓之美。全书追求印刷工整，雕刻精致细腻，设色沉穆古雅，加上纸墨精良，字字分明、页页生辉，散发出浓郁的艺术气息。

5 未来研究思路

存世的每一页古籍，静待着热爱它、理解它的人去亲近、去吸收、去传承。囿于自己从事此岗位工作的时间较短和精力学识所限，目前尚难窥全貌。未来，将力求从以下几个方面着手开始研究：

5.1 运用文献学的研究方法

每一册古籍就像一位饱经沧桑的尊者，值得后人去亲近和发掘。对古籍方志的研究，需要运用文献学的各种研究方法。如根据一定的研究目的或课题，通过公共图书馆之间、院校之间、收藏单位之间，充分开展前期调查文献来获得资料，从而全面地、正确地了解掌握所要研究的问题是否有意义和价值。在此基础上，再选择确定按区域、按时代、按版本类型进行分类研究。文献研究法已被广泛用于各种学科研究中。要深入地开展古籍方志研究，首先就要掌握文献研究法。

5.2 运用历史学的研究方法

从古至今，中华民族，在华夏大地上繁衍生息，观察着天地、气候、植物、动物、人事，凭记忆记着的成了传说，靠文字写下的成了典籍。古籍里有故事、人情、历史、艺术、文化，有爱恨情仇，悲欢离合，有一个个生动的个体和他们精彩的人生。古籍里藏着先祖的智慧和社会发展轨迹。

运用历史学的考据方法，不单纯拘泥于文献记载，而要从对社会广泛接触中获得更多活的知识材料，展开方志研究。先拟定研究视角，制定研究框架的时间维度和空间维度，形成研究战略，然后对研究展开论证、检验和相互印证。

广泛开展对不同时期史料的阅读。由于历史史料经人加工的主观性，所以需要与历史文物和历史遗迹相互验证才能得出全面、真实的历史。同时结合历史文物和历史遗迹的考究，得出正确的结论，创造、形成有历史源流和科学依据，对社会对未来有价值的学术成果。

5.3 运用社会学的研究方法

康德说："每当理智缺乏可靠论证的思路时，类比这个方法往往能指引我们前进。"运用社会学的研究方法，就是充分融汇比较分析法，了解不同地域、不同时代、不同版本的地方志的差别、特点；研究古籍的版本源流、主要内容，及对后世的影响。在此基础上，还可以有步骤地推动开展馆藏古籍方志的抢救性修复工作。

参考文献

[1]〔明〕陈镐撰，孔胤植重修. 阙里志二十四卷[M]. 清康熙八年（1669）至雍正元年（1723）间刻本.

[2]杨秀娟. 阙里志——一部孔氏家族史[J]. 曲阜师范大学校报，2013（30）.

成都地区古籍数字化现状与发展探讨

何梦颖

（成都图书馆，四川成都，610000）

【摘　要】随着数字时代的到来，古籍数字化逐渐进入现阶段古籍业务体系的中心。近年来成都地区的古籍数字化工作呈现稳步发展的态势，在书目数据化、全文数字化方面积蓄了一批扎实的成果。然而受到客观因素限制，古籍数字资源的数量、功能、层次等维度仍需要继续改进提升。从数字化工作整体布局来看，还存在缺乏馆际共建机制、缺少统一发布平台、转化利用不足等短板。本地区数字化工作的深化发展不仅要立足现状，弥合缺口，也应该通过特色资源主题式开发、文献知识体系化开发等渠道，使全市的古籍数字资源服务提档增效。

【关键词】古籍数字化；文献数字化；成都古籍

早在 20 世纪 80 年代，就有国内相关从业者将目光投向古籍数字化领域，用现代化技术手段描述、揭示承载着传统文化精髓的古代典籍，展开了早期的古籍数字化理论研究和实践。近十年来，古籍数字化的研究和实践逐步深入，古籍数字化的定义也在不断被探索，比如“利用数字技术将古籍的有关信息转化成数字信息存储在计算机上，从而达到使用和保护古籍的目的”[1]以及“利用计算机技术对古籍进行加工、处理，制成古籍文献书目数据库和古籍全文数据库，用以揭示古籍文献中所蕴含的极其丰富的信息资源，从而达到使用和保护古籍的目的”[2]，还有“以保存和普及传统文化为基本目的，以知识发现的功能服务学术研究为最高目标，在对传统纸质古籍进行校勘整理的基础上，利用计算机信息技术将其转化为可读、可检索，及实现了语义关联和知识重组的数字化信息过程”[3]。随着时代的发展，古籍数字化工程的技术要求和产出目标渐趋复杂化和多元化，人们对于古籍数字化成果的期待逐渐加深。成都地区拥有丰富的古籍文化遗产。据统计，四川全省收藏的古籍文献数量位列全国第二，有超过 23 万部，仅次于江苏省。成都地区约藏 15 万部，占本省古籍藏量近七成。跟随时代的潮流，让本市古籍得到有效的数字化开发和建设是地区古籍工作义不容辞的责任。

1 成都地区古籍数字化成果

古籍数字化工程由浅入深分为多个层次，初级加工是对古籍书目信息进行数据转化，进阶的开发为古籍全书的影像扫描和文本录入，更高层次的任务则是基于目录和文本数据的古籍文献知识化建设。近年来，本市古籍普查工作一直在稳步开展。编目人员利用电脑系统为每部古籍普查著录，形成了电子版的普查登记表，本地区所有古籍收藏单位共编制普查目录数据 15 万余条，初步完成了本市古籍书目数字化的目标。不过，普查目录属于登记台账性质，著录款目较为简单，仅揭示文献的题名卷数、著者、版本等基本信息，没有进行目录分类和合并版本处理，书目数字化建设仍然有待加强和完善。

古籍全文数字化是第二阶段的数字化加工，也是国内古籍收藏单位近几年着力开展的项目，主要包括三种类型：影像化、文本化以及图文对照展示。在目前公开发布、可查找的范围内，成都地区古籍全文数字化的成果包括：四川大学与多所高校联合建设的“学院汲古——高校古文献资源库”；成都中医药大学自建的医典专题库“古代巴蜀中医药古籍全文库 ”；四川省图书馆自建数字平台“四川省图书馆特藏资源平台”；成都图书馆自建数据库“成都图书馆古籍数据库”等。就类型而言，除了“学院汲古——高校古文献资源库”包含电子文本，其他机构均采取全文影像化加工。文本化能够为使用者减除识别文字的工夫，还支持全文检索、复制引用，并可以延伸出标点注释、文白翻译、版本比对等功能，能效优势突出。不过同样的，文本化建设相对成本更高、专业难度更大，目前本市古籍全文文本化建设还没有深入开展。就数字化古籍数量而言，除了全国高校共建的“学院汲古——高校古文献资源库”，本市各自建数据库的资源种数多为一百至两百余种，与云南省图书馆搭建的“云南古籍数字图书馆”、天津图书馆建设的“历史文献资源库“等拥有一千余种到两千余种古籍全文数字资源的平台，存在明显的规模差距。不过据了解，郫都区图书馆、成都图书馆、成都杜甫草堂博物馆正在或已经完成部分馆藏珍贵古籍的全文影像化，还未正式对外发布，本市的古籍全文数字化进入了快速发展的时期。

古籍数字化的高级开发是古籍文本结构化、知识体系化的建设，目前本市仅有成都中医药大学进行了相关尝试，其自建数据库“巴蜀中医药古籍数据库”不仅具备全文影像库，还囊括了“标引知识库”“人物库”——将本域地方志、中医药古籍中的药材、人物专名进行抽取和组织，标注文献出处和所涉及内容，实现古籍的细粒度表达，显著拓展了古籍数字资源利用的渠道和功能。然而同样受限于人力、经费等原因，建设成果数量有限，建设深度有待加强，是未来古籍数字化工作注目的新方向。

2 成都地区古籍数字化的短板

通过梳理成都地区古籍数字化现状，厘清了已建资源本身值得优化之处。而除此之外，从整体全局上考察本省的数字化活动，也能发现几点需要弥补的短板：

2.1 缺少馆际合作共建机制

古籍数字化是将人文社会科学与计算机信息技术交叉融会的一项跨领域跨学科工程，而古籍数字化工作的主导者——各古籍收藏机构的主要业务和从业人员专业背景都属于人文社科范畴。同时，许多古籍收藏单位缺少专职古籍从业人员，日常业务的工作量超出负荷，更加难以涉足全新的数字化领域。况且若每个收藏单位都另起炉灶，自主开展数字化，容易造成数字资源散乱、重复建设、工作效率低下和质量把控不严等问题。因此，收藏单位之间建立馆际古籍数字化合作共建机制就显得十分必要。2022 年，国家古籍工作指导文件《关于推进新时代古籍工作的意见》中也提出“支持古籍数字化重点单位做优做强”。若让本市已有数字化经验、掌握标准规范、专业研判能力较强的古籍收藏单位发挥中心阵地的作用，统筹区域数字化建设，组成数字化专门小组，向其他有古籍资源但缺少数字化条件的单位提供直接的数字化加工或间接指导，形成区域合作共建机制，将有效促进本市古籍数字化工作标准化、集成化、规模化。

2.2 缺少统一发布平台

古籍数字化通过现代数字技术手段，将古籍作为文物、档案、书籍的价值在数字介质的基础上记录、保存、运用和传播。它的意义不仅是生成古籍文献的备份资料库，还能揭示、组织和传播古籍内容及其包含的优秀传统文化。因此，避免“重藏轻用”，提高古籍数字资源开放共享水平，是数字化工作的一个核心环节。然而若各个数字化单位都自主搭建独立的资源发布平台，不仅会造成资金精力的浪费，也不符合资源一体化、检索一站式的资源聚合需求。目前成都地区尚缺少一个整合各方数字资源统一发布的平台。若开发一个对接各个古籍数据库，或兼容各类古籍数字资源，具备高级检索、模糊检索、跨库检索、分类检索等多功能检索模式的资源中心，将帮助古籍数字资源实现精准全面查询和广泛流通传播。

2.3 转化利用力度不足

古籍是中华民族宝贵的文化遗产，“让书写在古籍中的文字活起来”是当下古籍工作的重心之一。数字化古籍资源契合当下数字信息环境，适应人们的阅读和信息获取习惯，能够在古籍活化利用中发挥重要作用。可惜的是，很多数字资源社会辐射面、认知度十分有限。为了提高古籍数字资源的利用率，本地区的数字化建设单位可以针对不同的服务对象设计差异化的推广利用方案。针对专业研究者，可以向高校、科研单位、相关行业协会传递数据库情报，介绍资源数量、涵盖范围、资料价值等专业信息，并做好邀请试用、回访调研、收集反馈等工作，以此为基础升级资源的专业利用价值；针对社会公众，可以利用数字资源制作影音频文旅节目、开发线上互动游戏、文创商品、国学活动，对古籍数字资源进行创新性转化和运用，挖掘古籍资源普泛的社会价值；针对学生群体，可以将古籍数据库引介到课堂和自学活动之中，培养学生自主钻研能力的同时，自然萌发其对于古籍和传统文化的兴趣，使古籍真正化身千百，走入千家万户。

3　成都地区古籍数字化发展方向

在人文领域与科技互相亲近、融合、孕育创新的大环境下，古籍数字化将成为一项长期的重点工作，需要相关从业者结合国内外经验和本地区实际情况，精心布局规划。关于本市古籍数字化发展方向，本文有以下两点设想。

3.1　基于特色资源的主题式开发

目前，国内已经出现“中国基本古籍库”“汉籍电子文献资料库”“中华经典古籍库”“鼎秀古籍全文平台”“四库全书单机数据库”“中华古籍资源库”等综合型古籍数字资源库，它们由国内顶尖高校、科研单位、出版机构、公共图书馆联合国内文史专业、信息技术领域的专家学者，投入大量资金，历经多年研发出品，贡献了浩如烟海的数字化成果，并在不断地扩建更新。再加上海外高校、政府组织依据馆藏建设的汉文典籍资源库，中文古籍的数字化资源已经广泛覆盖了现存的基础古籍文献。如此一来，要深化本地区的数字化工作，就需要关注未数字化的特色收藏和一些带有地方文化属性的区域性古籍。将这些特色资源进行专题组织、系统开发，既能扩展现有数字资源疆界，又能从浩繁的藏书里提炼出蕴含时代价值的资源体系，使珍贵的文献得到集中揭示和利用。成都图书馆依托馆藏建设的天府文化类古籍数字资源，以及四川省图书馆于本馆特藏数据库里设立科技类古籍、家谱子库，正是特色古籍资源主题化建设的实践，相信这也是未来本市数字化工作的重要路径。

3.2　基于知识体系化的深度开发

从文献的数字化加工到数据化转换再到知识化呈现的递变是古籍数字化工作的

发展规律，最终目的是通过数字技术最大限度地提升古籍的利用可能性。“计算人文”是一种方兴未艾的人文学科研究理论，内涵为“以数据资源为基础，以量化分析为手段，以计算技术为工具，意在发现、解决或阐释、验证人文学科的问题”[4]。“计算人文”理论为人文学科的发展创造了新的增长点，也成为古籍数字化工作的拓展方向。要实现“计算人文”的研究环境，就要对古籍文献进行知识化开发。通过自然语言处理技术（NLP），对古籍文本进行词语切分、词性标注、自动句读断句等智能处理，并进一步开展实体识别、属性关系抽取，构建以人、地、事、物、组织为节点，属性、时空、语义、特征等联系为边的知识图谱库。在此基础上，还能实现各类模型推理分析和可视化展示等智慧知识服务。古籍知识化的建设不仅对于“计算人文”等科研活动有重要意义，也能帮助一般读者灵活运用典籍，打破书本的物理区隔，创造智慧化数字环境，发挥古籍的社会价值。随着科技进步，相关资源汇集，古籍文献的知识体系化建设并不是一个难以达成的目标。

4　结语

成都地区的古籍数字化工作经历了多年的积累，现在进入了迅速发展的时期。虽然目前本市古籍数字化的建设在各方面还存在局限和困境，但是随着成都地区古籍事业整体成长，更多高品质数字化开发成果纷纷显现，为全市的公共文化服务体系贡献出色的篇章。

参考文献

[1] 厉莉. 古籍数字化的现状及对策[J]. 江西图书馆学刊，2002（1）：57-58.

[2] 毛建军. 古籍数字化概念的形成过程探析[J]. 科技情报开发与经济，2006（22）：160-162.

[3] 李明杰. 中文古籍数字化基本理论问题刍议[J]. 图书馆论坛，2005（5）：97-100.

[4] 黄水清，王晓光，夏翠娟，欧阳剑. 推进新时代古籍工作，加快创新智能化发展[J]. 农业图书情报学报，2022，34（5）：4-20.

成都图书馆馆藏善本概述

张莉

（成都图书馆，四川成都，610000）

【摘　要】 成都图书馆馆藏善本426种，4999册，时间跨度为明嘉靖十八年（1539）至民国初年，绝大多数为刻本，兼有少量的稿本、抄本，总类丰富，保存完好，具有较高的历史文物性、学术资料性、艺术代表性。本文通过对馆藏善本的总体梳理、个案举例，论析成都图书馆所藏善本的基本概况、特点与价值，以期在未来的工作中，更好地实现对这批善本的保护和利用。

【关键词】 善本；三性九条；珍贵古籍；成都图书馆

1　善本概念的源流

“善本”的概念，在汉代已经出现，相传西汉藏书家河间献王好收“善书”，“善书”就是“善本”。“善本”一词在可考文献中正式出现，是在宋代。宋人喜好藏书，“善本”一词宋人典籍中屡见不鲜，如朱弁《曲洧旧闻》、叶梦得《石林燕语》、陈振孙《直斋书录解题》、沈揆《颜氏家训序》等典籍文献中都多次提到过“善本”。宋人眼中的善本，是指经过精校细勘、没有文字讹脱、刻印精美、装帧典雅的书籍。元人的善本观承继宋人，元代学者吴师道、吴澄、韩性、危素等人在著作中对善本的概念多有论述，“把图书内容放在首位，兼及纸张、墨色、字画等形式特征”，是元人眼中的善本。明代是中国雕版印刷的黄金时代，面对大量的同书异本现象，明人也有自己的善本观。据毛晋《后村题跋》跋记载：“秦氏秘藏宋刻，其字法之妙，直追率更，纸如蝉翼煤沈，光泽如漆，可称三绝云。”这段话是从书籍的书写字法、刻印纸张、印刷墨色等角度来甄别善本。毛晋在《东野集》序跋中又云：“近来杂刻舛谬多疑，不及四百。既从吴兴得一宋本，厘别乐府。感兴十四类，共五百一十有奇，系以赞书为十卷，尾有常山宋敏求跋，真善本也。”这段话是说书籍的内容完整、无脱漏谬误才称得上善本。清代刻书业盛极一时，清人追求善本尤其是追求宋元善本，这在文人名士的著作中多有体现。譬如，钱谦益在《中说》序跋中记载：“文中子《中说》，此为宋刻善本。今世行本出安阳崔氏者，经其刊定，驳乱失次，不可复观。今人好以己意改窜古书，虽贤者不免，可叹也。”他的《唐柳先生集》序跋中又有：“高丽国刻《唐柳先生集》，茧纸坚致，字画瘦劲，在中华亦为善本。”黄丕烈《湘山野录》序跋中记载：“《湘山野录》曾刻入毛氏津逮秘书中，外此未见有善本也。近从华阳桥顾听玉家得此宋刻元人补钞本，藏经纸面，装潢古雅，洵为未见之书。略取《津逮》本相校，知毛刻尚多脱讹，想当年付梓，未及见此耳。”钱谦益是清初文坛领袖，黄丕烈是清朝著名学者、藏书家、版本学家，二人对善本的鉴别标准在清代文人中可谓十分有代表性了，从他们留下的文献记载中，可见钱、黄二人眼中的善本，内容上不能有缺卷、讹字、脱字、失次、衍文等；在形式上如纸张、墨色、字画、刻工、印刷、装帧等方面也要达到一定的水准。清末政治家张之洞在指导学生选书读书时，提出了挑选善本的三条标准：首先必须是“足本”，即无残缺无删削无脱漏之本；其次是“精本”，即精校精注精疏之本；再者是“旧本”，即旧刻本旧抄本。总体来说，自“善本”概念兴起，古人对“善本”概念的认识随着时代的变迁略有变化，但并无本质区别，没有跳出内容和形式的框架。

2 三性九条原则

《中国古籍善本书目》编撰时，编撰人员规定了收录“善本”的原则和标准，即“三性九条”。“三性”是指“历史文物性”“学术资料性”“艺术代表性”。所谓“历史文物性”是指书籍因出版年代久而产生的文物价值以及见证重大历史事件、重要历史人物的纸质文献证明而产生的历史意义。“学术资料性”是指书籍精校精勘、精注精疏、文字错讹脱漏少以及具有独特的观点、能佐证某段历史。“艺术代表性”是指书籍装帧别致、雕版考究，用纸特别、绘图精美，不仅可以反映中国书籍装帧史、雕版印刷史的发展、造纸技艺的演变，还具有别样的艺术审美。“九条”则是“三性”的具体标准和补充，“三性九条”原则的提出，使善本有了系统科学的鉴别标准。当然，“善本”并不是一个静态的概念，它会随着时代的发展而变化，也会因为各大地方图书馆馆藏的特殊性而有差别。

3 成都图书馆馆藏善本基本情况

成都图书馆的古籍善本，是在“三性九条”原则的基础上，再结合本馆实际情况甄选出来的。目前，馆内收藏善本共 426 种，总计 4999 册，按照经、史、子、集、丛五大部类分列，又按其具体所属小类进行二级或三级分类。其中经部 52 种、309 册，涵盖诗、书、礼、易、春秋、孝经、小学、四书、群经总义等类别；史部 88

种，1042 册，涵盖纪传、编年、载记、杂史、地理、金石、传记、目录、政书、职官、史评等类别；子部 112 种，617 册，涵盖儒家、法家、道家、医家、小说家、农家、杂家、天文历算、数术、艺术、宗教、杂著等类别；集部 144 种、1452 册，涵盖总集、别集、诗文评、曲、词等类别；类丛部 30 种、1579 册，包含类书和丛书两类。若以出版时代划分，明代善本有 61 种、681 册，清代善本有 364 种、4317 册（含和刻本 2 种、7 册），另外还有民国善本有 1 种、1 册。善本中以刻本居多，其中明刻本 60 种、677 册，清刻本 345 种、3995 册（含和刻本 2 种、7 册），共 405 种、4672 册，占我馆善本总量的 94%。

本馆收录的善本中，有一部分刻印既精、且具有较高的学术资料价值和艺术水平的品种。刻于明代嘉靖十八年（1539）的《婴童百问十卷》是本馆所藏刻印年代最早的古籍，该书融会众说、取材精审，将与初生婴幼儿密切相关的养育护理、病候诊治等问题，以问答的方式予以阐述，共列 100 问，所以名为《婴童百问》。该书对婴幼儿水痘麻疹的鉴别与治疗方法格外详细。据书中序所记录，此书曾进呈嘉靖帝。该书距今约五百年，十卷，8 册，品相完好，第二卷末页误装《医醰剩义》（清费伯雄撰）一叶，是本馆藏书中学术资料性和艺术代表性较高的一种。除了刻印较早的《婴童百问》，本馆明刻中还有很多善本不失为佳刻，譬如毛氏汲古阁刻印的《礼记注疏六十三卷》《春秋左传注疏六十卷》《春秋公羊注疏八十卷》《孟子注疏解经十四卷》《说文解字十五卷》《隋书八十五卷》《河南邵氏闻见前录三十卷》《法书要录十卷》《六一诗话一卷》《程史十五卷》等，是本馆明刻善本中的精品。汲古阁为明末著名藏书刻书之地，其藏书多精多善，所刻印则以精校精刊与仿宋本闻名。尤其是《说文解字》在元代并无刻本，明刻本仅毛刻一种，更显珍贵。明代万历六年（1578）由吉藩崇德书院刻印的《二十家子书二十种》，31 册，所用棉纸洁白如雪、字体端秀美观，具有较高的艺术审美价值。此外明代张溥评《南史八十卷》，明刻本，16 册，书中有“闇公”藏书钤印，可以推断此书是革命先烈四川潼南杨闇公的藏书，是珍贵的革命遗物。

清刻善本中，清代乾隆四十七年（1782）金阊书叶堂多色套印本《芥子园画传二集》是本馆所藏清刻善本中的代表。该书 3 册，金镶玉蝴蝶装，刻印精美、装帧雅致，系统介绍了中国画的基本技巧，对中国传统绘画的传承与发展产生极大的影响，近代中国画名家齐白石、李可染、傅抱石等人都对该书大加推崇。清顺治三年（1646）宛委山堂刻本《说郛一千二百四十六种》和清顺治四年（1647）浙江王应昌刻本《说郛续五百三十一种》虽品相一般，但汇集秦汉至宋元名家作品，资料翔实，堪称巨作。清代康熙十九年（1680）通志堂刻印的《通志堂经解一百四十种》是一部阐释儒家经义的大型丛书，收录先秦、唐、宋、元、明时期的经解共 138 种，系徐乾学传世楼藏本，校刻精审。又如张介宾《景岳全书十六种》，24 册，清康熙四十九年（1710）刻本，内容包括医论、诊断、方剂、本草等方面。张介宾是明代名医，该书集历代医家所长，又融入自身多年行医经验，力主治病以温补为主，是一部极具特色的医书。

和刻本中，日本文化二年（1805）即清代嘉庆十年刻印的《唐土名胜图会六卷》，6册，日本冈田玉山编，冈熊岳和太原东野绘，使用的纸张为棉纸，汉文与和文字并列，绘图精细，生动具体地还原了19世纪初北京及周边地区的社会文化和生活风貌，此书因在国内传本极少，故十分珍贵。日本明治十四年（1881）即清代光绪七年刻印的《潜龙堂画谱不分卷》（山水之部），日本龙泽清绘，采用棉纸刻印。该书绘图使用了大量的中国传统绘画技巧，画笔工致，色泽艳丽，是中日两国艺术、文化交往历史的见证，亦十分珍贵。

除了刻本，本馆还藏有少量手稿本和手抄本，手稿本中以林肇元的《林中丞书札不分卷》最具学术资料性和艺术代表性。此书是林肇元在咸丰年间担任贵州巡抚这段时期给同僚、友人的书信集，中丞是林肇元的官阶。书信的内容涉及云南、四川、贵州等西南省份的政治、军事、科举、经济、农桑、民俗等方面，对研究太平天国史和贵州苗族人民起义斗争史有独特的史料价值。该书稿使用的信笺是薛涛笺，为唐代女诗人薛涛创制，用以和友人诗文唱和。薛涛笺采用芙蓉花为原料，通过榨取芙蓉花汁染制而成。我馆藏此书使用的信笺有深红、粉红、明黄、浅青、紫色等多种颜色，信笺上的花鸟草木栩栩如生，具有鲜明独特的艺术风格，十分雅致。手稿本中还有清朝王山民撰写并手书的《离骚经节解集注一卷》，皮纸，采用隶体字书写，字体大气，字迹工整、美观，卷末页署有康熙庚子六月中浣璞隐王山民书，还有“王山民”“璞隐”等钤印，可证明该书为作者本人手迹。

4　四种善本入选《第一批四川省珍贵古籍名录》

成都图书馆有四种善本入选《第一批四川省珍贵古籍名录》，分别是《泊如斋重修宣和博古图三十卷》《石墨镌华六卷附二卷》《食宪鸿秘二卷附录一卷》《全唐七律分韵集七绝分韵集不分卷》。

（1）《泊如斋重修宣和博古图三十卷》，宋王黼撰，明程士庄重修，为明代万历十六年（1588）泊如斋刻印，24册。该书详细记载了宋朝时收藏在宣和殿的由商至唐的八百多件青铜器，分为尊、鼎、卣、瓶、壶、爵、彝、罍、鍑、觯、敦、簋、盘、匜、杂器、钟磬錞于、镜鉴等共二十余类。每一类器物按照朝代编排，每一类器物下先有总论，描有摹绘图，画工亦十分精致，再记录拓本铭文和释文。每件器物的尺寸、容量、质量也如实记录。部分青铜器还注明了出土的时间地点、器身颜色以及历任收藏家的信息，对器名、铭文也尽可能做详尽的考证，是中国古代青铜器研究的奠基之作。本馆藏此书距今四百余年，年代久远，保存较好。

（2）《石墨镌华六卷附二卷》，明赵崡撰，本馆所藏此书为明代万历四十六年

（1618 年）刻本，4 册。此书集作者多年功力而成，共收录二百五十余种汉文、梵文碑刻跋文，各碑详细地记述了出土地点等信息，书中记载的石刻有很多是金石学大家欧阳修和赵明诚未曾记录过的，具有开创性的价值，是研究碑帖拓片的重要参考资料。本馆藏此书为初刻本，距今四百余年，保存完好。

（3）《食宪鸿秘二卷附录一卷》，书中题清朱彝尊撰，清代雍正九年（1731）刻本，1 册。该书是一部私房饮食文献，分上下两卷及附录。上卷包括：食宪总论、饮之属、饭之属、粉之属、粥之属、饵之属、酱之属、蔬之属；下卷包括：餐芳谱、果之属、鱼之属、蟹、禽之属、卵之属、肉之属、香之属、种植、黄杨；附录为汪拂云抄本。《食宪鸿秘》收录的食谱丰富、翔实，菜肴、面食、汤羹、佐料制作等共计 360 余道，所记菜肴以江浙风味为主，北京及其周边地区流行的菜肴也兼有载入，这些制作、烹饪方法大部分如今还在沿用。在清代，《食宪鸿秘》可以说是众食谱中的“执牛耳者”，受到社会各层人士的追捧。后世著名食谱《调鼎集》《随园食单》《养小录》等转引了其中很多饮食制作方法，对于研究清代饮食文化、中国古代烹饪史有极高的价值。本馆藏此书纸墨精良，刻工精审，保存较好。

（4）《全唐七律分韵集三十卷七绝分韵集不分卷》，清程祖润辑，本馆藏此书为清代咸丰六年（1856）手稿本，16 册。此书以韵分编唐诗，是一种开创性的体例，对学诗者来说非常方便。本馆藏此书为程祖润手稿本，目前未在其余公、私藏书机构发现此书，本馆藏本应为孤本，极其珍贵。

5 结语

善本是历史的见证，是文明传承的桥梁，对善本的整理、研究是我们继承传统、走向未来的重要途径。成都图书馆拥有的丰富的古籍善本资源，犹如一座藏宝库值得我们不断探索和挖掘。为此，在今后的工作中，我们应对这批善本文献予以更高的重视，更为深入地开展善本整理、研究工作，让善本在读者面前展现其魅力，使善本里的文字“活”起来，最大限度地发挥善本的文献价值和学术价值。

参考文献

[1] 曹之. 中国古籍版本学[M]. 武汉：武汉大学出版社，2015.

[2] 李致忠. 古籍版本学鉴定[M]. 北京：北京图书馆出版社，2007.

[3] 李忠昊，王嘉陵，彭邦明. 第一批四川省珍贵古籍名录[Z]. 成都：四川大学出版社，2012.

公共图书馆地方文献的开发和利用

齐克

（崇州市图书馆，四川成都，611230）

【摘　要】 公共图书馆作为专业文献等资料保存机构，在地方文献收集、应用与开发中需要承担自身的责任，以积极促进地方文献的有效开发与利用，为地方文化事业发展提供助力。本文主要研究公共图书馆地方文献开发利用价值、开发利用建议，希望可以为公共图书馆的良性发展提供一定帮助。

【关键词】 地方文献；公共图书馆；开发；利用

我国公共图书馆在地方文献收集与运用中一直发挥着至关重要的作用，公共图书馆不断增强地方文献收集的力度，可以为地方文献保存量增加提供基本保障。同时，公共图书馆收集的地方文献为研究地方经济、文化、风土等变迁提供了大量的数据支持，地区文化的繁荣与发展贡献巨大力量。随着文化与经济发展，社会各界对地方文献利用与开发重视程度进一步加强，在此种情况下公共图书馆采取何种科学有效的地方文献利用与开发策略，对地方文献能否发挥出应有价值具有重要意义。

1　地方文献概述

1.1　地方文献

地方文献主要指图书馆收藏的关于某一地方历史文化、地理、社会、气候、古迹、民风民俗以及军事等所有物质资源与人文景观情况的资料。地方文献属于某一地方公开发行的资料，其与一般的文献有很大的不同，体现出浓郁的地方特色。地方文献除了具有地方特色外，还具有历史性、区域性、时代性、广泛性等。由于地方文献所具有的特殊性，在地方文献征集中，公共图书馆必须要遵循“收全、收齐”原则，以保证地方文献收集质量，为之后文献利用与价值开发提供基本保证。同时，为了确保地方文献收集质量，公共图书馆得明确相应的收集体系，以确保地方文献收集工作的顺利开展。

1.2 地方文献主要收集来源与范围

通常地方文献收集的来源与范围十分广泛，可以将地方文献收集分为正式出版物收集与非正式出版物收集两种。首先，出版物收集。即收集的地方文献为正式发行出版的刊物、报纸等出版物，这些出版物涵盖范围十分广泛，从反映地方文化等出版物到反映地方经济的出版物，再到反映地方军事的出版物等，包括常见的杂志、影像、图书、画册等。其次，非正式出版物。非正式出版物主要指未经出版的资料，这些地方资料主要包括政府部门编制印发的资源、地名录、会议记录、公报文集等。例如革命史、地方史、年鉴、党史、学术史等。

2 公共图书馆地方文献开发利用价值分析

2.1 加强文化认同，促精神文明建设

通过对地方文献的利用可以增强群众的文化认同，为该地区的精神文明建设提供助力。充分运用地方文献资源可以加强地区文化的繁荣与传承，对构建地区文化具有重要意义。地方文献可以作为地区风俗与文化的传播载体，运用地方文献进行地区文化教育，加强本地区群众对文化的认同，增强文化归属感与信心，为地方文化的进一步传承提供保障。另外，通过地方文献，可以使地区相关文化精髓材料得以流传，避免文化失传，为文化传承提供支持。

2.2 提供研究资料，促进地区和谐发展

地方文献内容丰富，涵盖范围广泛通过地方文献的管理可以为之后地方文化等研究提供全面且丰富的资料。无论是地方经济的发展还是文化的发展，都离不开对该地方实际情况的研究，相关研究人员可以利用公共图书馆收集的地方资料，更为科学地分析出本地区的经济与文化变迁，通过地方文献利用与开发将文献资料转化为促进经济、文化等发展的强大动力，促进该地区良性发展。另外，由于有了丰富的地方材料，学者、专家可以在总结资料的基础上，充分结合某一地区发展的现状，分析某一地区发展中存在的短板，并结合地方材料，从中借鉴优秀经验，结合时代发展，制定科学发展策略，促进区域和谐发展。

3 公共图书馆地方文献的开发和利用建议

3.1 多渠道收集地方文献，为地方文献利用提供基础保障

公共图书馆可以采用多种地方文献收集渠道，确保可以尽可能收集到更加多样及全面的地方文献资料，为之后地方文献的利用与开发提供基本保障。首先，不断开拓地方文献收集渠道。公共图书馆可以结合具体地方文献实际情况，充分运用捐赠、购置、复制、交换等手段，进行地方文献收集。在实际地方文献采集上，公共图书馆可以结合不同收集手段的具体特点，选择科学适宜的收集渠道。例如，在可以采用捐赠等免费手段情况下，尽可能不采用购置手段，以有效降低地方文献收集过程中造成的资金浪费，提高地方文献收集效益[1]。其次，采用多渠道收集地方文献同时关注地方文献质量。公共图书馆在采用多种渠道收集地方文献的同时需要关注地方文献的质量，避免收集的地方文献价值不高，造成非必要的浪费。公共图书馆在文献收集上可以选择更加凸显地方民族特色、文化特色、民风特色等具有研究与留存价值的地方文献，确保地方文献收集质量。再次，地方文献资料收集过程中注重及时。公共图书馆在获得版权授权之后，需要及时安排专业地方文献收集人员及时进行拍摄与拓制，确保一些非书面性地方材料可以得到有效收集，拓展地方文献收集范围，使一些非物质文化珍贵遗产得以保存。最后，公共图书馆注重专业地方文献收集人才培养。完善培训机制，结合图书馆自身发展与地方文献收集未来发展需求培养高素质地方文献收集人才，为地方文献收集质量提升提供有力保障。

3.2 开展多样地方文献活动，调动民众积极性

公共图书可以结合地区文化发展实际情况，增加多种多样地方文献宣传等活动，增加民众对地方文献的理解，调动民众参与地方文献建设的积极性，促进地方文献相关资源的进一步开发与利用。首先，组织多种多样的文化节庆、展览活动等。公共图书馆可以组织多种多样的展览活动，增加地方文献与民众接触的机会，加深民众对地方文化的理解，使民众自愿参与到地方文献开发与发扬之中，为地方文献价值发挥提供保障。其次，公共图书馆可以加强与院校的合作，为院校提供参观等活动，并与院校合作设计专题性地方文化活动，强化地方文化宣传力度，培养本地区大、中、小学生地方文化意识，提高地方文化传承质量。再次，加强与民众之间的互动。公共图书馆可以加强与民众的互动，运用电话、微信、网络等渠道全面收集民众对地方文化文献利用相关方面的建议，增强地方文献利用价值[2]。最后，公共图书馆可以充分挖掘当地旅游与文化资源，组织以当地特色文化为主题的旅游文化节，既可以拉动当地旅游业发展，同时也为当地旅游与文化文献积累提供保障。

3.3 运用现代化技术，促进地方文献开发利用机制完善

公共图书馆可以积极运用现代化网络、计算机等技术，进一步完善地方文献开发与利用机制，为地方文献价值发挥提供保障。首先，地方文献数据库完善。公共图书馆可以进一步完善地方文献数据库，提高地方文献利用率。公共图书馆可以结合时代发展，创建完善独具地方文化特色的地方文献数据库，并配合公共图书馆组织举办的多种线下、线上等宣传活动，提高地方文献推广水平。在地方文献特色数据库建设上，可以运用知网等管理平台，结合史志类、地方专家等专题结构，创建地方作家等文献数据库，并在数据库后期维护中，实时更新数据，保证读者可以通过数据库及时查到最新数据。其次，线上公共图书馆建设。公共图书馆可以充分运用现代化网络技术，构建并完善线上公共图书馆，通过线上公共图书馆可以实现地方文献的线上借阅、捐赠等，为地方文献开发与利用提供相应平台[3]。最后，加强地方文献数字化处理。公共图书馆适应当前网络与数字化技术的发展，安排专业技术团队，及时做好搜集完的地方文献资料数字化处理，实现地方文献原版与电子版同时保存，提高地方文献保存质量。并且，通过数字化地方文献处理，读者可以通过线上公共图书馆开发利用地方文献，从而提高地方文献开发利用水平。

3.4 公共图书馆加强地方文献研究，充分发挥地方文献的作用

公共图书馆可以组织相关人员，运用现有的地方文献资料，加强地方文化、经济、政治等研究，充分发挥出地方文献的作用。在地方文化、经济等研究中，公共图书馆可以在地区当前实际情况基础上，分析地方文献中相关历史资料等，分析地方未来发展形势，为地区未来发展提供合理化意见[4]。

4 结语

综上所述，公共图书馆地方文献的开发和利用可以运用的手段有很多，公共图书馆可以运用多渠道收集地方文献、开展多样地方文献相关活动、运用现代化技术、加强地方文献研究等手段，促进地方文献利用与开发水平提高。

参考文献

[1] 叶素萍. 公共图书馆地方文献搜集与利用[J]. 山东青年，2018（1）：126，128.

[2] 尚硕彤. 公共图书馆地方文献资源建设与服务模式探析[J]. 传媒论坛，2018（20）：150-151.

[3] 乔林. 提升公共图书馆普通读者服务之我见——以山西省图书馆地方文献工作为例[J]. 卷宗，2019（7）：58-59.

[4] 龚旭曦. 地方文献开发利用实践分析[J]. 浙江档案，2019（6）：63-64.

稀见新都地方志三种版本述略

庄严

（新都区图书馆，四川成都，610500）

【摘　要】 新都是四川省历史文化名城，自西汉初年置县，有史可考的建县历史长达 2200 余年。现存清代至民国旧志六种，都是新都宝贵的文献史料。然部分旧志，藏本极稀，检读不易，故将现存三种珍稀新都地方志情况做简略介绍。

【关键词】 稀见方志；乡土志

新都位于川西平原腹地，南距成都市中心 16 公里，地当川陕孔道，“列蓉城之保障，达京畿之通衢”[1]，历来被称为成都之北大门。关于新都得名，据《成都市新都区志》说：“公元前七世纪左右，蜀王开明氏营建新的都邑，为有别于杜宇氏的旧都郫邑，新建都邑遂名‘新都’。”[2]常璩《华阳国志.蜀志》“新都县”条载：“蜀以成都、广都、新都为三都，号名城。”[3]又李元《蜀水经》卷十一载：“新都县故蜀郡地也……蜀有三都：成都、广都、新都。”[4]清道光《新都县志》则说：“新都自汉以来，为蜀中三都之一。”[5]可见新都在秦汉时期就与成都、广都同为蜀中名城，具有重要的地位。公元前 361 年，秦灭蜀后，置蜀郡，设郡治于成都，新都隶属蜀郡。但是否建县，现存秦汉史籍无明确记载。新都以县名，始见于《汉书 · 地理志》。民国《新都县志》引《汉书 · 地理志》云：“益州广汉郡领县十三，其九曰新都县。”又引《华阳国志》云：“高祖六年始置广汉郡，领县八，其四曰新都县。”又作按语云：“新都县年代无考，首见于《汉书 · 地理志》及《华阳国志》，故断自汉置。”[5]西汉初郡县多承秦之旧，为汉初战乱后仍置的县，一般情况下当为秦县。但因秦制以郡统县，而秦县见于记载者极少，目前出土的简牍、兵器铭文等尚无新都县的有关记载，是否为秦县尚需有新的证据出现。自汉以后，朝代更迭，新都县“地广且大，厥后分置各郡，统辖靡恒，所隶既殊，称名亦异”。但至唐武德二年（619）复名新都县后，新都之名沿用至今，宋时属成都府，元属成都路，明、清属成都府。民国初年，新都县隶属川西道。1935 年，国民政府统一川政，设立四川省政府，新都县属四川第一行政督察区直至 1949 年。新中国成立后，新都县于 1950 年归川西行署温江专员公署管辖。1960 年撤销新都县并入新繁县，1962 年复置。1983 年，温江行署并入成都市，新都县归成都市管辖。2001 年撤销新都县，改设成都市新都区，县名至此消失。

新都素有“文献名都”的美誉。自西汉初年设县，于 2001 年撤县设区，有史可考的建县历史长达 2200 多年，人杰辈出，群星灿烂，然所修方志则并不算多。清代以前新都县的方志，各家书目均未见著录，其修志情况也不见诸史籍记载。新都现存清代至民国年间地方志有六种，其中三种藏本稀少，检读实为不易。笔者乘工作之便，得以一览，故借端将三种稀见志书情况略述如次，以便做进一步整理与研究。

1　清乾隆《新都县志书清册》

清乾隆十七年（1752）新都县知县杨绵祚纂修的《新都县志书清册》是现存版本最早的一部新都县地方志性质的文献资料。中华书局 1985 年出版的《中国地方志联合目录》将其著录为“新都县志书不分卷”；1994 年出版的《新都县志》和 2001 年出版的《四川省志・出版志》均著录为“新都县志不分卷”，实皆有误，此志并未成书，仅是将备修县志的相关资料汇抄成清册。该清册一度认为在清嘉庆年间就已遗失了，据《四川历代旧志提要》“[嘉庆]新都县志”条说，清嘉庆十四年（1809）孙真儒署新都县知县来任时，“未能见到乾隆年间的‘志书清册’，待再次回任时，逢省府檄征邑志，‘查无旧志’”[6]。事实上，“志书清册”原件今仍存世两册，分别收藏于国家图书馆、上海图书馆。经笔者多次与国家图书馆古籍善本室工作人员联系，最终有幸得到了国图藏本的影印件，得以一窥原件原貌。

此志是志系抄本，共 1 册。半页九行，行三十六至三十七字。无格，无板框。封面独占一页，左页竖题“成都府新都县造赍志书清册”，下钤方形印章 1 枚。经仔细辨识，此印为新都县衙官印，整体布局为汉满两种文字作对照排列，汉字篆体阳刻“新都县印”四字居右，满文篆体阳刻“新都县印”四字居左。清代官印的印文一般是汉文篆体与满文楷体，乾隆十三年（1748），所用印信之满文俱改为篆字，此印完全符合清代县衙印章形制。正文第一页卷端下方和末页左下方均钤有“京师图书馆藏书记”长方形阳文篆体藏书印，此印多见于钤盖在京师图书馆（今国家图书馆前身）所藏方志中，该志显系京师图书馆旧藏。末页款署“乾隆十七年正月 X 日知县杨绵祚”，并于年月处钤盖“新都县印”，盖印位置，俗称“骑年盖月”，符合清代公文用印要求。杨绵祚，字引长，山西安邑（今属山西运城市）人，拔贡。乾隆十二年至乾隆十七年（1747—1752）任新都知县，将其著录为纂修者，当是据落款所题。

此志具有显著的公文文书特征。除上文所述落款、用印等特征外，从其行文也可看出它具有公文文书性质，如文中起首语："成都府新都县为通行事……呈赍，须至册者"是典型的公文套语。在现存清代四川南部县县衙档案中，上报府、道、司及督抚的上报文书中，就有不少清册、书册、姓名册、支册、验册等，行文风格皆与此类同。新都清代档案现仅存嘉庆至宣统历朝的地契文书196件，其他公文档册俱无存。可以说"志书清册"既是与修志有关的资料，又是难得一见的清代新都县公文文书，具有独特的史料价值。

该志计分新都县、分野、形势、风俗、城池、学校附祠庙、山川、津梁、古迹、关隘、寺庙祠观、陵墓、名宦、人物、列女、土产，共16类。全书仅10页，约3000余字，所记内容极为简略，也颇多遗漏，就文献价值而言，并不算高。但从成册以来，至今二百五十多年，迭经战火而未散佚，已知传世者仅有抄本两册，几与孤本无异，不仅具有较高的版本价值，也且可从中考察新都修志之渊源。

2 清光绪《新都县乡土志》

乡土志是地方志的一种。清末张治新编纂的《新都县乡土志》属珍稀地方志，仅有抄本传世，流传极少。张治新，字鼎臣，新都人。清光绪十四年（1888）举人，官长宁县教谕。著有《诗经经义总论》二卷、《尚书经义总论》二卷等。本志系抄本，前后无序、跋，书亦未署编纂、抄写年代，各家书目均著录为"清末抄本"。2009年巴蜀书社影印出版的《新都县乡土志》(《四川大学图书馆馆藏珍稀四川地方志丛刊》) 书前提要认为"书中记事迄光绪二十六年，编纂成书当在此稍后"，不确。光绪三十一年（1905），清学部在兴办新学的同时，通令各地纂修乡土志，作为初等小学堂课本，并颁布了《乡土志例目》[7]，由学部下发全国各行省学务处，限期一年成书。本志严格遵照学部颁《乡土志例目》(以下简称《例目》) 所定编纂体例编写，其纂修应当是官方行为，由此可见此志的编纂不会早于光绪三十一年(1905)。另外，在该志"政绩录"中有"今归邑中学务局"，"今并入学务局"[8]等记述，学务局在清末新都历史上仅存在约七个月。据民国《新都县志》记载，光绪三十二年（1906）二月，提学使派员到县开办学务局，是年秋九月又奉通令改学务局为劝学所，至民国十五年（1926）改劝学所为教育局[5]。据此可推《新都县乡土志》的编纂可能始于光绪三十一年（1905），成书当在三十二年（1906）或稍后。

此志是志系蓝格抄本，字体工整俊秀，线装，共1册。仿版刻书籍样式，半页十行，行二十六至二十七字。白口，四周双边，单黑鱼尾。版心记类名、页码。该志不分卷，体例悉遵《例目》所定，计分十五类（门），各门类具体内容如下：历史：新都县未置以前、新都县既置以后；政绩录：兴利、去害、听讼；兵事录：全在本境、涉及本境；耆旧录：孝友、睦婣任卹、学问、医学、名儒、名臣、功臣、名将、循吏、忠节、附名宦祠、附乡贤祠；人类；户口：本境户口丁数；氏族录；宗教录；

实业录；地理录；山；水；道路；物产：动物、植物；商务。因本境并无矿产，故“物产”门未列矿产。

此志作为初等小学乡土教育教科书主要是为蒙学服务，与县志相较所记皆极为简括，全志不足3万字，但增补了道光以后的部分史实，仍具有一定的史料价值。该志“历史”门依《例目》规定，简要记述了新都县未置以前的历史情况，这是县志里所没有的内容。“兵事录”记录了咸丰九年（1859）川督骆秉章在县北列营三座，并在彭县濛阳与蓝大顺（蓝朝鼎）起义军作战，以及光绪年间本县红灯教起义的历史事件，虽然记述较简，但这些史实民国县志均未有记载，可补县志之不足。“耆旧录”篇幅最大，约13 000字，占全书的1/3强。所记人物虽然大多是从旧志摘录，但也增加了不少道光后的人物事迹，如“孝友”载有晚清四川著名刻书家、“墨耕堂”创办者魏朝俊的一些事迹；“学问”则载有叶文光《新都韵言》等邑人著述。这些内容均是民国县志所未收载的，具有较高的文献价值。人类、户口、宗教、实业所记极简，仅数十言或百余言，内容仅记回民何时何地迁来及现居何地；汉回两族男丁、女口数目；信仰回教、喇嘛教之黄教（即格鲁派）、天主教人口数目；士、农、工、商从业人口数目等，其文献价值不高。“氏族录”记载了本县二十余姓氏的籍贯、始迁祖、迁居本境时间、历世几代等资料，从中可以发现本县人口绝大部分是清初“湖广填四川”迁移而来。这些关于移民的资料旧志俱不载，虽记述较简，但仍具有较高的文献价值，与现存的新都各姓氏族（家）谱文献及其他文献结合使用，有助于研究新都的移民历史和姓氏文化。“地理录”记载了本县疆域、祠庙寺观、桥梁、古迹、乡镇等，尤其是对各类新办公私学堂的名称和分布情况的记载较为详细，如实地反映了清末学制改革后，本县办学情况发生的变化。自清至民国，新都县的行政区划没有太大变化，所以本志所载山、水、道路与县志所载基本相同。“物产”所记动物、植物也较简，仅记载了其名称、功能或功效。“商务”一门内容较为翔实，详细记载了本境出产之大宗货物及特产的名称、全年产量和销售数量、价格、销路等；由外地运入本境的盐、茶、棉花、粗纱及洋纱、洋布等的价格、全年所销数量、产地以及由何地经何道路运来也有详细记载，这些资料对清末经济的研究尤有价值。

本志今存清末蓝格抄本，分藏于国家图书馆、四川大学图书馆、四川省图书馆。2002年线装书局影印出版的《乡土志抄稿本选编》第10册，2009年巴蜀书社影印出版的《四川大学图书馆馆藏珍稀地方志丛刊》第1册，2019年上海书店影印出版的《中国地方志集成·乡土志专辑》第23册分别收录该本。另有民国四川通志馆红格抄本一部，尤为珍贵，今藏于四川省图书馆。

3 清光绪《新都韵言》

清光绪三十二年（1906年）叶文光编撰的《新都韵言》是一部具有乡土志性质

的小学教科书。叶文光，字星廷，新都人。以恩贡生授直州判，晋同知。崇尚朴学，著述甚多，但多为蒙学之书。据书前刘咸炘序说，他还曾主教县小学，总修乡土志。清光绪三十二年（1906），叶文光在家开办私立小学一所，因清末学制改革，“教科诸书，审定未确”，遂自编小学、经学、及论自治等教材教授学生。其时，正值清廷实行全方位的教育改革，倡导各地编纂乡土志作为新式初等小学教材之一，用以培养国民爱乡、爱国之精神，以利于巩固国家统治。叶文光平生“关心乡国事”，他认为“童蒙之学不可躐等，乡土山川人物未可茫然”，于是搜集关于本县的历史、地理、人文、政事、风物等编成《新都韵言》一册，并作为其所办学堂的乡土教育读本，以教育学童了解和热爱自己的家乡。《新都韵言》编成后，并未刊印，至民国二十一年（1932）方由其长孙叶士镗校刻付印。叶士镗师事蜀中著名学者刘咸炘，《新都韵言》付印前，刘氏欣然为之作序，此序后收入《推十文》卷四，并编入《推十书》。

此书是书系刻本，线装，共 1 册。半页七行，行十六字。下黑口，左右双边，单黑鱼尾。版心上方镌“新都韵言”，下方镌“新都叶氏家藏”。内封面刻“新都韵言/刘咸炘题”，背页刻“壬申春刊/叶氏家藏”。卷首有刘咸炘《新都韵言序》，题署“辛未八月双流刘咸炘撰”。卷末有叶文光胞侄《跋》，题署“壬申浴佛日受业胞侄莜芰初谨识”。正文卷端题“新都韵言/新都叶文光星亭著/孙士镗校刊”。该书既未按《例目》规定，也未采用旧方志体例，而是以四言韵文的体裁编写而成。全文为四字句，诵读起来朗朗上口，富有节奏感，既便于咏唱，又易于记忆。该志的编写形式在清末乡土志中极为少见，可谓别具一格，具有独特的价值。

此书是根据儿童特点，为适合儿童学习而编写的乡土教育读本，叙述简明，文字通俗易懂。全志虽仅约 7 千余志，但内容较为丰富，举凡本县沿革、疆域、形势、山川、水利、城池、关隘……物产、风俗等均有记述，以“风俗”较旧志尤详。其内容虽然基本都是从旧志摘录，文献价值不大，但既可当作小学乡土教育读本，又可看作是本县的“简明历史教科书”。正如刘咸炘所说，“若此等书岂独学童所当读，且安得县县俱有此等书乎”[9]。

本志流传范围有限，诸家书目仅见于 1981 年四川省图书馆所编《四川省旧志目录》（初稿）有著录。本志有民国二十一年（1932）叶氏家刻本，今新都区图书馆有藏。

参考文献

[1] 张奉书，等，修．张怀洵，等，纂．[道光]新都县志[G]//四川省地方志编纂委员会．四川历代方志集成：第二辑（第 21 册）．北京：国家图书馆出版社，2015.

[2] 成都市新都区地方志编纂委员会．成都市新都区志（1986—2005）[M]．北京：方志出版社，2018.

[3] 常璩. 华阳国志[G]//四川省地方志编纂委员会.四川历代方志集成：第四辑（第 1 册）. 北京：国家图书馆出版社，2015.

[4] 李元. 蜀水经：卷 11[M]. 成都：巴蜀书社，1985.

[5] 陈习删，等，修. 闵昌术，等，纂. [民国]新都县志[G]//四川省地方志编纂委员会. 四川历代方志集成 · 第二辑（第 21 册）. 北京：国家图书馆出版社，2015.

[6] 四川省地方志编纂委员会. 四川历代旧志提要[M]. 成都：四川科学技术出版社，2012.

[7] 田雨. 清学部颁《乡土志例目》[J]. 社会科学战线，1985（8）：189-191.

[8] 张治新. 新都县乡土志[G]//姚乐野，王晓波. 四川大学图书馆馆藏珍稀四川地方志丛刊（第 1 册）. 成都：巴蜀书社，2009.

[9] 刘咸炘. 刘咸炘诗文集[M]. 上海：华东师范大学出版社，2010.

PART FOUR

公共图书馆阅读推广

县级公共图书馆线上活动开展的策略研究

杨虹

（简阳市图书馆，四川简阳，641400）

【摘　要】　随着网络的发展，提供线上服务是图书馆发展的必然趋势，开展线上活动将会是其主要服务内容。笔者通过分析线上活动在行业中的发展情况，了解线上活动开展的重要性，结合自身所在的县级公共图书馆实际，查找线上活动开展的困难和问题，通过思考与实践，探索开展线上活动策略。

【关键词】　县级公共图书馆；线上活动；存在的问题；策略研究

中国互联网络信息中心发布的第 50 次《中国互联网络发展状况统计报告》显示，截至 2022 年 6 月，我国网民规模为 10.51 亿，互联网普及率达 74.4%。使用手机上网的比例达 99.6%，人均每周上网时长达到 29.5 个小时，以互联网和手机为载体的线上阅读已经成为主流的阅读方式，但线上阅读又以阅读新闻和观看视频为主，娱乐化和碎片化特征明显，深度图书阅读行为的占比偏低。2022 年 4 月，中国新闻出版研究院发布了第十九次全国国民阅读调查结果，2021 年我国成年国民数字化阅读方式的接触率为 79.6%，成年国民数字化阅读倾向明显，在数字化媒介中，成年国民人均每天接触手机、互联网、电子阅读器、Pad 等时长共 191.14 分钟，电子书阅读量较上年均有所提升，但读书时间不敌使用网络消遣的时长。对于公共图书馆来说，开展线上活动有着很大的需求空间。如何抓住读者的心理特征和阅读兴趣，将互联网不受时空限制、低成本、互动强、受众面广的特点与图书馆自身资源优势和阅读服务专长结合起来，创新活动形式，丰富活动内容，实现“线上+线下”的动态活动模式，创新线上活动开展，实现图书馆服务的转型发展是需要思考的问题。

1 线上活动开展的现状及特点

1.1 由被动变为主动

2020 年以前，各公共图书馆开展的线上活动较少，一般以电子图书阅读为主，偶有图书网络推荐；尤其县级公共图书馆，由于人力、财力等资源有限，活动开展的重心全部放在线下，简阳市图书馆在 2020 年初闭馆近一个月，馆员居家办公讨论的主题就是“如何实现闭馆服务不打烊”。后面推出了 14 天品读经典全民战疫、防疫科普知识竞赛、“说出你的爱——致敬抗疫工作者”等线上知识竞赛和朗读活动，以及线上展览、朗读作品展播、线上讲座等活动，深受读者喜爱。直到现在，线上活动由被动变为主动，由补充活动形式变为重要活动形式，市民读者从不了解到积极参与。

1.2 形式内容多元化

近两年来，图书馆线上活动的主题内容逐步呈现多元化现象，线上活动包括：线上展览、讲座直播、阅读打卡、声音播读、线上答题、同群共读等形式，以及疫情防控、安全常识、传统文化、亲子教育等主题内容。讲座和展览等都以网络平台向公众展示，线上答题、阅读打卡、朗诵播读等活动都具有较强的操作性和互动性，深受读者用户喜欢。

1.3 主题紧跟热点

互联网带来了人类生活方式甚至是思维方式的巨大变革，新媒体的发展体现了反应速度快、时效性强，图书馆开展线上活动具有挑战性，要根据时事热点策划选题、推送服务，以便在车载斗量的网络时代吸引用户注意，占有一席之地。2020 年年初，湖北省图书馆立即开展了书香战“疫”真人图书馆、线上讲书等活动，并针对方舱医院建立“方舱数字文化之窗”，整合海量视听与阅读资源，给隔离在方舱医院的患者们带去心灵的庇护与慰藉。2021 年，深圳图书馆开展“百年荣光 薪火相传”线上答题、“我是朗读者——百年初心，百年复兴”线上朗读活动，并新建“百年里的中国”建党 100 周年主题资源库等。2022 年，杭州图书馆结合第 19 届亚运会开展了“亚运真人图书馆”、体育主题影像阅读、亚运美学文化等线上活动。

1.4 多平台资源整合

近两年，受疫情影响，线下活动时而暂停，常常限制参加人数，从而催生了各种新媒体平台，这也为图书馆开展线上活动提供了多样化的信息传播渠道，很多省级图书馆在多平台整合运用方面做得很好。以杭州图书馆为例，不仅在微博、微信、小程序等平台外，还在新兴的抖音、B 站等信息传播平台也开设了媒体账号，将需要推广的阅读资源以适合各平台特点的传播形式进行推送，针对不同的用户对象设计不同的网络活动，并将各平台紧密联系起来，促进深度融合发展，形成了网络活动圈。

2 县级图书馆线上活动开展存在的问题

由于存在地域差异、经济不平衡、文化发展不均等现象，各地在开展线上活动时常常会遇到很多问题和困难，尤其是在县级图书馆表现得更为突出。

2.1 缺乏专业的技术手段

县级图书馆在开展线上活动时，多以简单的文字、图片、视频等内容呈现，比如把线下展览的图片进行简单处理，就直接放在公众号进行展览，展现方式没有新意，不能吸引用户。以笔者所在的简阳市图书馆为例，每月开展线上展览，虽然主题内容都是千挑万选，但缺乏 3D、VR 等高科技手段，读者无法增强参与的体验感、互动感，线上观展人数一直难以新增。县级公共图书馆几乎没有这样的技术人才支撑，如若购买社会服务，又苦于无经费预算。

2.2 内容形式缺乏创新和互动

省级图书馆的线上活动较为成熟，一直是线上与线下结合开展阅读推广活动，但县级图书馆多是疫情之后才开始认真思考、策划组织的。一开始，借鉴省级图书馆的活动，但一些有新意的活动技术要求达不到，前些年简阳市图书馆计划学习开展深圳图书馆的“21 天阅读挑战活动”，经咨询该程序技术支持需要约 10 万元，只能望而却步。随后，陆续举办了讲座、展览、资源推荐等活动，都是从线下搬到了线上，换了一个平台，但基本内容没有变化，缺少创新性、互动性和趣味性。

2.3 读者用户参与度低

尽管作为图书馆，总是绞尽脑汁策划有新意的线上活动，但如何抓住用户读者的兴趣点，仍是图书馆值得一直探索的问题。近年来，结合数字图书馆建设和文化信息资源工程，图书馆为读者用户提供了丰富的数字资源，但网络时代下，新兴的阅读APP、公众号等，在宣传上明显优于图书馆，在技术手段更是超越图书馆，大数据的采集和个性化的设计都具有明显优势。此外，图书馆的线上服务也较为单一，县级图书馆更多停留在“我只管输出，不管你是否参与”，举办线上活动缺乏事前调查了解用户需求、事后对活动的分析总结，所以很多图书馆线上活动读者用户参与度低。

3 县级图书馆开展线上活动的必要性

《中华人民共和国公共图书馆法》(简称《公共图书馆法》)第四十条规定，国家构建标准统一、互联互通的公共图书馆数字服务网络，支持数字阅读产品开发和数字资源保存技术研究，推动公共图书馆利用数字化、网络化技术向社会公众提供便捷服务。《四川省“十四五”公共文化服务体系建设规划》也指出，推动公共文化服务数字化建设，鼓励公共图书馆开展云直播、云展览、云讲座、云阅读、云培训、云推广等线上服务，实现县级以上图书馆100%接入国家数字图书馆推广工程网络。这些精神都要求图书馆要广泛利用数字化、网络化开展阅读服务。

2022年，由成都市全民阅读活动指导委员会办公室联合电子科技大学共同完成的《2021年成都市全民阅读指数报告》显示，2021年有53.1%的市民用手机进行数字阅读，占比次之的是用电脑、Pad（平板）、电子阅读器以及其他媒介进行数字阅读，成都市民的阅读方式正向数字化阅读转变。可见，读者用户的深度需求，也给图书馆工作带来了挑战，以开展线上活动为主旋律，读什么、如何读、读后分享等，为读者用户搭建平台，进行阅读引领，都将是图书馆今后工作的一个新方向。往后，图书馆仍需要将线上服务作为长期的工作战略部署，因地制宜开展线上活动。

4 县级图书馆开展线上活动的策略

4.1 转变服务理念

线上服务需要图书馆拓展思维，借势而进、乘势而起，进一步将服务从线下转移至线上。不断强化与完善数字资源建设，增强资源整合与融合发展力度，充分发挥图书馆服务职能，进一步由被动服务、浅层服务、单一服务向主动服务、深层次服务、多方位服务转变。开展线上活动，既要注重发挥数字资源的基础作用，又要进一步延展数字资源的类型与范围，增加资源内容的广度和深度，不断释放“资源”

红利。信息资源不仅仅限于图书、期刊、音视频等资源，还有网络资源、科普知识、社会关切信息及热点信息资源，尤其要注重对特藏文献的数字化储存、保护和利用。图书馆还须树立危机意识，提前构思馆藏资源和服务的数字化转化能力，强化应对突发公共事件的战略思维。另外，图书馆还需进一步转变发展理念，营造更好的发展环境，积极争取地方政府对线上服务的财政支持。

4.2 因地制宜搭建活动平台

许多省级公共图书馆拥有专业人才和专业技术的支撑，近年来搭建了很多线上平台，如官方网站、微信公众号、微博、抖音、视频号、QQ 直播、CCtalk 平台等，平台多样化吸引了各类需求的读者用户。而县级公共图书馆在线上平台建设方面起步晚、步子慢，一是受地方政策法规的影响，如简阳市图书馆官方网站在 2017 年由政府统一规定“二级单位不能有独立域名的官方网站”而被叫停；二是缺乏专业技术人才，全馆无一人是信息技术专业，搭建线上平台只能是购买社会服务；三是缺乏资金，平台的搭建、后期的运行维护、线上活动需要的技术支持等都需要通过购买服务，而作为全额拨款的公益事业单位，财政划拨的资金十分有限。因此，搭建平台不必像省级图书馆那样种类齐全、面面俱到，要结合自身情况，因地制宜。简阳市图书馆近年来开通了微信公众号、移动 APP，线上活动的开展主要依托微信公众号，2022 年开通了视频号，开展语言朗诵类活动以及活动宣传等。

4.3 主题式开展线上活动

线上活动是图书馆线上服务的重要内容，是利用移动服务平台对图书馆资源和服务进行深入推广，因而开展高质量的线上活动十分必要。县级公共图书馆可结合读者需求、时事热点等，以主题式开展丰富多彩的线上活动，如线上朗诵活动、听书赢奖活动等；节庆期间推出的“我们的节日”线上系列活动，元宵祈福、除夕幸福美食大比拼、中秋家团圆照、端午知识答题、国庆线上景点游等线上活动，营造了浓厚的节日氛围，让读者用户有了其他的节日体验；结合时事热点主题开展活动，2021 年成都作为大运会的主办地，各图书馆也相继开展了系列迎大运的活动，如“大运在我身边”主题征文活动、“运动与阅读”线上读书会、迎大运 C 位好书等活动。

4.4 “图书馆+”引入社会力量参与

《公共图书馆法》第四条规定，县级以上人民政府应当积极调动社会力量参与公共图书馆建设。就线上活动而言，社会力量的参与具有很强的操作性，无论是资金支助、人员服务、技术支持等，其方式多样，不局限，实现起来途径多样，效果明显突出。除与活动经验丰富、策划专业、技术成熟的专业机构合作外，还应该与更多类型机构及企事业单位合作。例如与新闻媒体合作，借助新闻媒体的力量宣传活动的内容及成效，及时通报线上活动的进展，吸引读者用户的关注；与学校等其他企事业单位合作，扩大活动的受众面，参与者不再局限于关注图书馆微信公众号的读者，为图书馆增加更多关注度；与医疗卫生、农业科技、法律等行业合作，为开展线上知识讲座提供专业的讲师；与关工委、妇联等合作，实现资源共建共享。

5　结语

线上活动的发展需要一个长期的过程，县级图书馆要尽量做到因地制宜，着眼长远发展，坚持线上活动“高站位”，不能只着眼本馆，要长远看发展，与市委市政府中心工作结合；要认真制订计划，建立线上活动“高标准”，将线上活动“无形”的读者用户发展为走进图书馆的书友。要精心策划组织，实现线上活动“高质量”，认真做好每一次线上活动，探索“菜单式”服务，积极提升图书馆服务质量。

参考文献

[1] 杨岭雪. 网络环境下图书馆的远程服务[J]. 图书情报工作，2000(4)：47-50.

[2] 刘娉婷. 公共卫生事件背景下公共图书馆线上活动探析——以福建省公共图书馆为例[J]. 福建图书馆学刊，2022（3）：11-15.

[3] 江海潮. 广州图书馆媒体关系管理和自媒体运维[J]. 图书馆学研究，2017（11）：37-40.

网络直播在公共图书馆阅读推广中的应用

汤苹群

（青白江区图书馆，四川成都，610300）

【摘　要】 近几年，公共图书馆常态下的阅读推广方式受到限制，网络直播为公共图书馆阅读推广活动开展提供了新途径，有效降低了闭馆给读者服务带来的负面影响。但在网络直播的过程中，一些公共图书馆缺乏长期规划，只是“跟风”直播，直播效果难以令人满意。因此，本文针对疫情期间网络直播在阅读推广中的应用展开探讨，并提出合理的改善建议。

【关键词】 网络直播；阅读推广

公共图书馆发展网络直播阅读推广模式，不仅是时代发展的需要，更是图书馆自身发展的需要。

1　网络直播在公共图书馆阅读推广中应用的价值

1.1　丰富阅读推广渠道

开展阅读推广活动利国利民，对公共文化发展与建设有重要意义。但传统的线下阅读推广活动，活动形式单一，活动组织成本高，有诸多局限性，很多读者难以真正参与其中，且疫情期间无法组织大规模的线下阅读推广活动[1]。而网络直播不受物理空间、时间的限制，可进行立体化的多平台阅读推广，采取“阅读推广+网络直播”的活动形式，打破了传统阅读推广的单一性，丰富了阅读推广渠道，推动了阅读推广向纵深发展。

1.2　提高阅读推广覆盖面

根据《中国互联网发展状况统计报告》的数据显示，截至 2022 年 6 月，我国网民数量达到 10.51 亿，互联网普及率达到 74.4%，网民人均上网时长为 29.5 个小时。

而网民观看网络直播几乎是“零门槛”，目前我国网络直播用户数量已突破 7.03 亿，这些网民都是潜在读者。因此，加强对网络直播的应用，构建“闭馆不闭网，服务不打烊”的服务模式，可提高阅读推广的覆盖面，将推广内容传递给更多读者，获得更好的阅读推广效果[2]。

1.3 满足读者的需求变化

21 世纪是网络时代，受网络普及、网络经济的影响，不仅人们的消费习惯发生了变化，阅读习惯、阅读方式也在逐渐转变，在线阅读正在成为一种主流。网络直播阅读推广可更好地满足读者阅读习惯、需要的变化，还能利用弹幕增强阅读推广的互动性，拉近读者与阅读之间的距离，提高读者对阅读推广内容的认同感。

2 网络直播在公共图书馆阅读推广中应用的问题

2.1 缺少长期规划，直播内容有待改善

虽然很多公共图书馆在尝试利用网络直播进行阅读推广，但大多缺乏长期规划，更多是“跟风”直播，直播频次非常低。调查研究发现，进行定期直播的公共图书馆仅有 12 家左右，每日直播的更是少之又少，一些公共图书馆在开展了一到两次阅读推广直播后，便再未进行网络直播，仍保持线下阅读推动的老模式。而且目前各公共图书馆的网络直播内容也有待改善，往往局限于公益文化讲座、名人讲坛、公开课、读书日活动，内容方面缺乏创新，受众面小，难以对在线读者产生吸引力，导致粉丝数量、质量下降快，无法发挥出直播阅读推广的优势。

2.2 缺乏互动意识，忽视读者反馈

网络直播的社交互动方式，往往需要以话题或才艺展示为核心，直播过程要与观众保持良好的互动，使观众获得参与感和浸入式体验，才能留住观众持续观看直播。然而，很多公共图书馆在网络直播时缺乏互动意识，只是将线下阅读推广活动内容“原封不动”地搬至线上，将直播当作传统阅读推广方式的补充。另外，部分公共图书馆没有建立完善的读者反馈机制，而且在收到读者的有效反馈时也未引起足够的重视，没有结合建议做出相应的整改，无法真正留住读者。

2.3 缺少专业人才，直播效果不尽如人意

主播、策划、录制是网络直播的核心要素，影响着直播效果，需要由专业的人才来负责这些工作。然而，网络直播阅读推广起步时间尚短，各公共图书馆缺乏正确认识，也没有引起足够重视，未设置专岗专职负责网络直播工作，大多是安排普通馆员兼职。而这些人员多不懂直播方案策划、视频加工、直播推送、观众互动，直播过程较为随意，直播效果不尽如人意。

3 网络直播在公共图书馆阅读推广中应用的策略

3.1 做好发展规划，丰富直播内容

现如今各行各业都在利用网络直播提升自身的影响力，以此进行品牌宣传、产品推广等活动，公共图书馆要正确认识网络直播阅读推广的重要性和必要性，采取“图书馆+直播”的发展策略，通过网络直播来增强阅读推广活动的可见度[3]。一方面，公共图书馆要提高网络直播阅读推广活动的地位，制定长期的发展规划，合理确定直播的周期、时间、频次，并做好开播前的宣传工作，从而吸引观众收看直播。另一方面，为了留住观众，各公共图书馆要主动推陈出新，丰富网络直播的内容，将公共文化资源转换为“通俗易懂”的网络语言，提升线上阅读推广活动的服务体验，使读者更容易接受，从而打造在线阅读推广的知名品牌。

3.2 树立互动意识，建立读者反馈机制

互动是网络直播取得成功的关键，各公共图书馆在开展网络直播阅读推广活动的过程中，要树立互动意识。具体来讲，网络直播过程要关注读者的感受，认真阅读直播弹幕，根据读者的反馈，正确判断直播的有效性，适当调整直播的形式和内容，及时处理直播时出现的卡顿、没声音、杂音等问题，让读者感受到重视与尊重，打造以“读者为中心”的直播模式。另外，要建立有效的读者反馈渠道，例如，利用官方网站、微博、微信等社交媒体发布调查问卷、设置留言板，让读者对每一次直播进行评分，以此判断直播是否达到预期效果。而且收到读者反馈不能置之不理，要分类整理、给予及时回复，并组织工作会议，根据读者反馈建议的可行性，商讨是否采纳建议，对直播活动做出适当的调整。

3.3 加大投资力度，培养专业人才

一方面，为了学习网络直播经验，提高直播质量，各公共图书馆可加强与优质

网红的合作，学习网络直播经验的同时还能借助网红粉丝力量，带火阅读推广活动，改善公共图书馆在大众心中的“边缘化”印象。实际上，图书馆在“直播圈”的声量还非常小，粉丝群体不多，与网红建立合作关系，发挥各自的传播优势和受众优势，就可取得最佳的阅读推广效果。同时可以通过购买服务的方式，引进丰富的社会资源，提高直播的影响。另一方面，公共图书馆要培养属于自己的专业直播人才，打造一支懂互动、懂技术的专业直播队伍，将图书馆主播塑造成知识的“传播者”。例如，邀请专业的讲师，对图书馆现有的相关工作人员进行直播运营、直播策划、直播互动、视频加工等方面的针对性培训。

4 结语

随着网络普及度的提升，互联网已成为人们获取信息资源的主要途径，公共图书馆有必要发展网络直播阅读推广。但在具体运用中，一些公共图书馆由于缺少长期规划、缺乏互动意识、缺少专业人才，直播质量不高，在线阅读推广效果不理想。为真正发挥网络直播阅读推广的优势，公共图书馆应做好发展规划，丰富直播内容，树立互动意识，建立读者反馈机制，培养专业网络直播人才。

参考文献

[1] 孙雨，张婕. 后疫情时代公共图书馆直播服务现状及发展策略[J]. 图书馆学刊，2021，43（9）：106-112.

[2] 阴娜. 基于网络直播的公共图书馆阅读推广服务优化策略研究——以济南市图书馆为例[J].图书馆工作与研究，2021（S1）：119-124.

[3] 崔薇，郑聪. 后疫情时期公共图书馆网络直播创新服务研究[J]. 图书馆工作与研究，2021（8）：14-21.

图书馆线上活动开展创新模式

康嘉琦

（成都图书馆，四川成都，610000）

【摘　要】 公共图书馆是面向市民开放的公共文化资源场所，是公共文化服务体系的重要组成部分，其不仅能提高市民的文化水平和综合素养，也是推动全民阅读的重要力量，是重要的阅读阵地。而要实现全民阅读，公共图书馆应当充分整合社会优质文化资源，灵活运用线上线下相结合的服务形式，组织策划开展形式多样、内容丰富、覆盖面广的阅读推广活动，促进人民群众不断提升阅读热情、阅读需求。为持续推动全民阅读的推广工作，公共图书馆可利用互联网创新开展线上活动，借助互联网，增强自身的群体积累，通过线上阅读推广活动，实现图书馆事业的可持续发展。

【关键词】 公共图书馆；创新服务模式；线上活动

图书馆是一座城市重要的文化标志，其不仅是社会文化、信息体系中的重要组成部分，也是市民文化素养提升、城市人文内涵增强的重要阵地。公共图书馆的作用发挥，对于图书馆自身价值输出、社会精神文明建设、弘扬优秀传统文化，推动全民阅读，满足人民精神文化需求，提升城市人文形象等方面都有着重要影响。图书馆要实现自身价值的提升，实现更高质量的发展，除了要做好基础服务能力建设以外，还要做好对外阅读推广，通过阅读推广向公众提供服务，传播社会主义核心价值观。这就需要在准确把握当前形势下阅读推广工作客观环境变化的基础上，围绕“如何有效推广”这个核心内容不断加强改进和创新，充分利用互联网创新开展阅读推广服务，有效促进图书馆在当前时代背景下更好地发挥自身价值。所谓图书馆线上活动，就是依托互联网、信息技术等，引导、鼓励公众积极参与阅读活动。阅读推广活动的开展，不仅能够增强基础群体积累，同时对于促进精神文明建设，强化公共文化服务建设作用价值也具有重要意义。

1 图书馆线上活动价值探析

1.1 互联网背景下的必由之路

当前，随着互联网的不断发展，手机、电脑等互联网信息载体不断普及，网络已经成为人们获取信息的主要途径。传统的书籍内容资源也能够通过互联网渠道获取，并且通过这种形式在手机、电脑等设备上阅读，不仅能节约时间成本，也能实现随时随地在线阅读。因此，一直以传统借阅服务为主的公共图书馆受到了一定的影响，而多元化服务的实践与探索，开展“线上+线下”相融合服务模式，通过“新媒体+传统媒体”的共同推广，是公共图书馆实现可持续发展的必由之路。

1.2 有利于对传统文学的保护

我国的传统文学发展历史悠久且灿烂，无论是早期的古诗词、现代诗、小说、散文等，还是近几十年出现的伤痕文学、寻根文学、反思文学等，都象征着时代文学的演变、流派的兴衰更替。传统文学是推动中华民族文学事业不断进步的真正力量，是文学发展的最有力证据。随着互联网的出现及兴起，另一种文学形式应运而生，那就是网络文学。顾名思义，网络文学就是通过互联网发布文章，在网上进行阅读与流传，通过互联网及时得到读者反馈的文学作品。最早出现的网络文学是作家蔡智恒（痞子蔡）1998 年创作并发表的网络小说《第一次的亲密接触》，该小说在互联网上发表后立即引起各界人士对网络文学的关注。至今，网络文学已有二十余年的历程，在这二十年里的迅猛发展深刻改变了传统文坛的结构面貌。网络文学的兴起使文学变得更加多元化，也给人们生活带来了很大的变化，它不仅丰富了我们的生活，也伴随了一代人的成长。网络文学与传统文学是并行且相融合的，它们只是载体不同，如将两种传播载体相结合，相互补充，也可促进文学的共同发展。因此，公共图书馆开展数字阅读推广活动，线上讲座、展览，“新媒体”+“传统媒体”并行推广宣传，不仅能解决读者所需，丰富群众精神文化生活，让更多人群通过阅读推广关注传统文学，感受传统文学；也有助于对传统文学的传承与发展，实现“互联网时代”和“传统经典”的交相辉映。

1.3 有助于推动互联网时代背景下图书馆的服务升级转型

顺应时代的发展，我国多地公共图书馆较过去有了翻天覆地的变化，在馆藏图书、数字资源等方面都已经相对成熟。今年，成都图书馆主题分馆——天府人文艺术图书馆正式开馆，它是集阅读、休闲、审美、艺术体验、文化交流于一体的生活美学空间。天府人文艺术图书馆突破传统图书馆与科技、旅游、美学生活场景、书店等多行业跨界融合，不仅展现了图书馆的先进水平，也提升了读者的视觉感官体验。在公共图书馆内部资源、管理系统和服务模式不断发展的同时，我们也不能忽略，“服务”永远是其自身能够快速发展的重要因素。随着时代发展，读者的阅读需求也在不断发生变化，提升服务意识和理念，发展与创新服务方式，把读者的需求放在首位，才能够使图书馆在人性化管理上更加贴近广大读者的需求，有助于树立自身良好形象。随着时代的发展，图书馆也要临着重要的转型，有着一定的服务转型升级压力。目前“90后”“00后“这一批网生一代的读者，更愿意通过互联网、新媒体等娱乐方式，去消耗个人时间，能够主动走进图书馆阅读的热情也有所下降。若我们能准确把握这些变化，做好相应的服务提升工作，再结合线上阅读推广活动，把握这部分群体的需求变化，个性化定制阅读需求，采取针对性的措施来转型服务，将能够在一定程度上解决这些矛盾。通过阅读推广，了解新媒体和当下读者生活习惯息息相关，便可融合新媒体，提升图书馆服务能力；借助新媒体对信息传播多样性、互动性等特点，促使读者对图书馆相关信息的充分接收以及对读者需求的优化，这些都能够明显提高新媒体时代下公共图书馆的服务水平。

2　图书馆线上活动开展的相关思考

2.1　开展丰富多彩的线上阅读推广活动

长期以来，许多公共图书馆仍采取“坐堂迎客”的方式对外服务，在当前背景下，不仅不利于图书馆吸引读者，也容易使读者流失。因此，公共图书馆应当主动“走出去”，积极策划开展各类丰富多彩的线上阅读推广活动，让书香在“云上”蔓延，再掀全民阅读浪潮。图书馆可在馆内外组织开展举办公益讲座、展览、数字阅读等各类线上线下活动，邀请文化名家为读者开展传统文化系列讲座，弘扬中国优秀文化；也可结合读者需求，组织名师开展公益讲座巡讲活动，让读者在家门口就可以参与优质讲座，为读者提供便利，从而提高大家参与热情。

2.2　借势新媒体，提升阅读推广效果

互联网的快速发展虽然给传统图书馆带来了一定挑战，但同时也是契机，图书馆可顺势借助互联网的优势，实现阅读推广效果的提升。尤其是当前伴随着互联网发展而出现的一系列新媒体如微博、微信、直播平台等，都可以成为图书馆创新阅读推广方式的重要手段。因此在内外需求的驱动下，公共图书馆要主动融入信息化时代浪潮，利用新媒体的优势开展全方位、有特点、更高效、更便捷的创新阅读推广服务，开通官方的社交媒体（微信、微博）账号、短视频平台（抖音）账号，借

助新媒体平台提供更优质的线上公共文化服务。制定个性化推送内容，宣传文化服务，履行社会职能，把握时事热点吸引读者眼球，提高推送内容的阅读量。

2.3 加强图书馆阅读线上服务能力建设

新媒体的发展日新月异，技术革新突飞猛进，有效开展线上阅读推广活动，唤起更多读者对图书馆、对阅读、对知识的热情，图书馆还需提升与新媒体融合发展的能力建设。为此，能够针对读者的阅读需求变化，及时梳理和更新馆藏图书资源，包括传统图书资源和馆藏图书资源，有效把握读者的需求变化，在图书馆官方微博、微信等公众平台设置读者留言区、投票区板块，从中获取读者需求，从实际需求出发，不断完善信息化服务，提高服务水平。借助最新技术支撑，为读者提供更多阅读选择，从人性化、智能化的角度出发，不断丰富数字图书资源，大力革新基层图书馆内部服务系统，打造更为便捷、趣味十足的智慧图书馆，丰富读者在图书馆的阅读体验。

3 结语

图书馆作为城市的重要文化标志，是国家政府为群众提供的开放阅读场地。图书馆不仅可以丰富人民群众的精神世界，提升人民群众文化素养，也有助于实现自身可持续发展，助推全民阅读。在互联网快速发展的背景下，传统图书馆也需要进行智慧转型，满足多元化发展需要，与时俱进，踏着“互联网+”的浪潮，打造“互联网+图书馆”，对图书馆传统服务理念、服务模式进行改革与创新，以创新的理念和举措，为市民提供优质的线上数字阅读和线上文化服务，传递社会正能量，培养社会公众养成阅读学习的好习惯，全力推动公共图书馆创新发展和可持续发展。

参考文献

[1] 张静. 浅谈网络环境下城市公共图书馆地方文献建设[J]. 河南图书馆学刊，2017，12（1）：169-170.

[2] 戴华. 关于城市公共图书馆阅读推广工作的探讨[J]. 办公室业务. 2016，6（7）：89-90.

[3] 陈素娟. 浅谈城市公共图书馆管理中存在的问题及对策[J]. 大众文艺，2015，22（11）：86-87.

[4] 刘永洁. 试论西部地区城市公共图书馆全免费服务面临的挑战与对策[J]. 数字与缩微影像，2014，9（1）：22-23.

[5] 陈书梅. 从台湾阅读推广活动之现况谈公共图书馆之阅读指导服务[J]. 图书馆建设，2006，8（5）：78-81.

[6] 熊小明. 新时期人们的阅读特点和图书馆应采取的对策[J]. 图书情报知识，2006（6）：71-73.

儿童阅读推广服务现状与发展

杨蓉，马秀梅

（大邑县图书馆，四川成都，611330）

【摘　要】 阅读是人类获取知识、启智增慧、培养道德的重要途径。儿童时期是培养一个人阅读爱好的关键时期，而公共图书馆是儿童主要的社会阅读场所，加强儿童阅读推广工作是公共图书馆义不容辞的责任。本文以大邑县图书馆儿童阅读推广活动为例，介绍儿童阅读推广现状与发展。

【关键词】 儿童；阅读推广；现状；发展

2022 年 4 月 23 日，首届全民阅读大会在京开幕。习近平总书记在贺信中指出："阅读是人类获取知识、启智增慧、培养道德的重要途径，希望广大党员、干部带头读书学习，修身养志，增长才干；希望孩子们养成阅读习惯，快乐阅读，健康成长；希望全社会都参与到阅读中来，形成爱读书、读好书、善读书的浓厚氛围。"自 2014 年起，"全民阅读" 9 次被写入政府工作报告；2021 年，"深入推进全民阅读，建设'书香中国'"写入"十四五"规划和 2035 年远景目标纲要。在全民阅读的背景下，图书馆作为文化服务体系中的重要环节，有责任也有义务大力推广儿童阅读活动，使儿童从小热爱阅读，让阅读成为他们生活中不可或缺的一部分。

1　儿童阅读推广的意义

阅读是传承文明、积累知识、健全人格、修身养性的基本途径，它可以影响或决定一个人的志向、才智、品格等，也能帮助一个人树立正确的人生观、价值观。图书馆作为儿童阅读的主要阵地，在阅读推广中必须充分发挥自身的作用和价值。从小培养儿童的阅读习惯非常重要，热爱阅读的儿童更爱用脑思考问题，他们的思维会越来越开阔，知识会越来越丰富，处理问题的能力也会显著提升，在听、说、读、写方面的能力也会不断增强。所以当下儿童阅读推广已成为公共图书馆最核心的工作，图书馆通过阅读推广也实现了自身的发展。

2　我国儿童阅读现状

第十九次全国国民阅读调查结果显示，2021年全国阅读指数为70.62点，较2020年的70.45点提高了0.17点。从图书阅读率来看，2021年我国未成年人图书阅读率为83.9%，较2020年的83.4%提高了0.5个百分比；从图书阅读量来看，2021年我国0～17周岁未成年人的人均图书阅读量为10.93本，比2020年的10.71本增加了0.22本；从阅读时长来看，9～13周岁少年儿童平均每天的阅读时长均有所增长。尽管我国未成年人的人均阅读量和阅读时长在逐年增长，但仍然存在一定的问题。一是这一阶段的孩子，虽然他们热爱阅读，求知欲和探索欲也在不断地增强，但是他们的随意性也很强，大多没有明确的阅读计划，极易产生阅读困惑与障碍；二是儿童学习任务重，阅读时间不足。家庭和学校受应试教育的影响，导致学生的阅读时间减少，阅读兴趣逐渐淡化；三是儿童阅读的空间、环境狭窄。以大邑县图书馆为例，尽管近几年图书馆加大少儿书籍采购以及对阅读环境打造，但使用率仍不够。一方面是家长阅读意识淡薄，引导儿童阅读时间较少；另一方面是由于阅读没有立竿见影的效果，导致儿童阅读无法长期坚持。四是碎片化、快餐式阅读人群占比很大。随着新媒体技术的开发与利用，数字阅读已成为当下阅读的一种趋势，儿童的阅读受新媒体（在线阅读、电子借书机、APP等）影响呈现出碎片化、快餐式阅读的特点。五是近年来儿童阅读量虽然在不断增长，但人均阅读量与发达国家相比还相差甚远。所以我们要重视阅读推广，改善阅读现状。

3　大邑县图书馆儿童阅读推广现状

大邑县图书馆自2012年新馆投入使用以来，每年都会有针对性地制定儿童服务项目，让儿童在馆内外都能参与阅读活动。通过几年的努力，大邑县图书馆已成为大邑县儿童阅读活动的一个重要场所，受到广大读者的欢迎。

3.1　少儿暑期活动的开展

大邑县图书馆注重青少年服务工作，每年暑期都会开展“快乐暑假”青少年系列活动，活动在7—8月开展。图书馆会在前期通过微信、网站等进行多渠道宣传，每年吸引2000～3000人到馆参与活动。2021年暑期，图书馆以庆祝中国共产党成立100周年为契机，特举办了“永远跟党走”系列活动以及我爱读诗词、探索节气，触摸自然、益智思维训练等丰富多彩的儿童阅读推广活动。

3.2 馆校联合共同推进儿童阅读

大邑县图书馆注重阅读推广服务工作，不仅在馆内开展各种阅读推广活动，而且每年会与学校一起联合举办各种少儿征文大赛、诗词大赛、少儿故事演讲比赛等活动。通过与学校开展活动，让更多孩子走进图书馆，激发他们的阅读热情，扩大图书馆的影响力。

3.3 开展“我是小小志愿者”招募活动

近年来，图书馆每年会在假期到来之前，通过馆内宣传海报、微信、图书馆官方网站等平台发布招募“我是小小志愿者”活动信息，让青少年参与图书管理工作，培养他们的志愿服务意识，提升他们对图书馆服务功能的认识，营造“全民阅读·书香大邑”良好氛围。

2021 年受新冠疫情影响，大邑县图书馆创新服务形式，积极利用“互联网+”开启公共文化服务新模式，充分利用网站、微信及相关媒体平台开展了“二十四节气知识竞答”活动、“七夕故事”主题线上展览、“绘童心、绘梦想”等儿童阅读推广活动。将技术与阅读推广相结合，为全县读者提供了丰富的文化供给，并取得良好效益，为打赢疫情阻击战凝聚文化力量。

4 公共图书馆儿童阅读推广的发展路径

4.1 优化馆藏资源，注重硬件建设

公共图书馆是作为人们汲取知识的重要场所，馆藏资源配置十分重要，要想激发广大少年儿童的阅读激情，图书馆应优化馆藏配置，与时俱进、不断创新阅读推广方式，积极向上级争取资金，打造多元化的阅读空间，吸引更多读者走进图书馆、形成全民阅读的社会新风尚。

4.2 充分利用“互联网+技术”，创新阅读推广形式

随着社会信息技术的不断发展，传统纸质图书已经受到新媒体读书形式的挑战，儿童选择看书阅读的方式越来越呈现多元化的发展方向，图书馆作为儿童阅读的重要场所，应顺应时代发展，积极为儿童开辟更多更好的阅读形式，利用丰富的网络资源，创新阅读推广形式，通过移动终端 APP、微信、网络平台、微博等推送，创新知识传播体系，突破传统传播方式的时空局限。图书馆借助网络技术为儿童读者推广网络数字图书、畅销书单、提供必读书目等多维度智慧书单，从而有效促进儿

童阅读推广，提高图书馆的借阅率。

4.3 加强儿童阅读辅导

儿童时期的青少年基本出现好动、情绪不稳定、好奇心强、兴趣广泛等特征，所以在阅读的过程中很容易出现阅读目的不明确、阅读时间短暂等问题。为强化阅读辅导工作，引导少年儿童使用正确的阅读方法，大邑县图书馆主要使用以下方式：一是对不同年龄段的儿童开展阅读调查，根据他们的阅读爱好，组织他们感兴趣的阅读活动。二是针对学龄前的儿童开展亲子阅读、故事阅读与绘本阅读等活动激发他们的阅读兴趣；针对 6 ~ 12 岁的青少年主要开展征文比赛、诗词朗诵、好书推荐、名句猜书竞答等活动来吸引广大青少年走进图书馆、利用图书馆。三是根据儿童的阅读爱好制订科学的辅导计划，定期为他们推荐必读书目、设置阅读的课程、开展读书活动等，引导儿童选择适合自己的书籍，培养他们的阅读品位并逐渐形成良好的阅读习惯。四是教会儿童怎样使用正确的阅读方法，让他们通过阅读可以感受到语言文字的魅力，感受到文学的博大精深和蕴含的精髓。

5 结语

少年儿童是祖国的未来，民族的希望。作为人类知识宝库的公共图书馆应充分发挥教育功能，吸引更多的少年儿童利用图书馆。图书馆在阅读推广中，也要不断地总结和反思出现的问题，进一步挖掘儿童的新需求，探索儿童阅读推广的新方式和新对策，激发儿童的求知欲望，拓展图书馆社会教育功能。

参考文献

[1] 许阳. 图书馆少儿阅读推广的对策建议[J]. 科技资讯，2017（5）.
[2] 范并思. 论图书馆阅读推广的理论体系[J]. 图书馆建设，2018（4）53-56.

公共图书馆线上活动创新模式

李静

（龙泉驿区图书馆，四川成都，610100）

【摘　要】 智能化文化服务、数字文化服务、线上文化服务将成为图书馆提升公共文化服务效能的重要抓手。不断深度融合读者服务，加强线上文化活动开展，与城市阅读美空间联动发展，同步推进智能化线上服务，服务下沉至城市各大书店，为广大读者提供更加便捷的文化惠民服务成为公共图书馆活动开展的重要途径。本文以成都市龙泉驿区图书馆为例，重点对基层公共图书馆线上服务创新进行探讨。

【关键词】 公共图书馆；线上服务

1　公共图书馆线上活动开展现状

科技发展，特别是互联网延伸应用飞速发展背景下，各级公共图书馆、文化馆、博物馆等公共文化机构都在以独特的服务内容、服务方式通过网络各显其能。

各级公共图书馆不仅普遍增加了数字书刊在网上的投放数量，还针对居家生活的特点，精心策划设计吸引公众参与的阅读推广活动。如国家图书馆通过官网、APP等渠道，为读者提供中文、外文资源库以及馆藏特色资源库服务，涵盖图书、期刊、报纸、论文、古籍、音视频等多种类型数字资源，读者在线就可以读书看报、收看“国图公开课”、查阅科研资料。[1]

公共图书馆作为推广全民阅读的重要阵地，各地基层图书馆正充分依托互联网平台，运用现代数字化、智能化的手段，创新公共图书馆工作“线上模式”，助力公共文化工作高质量发展。

将原有的公共文化场馆服务项目实现线上拓展，打破时空壁垒，最大限度地满足读者多样化、“零接触”的公共文化服务需求，通过线上的方式开展读者服务和活动，让读者足不出户，宅家就可以参与获取电子图书资源、讲座直播、读书分享等活动。

笔者认为，公共图书馆应该兼顾线上线下活动，既能让能够参与线下活动的读者体验公共图书馆的线下服务，也能让读者通过线上活动体验公共图书馆服务。

2 公共图书馆线上活动服务分类

2.1 未成年人服务

公共图书馆作为公共文化服务的公共文化设施，应当向社会公众免费开放，收集、整理、保存文献信息并提供查询、借阅及相关服务，开展社会教育。未成年人作为祖国的后备力量，应该受到图书馆的重视；坚持文化自信，应当从青少年抓起。以成都市龙泉驿区图书馆为例，截至 2022 年 10 月 25 日，其共开展未成年人线上线下活动 100 余场。“森林公园少儿屋手工课堂”“森林公园少儿屋电影课堂”等系列线下活动受到了小朋友们的喜爱，“童话镇”“儿童线上绘本馆”等线上活动也同样牢牢吸引了他们的目光。

2022 年，成都市龙泉驿区图书馆以“4・23”世界读书日为契机，联合重庆市南岸区开展的 2022 年“以少年之我，担时代之责”“经典留声”少儿云上诵读大赛吸引了 2000 多名读者参与，让小朋友们在学习知识的同时也能在线参与图书馆线上活动。

2.2 特殊群体服务

公共图书馆应该为特殊群体读者提供专业服务员，以成都市龙泉驿区图书馆为例，图书馆在一楼条件便利位置为特殊群体（包括务工人员、老年人等）提供便利服务，包括主动搀扶、引导、查询、借阅等；将服务意识放在首位，加强对视障阅览区及报刊阅览区的环境维护以及制定活动现场管理规范，为特殊群体提供良好的阅览环境。面向留守儿童群体，开展各类亲子活动，为更多留守孩子提供高质量的陪伴，培养家长和孩子的亲子互动积极性，培养孩子的艺术鉴赏能力。截至 2022 年 10 月 25 日，成都市龙泉驿区图书馆共开展了特殊群体线上服务活动 60 余场，“年轮里”“驿线阅读”等线上活动，均是为老年人、留守儿童等提供的特殊群体服务。

2.3 阅读推广活动

公共图书馆在做好日常服务宣传推广工作的同时，要抓住重要时间节点，开展形式多样的主题活动；创新全民阅读推广模式，新增形式多样的线上阅读活动。以成都市龙泉驿区图书馆为例，其积极推进线上服务创新，进一步丰富疫情防控期间人民群众的精神文化生活，创新开展丰富多样的线上阅读推广活动。

截至 2022 年 10 月 25 日，成都市龙泉驿区图书馆共开展 100 余场线上线下阅读推广活动，“阅读大巴进万家”文化惠民服务、“爱成都·迎大运”“桃花吟·龙泉礼赞”阅读推广服务等线下活动，践行了公共图书馆“读者第一，服务至上”的宗旨，体现了公共图书馆阅读服务均等化、便捷化、公平化，响应了解决老百姓看书看报难的问题，也响应了解决公共文化服务惠民“最后一公里”的问题。将公共图书馆的服务及阅读推广触角延伸到全区每一个角落、每一个老百姓身边。

龙泉驿区图书馆陆续开展了“新语听书”“馆员荐书”“驿线阅读|宅家读书会”“东山微讲堂”等线上阅读推广活动，共有 1000 余人参与到活动中。

这些丰富的线上服务和活动构建了阅读体验分享的平台，营造了浓厚的阅读氛围，为全民阅读开辟新途径。

3 公共图书馆线上活动开展存在的问题

3.1 线上活动形式过于单一，内容不够丰富

图书馆提供的线上服务内容目前还处于摸索阶段，服务缺乏系统性和规范化，线上服务及线上的阅读推广实际效果还需经过时间检验。线上活动主要采用绘本阅读、书单推荐、讲座推送等方式，形式较为单一，内容不够丰富，不能广泛激发读者参与兴趣。

图书馆的线上服务基本上是通过智能终端实现的，对于青少年而言，容易让他们养成过于依赖电子设备习惯，不能尽美。

3.2 线上活动开展互动性不强，影响力不够

从公共图书馆目前的线上服务效果看，普遍存在与读者互动性不足的状况，缺少市民读者对线上服务的及时反馈，读者中一些个性化的需求和服务无法得到满足。

在活动开展影响力上，由于线上活动的局限性，公共图书馆不能通过活动提升图书馆的影响力，特别是书单推荐、线上绘本故事等线上阅读活动不能满足读者的个性化需求。现在电子阅读很方便，读者们有了更多的选择。

4 公共图书馆线上活动开展建议与对策

4.1 创新线上活动开展形式，丰富活动内容

公共图书馆开展线上活动，要创新服务手段，提升活动趣味性，才能吸引更多

的群众参与；引入更多的现代科技手段，提高线上服务的效率，让读者参更富有体验性。应增加读者的及时反馈，满足读者个性化、差异化的需求，可以以应用软件为手段，以数据库信息资源为利用对象，最大限度地满足读者的个性化需求，从读者角度出发，以换位思考的方法为读者着想，为读者提供最大便利。

4.2 增加线上活动互动性，提升线上活动影响力

公共图书馆想要增强线上活动互动性，提升线上活动影响力，可以通过加强与其他单位合作，有效扩大活动的影响力。以成都市龙泉驿区图书馆为例，为提升图书馆公共文化交流水平，增强公共文化机构之间的联系，整合各文化机构与其他社会机构的资源，在 2018—2021 年期间积极与文化馆、博物馆、美术馆、学校等公共文化机构协作，充分发挥共享优势，共联合举办了线上线下活动 26 场，以群众喜闻乐见的形式展演，满足了读者的多元化需求，惠及了各年龄段人群，促进了公共文化服务水平提升。

5 结语

公共图书馆作为搜集、整理、收藏图书资料以供人阅览、参考的机构，在公共文化服务中占据着举足轻重的地位。科技浪潮下，公共图书馆会更多开展数字文化服务，为公众提供线上文化资源服务。

在人民群众新的文化方向需求的促动下，图书馆业界有了新思考、新探索，推出了新服务，但也出现了一些新问题。图书馆在数字文化服务方面将投入更多力量，服务将从网站服务为主转向与多种新媒体平台相结合，逐渐努力形成新媒体文化服务矩阵，助力公共图书馆各项工作高质量发展。

线上服务也为图书馆全面正常开放后提供了有益的尝试与探索。提升公共图书馆的社会影响力，不断创新线上阅读推广活动的形式和内容，打造阅读新模式，充分保障广大市民读者的阅读权利，在坚守文化阵地的同时要找准目标定位，推动基层公共图书馆的服务不断升级。

参考文献

[1] 魏大威，廖永霞，柯平，等. 重大公共安全突发事件中图书馆应急服务专家笔谈[J]. 图书馆杂志，2020（3）：4-17.

探索区（市）县级公共图书馆线上阅读推广新模式
——以龙泉驿区图书馆为例

李娇

（龙泉驿区图书馆，四川成都，610100）

【摘　要】本文介绍了线上阅读推广服务的重要性和龙泉驿区图书馆线上阅读推广活动情况，从服务类型、活动组织方式两个方面重点分析了龙泉驿区图书馆线上活动的服务特色，探讨了在“互联网+”时代，区（市）县级公共图书馆如何实现线上阅读推广服务模式创新。

【关键词】阅读推广；线上活动；区县级公共图书馆；龙泉驿区图书馆

中国互联网络信息中心发布的第 50 次《中国互联网络发展状况统计报告》显示，截至 2022 年 6 月，我国网民规模达 10.51 亿，互联网普及率达 74.4%，人均每周上网时长为 29.5 个小时，使用手机上网的比例达 99.6%。[1]以互联网、手机为载体的线上阅读已经代替传统阅读方式成为主流阅读方式，而线上阅读又以短视频和阅读新闻为主，碎片化特征明显，“深阅读”行为占比低。对于公共图书馆来说，线上阅读推广活动有极大的读者需求空间。改变阅读推广活动方式和结构，持续开展线上活动必定成为未来公共图书馆进行阅读推广的常态。

1　龙泉驿区图书馆线上阅读推广活动概况

2021 年，龙泉驿区图书馆总馆及直属分馆全年到馆人数 136 397 人，数字图书馆资源访问量 76 852 次，数字资源下载量为 320 586 篇次，网站访问量达 103 894 人次，微信公众号关注人数 5869 人，举办阅读推广活动 260 场，线上线下讲座 56 场，线上线下各类展览 42 场。从以上数据分析来看，利用线上数字资源已经成为龙泉驿区辖区读者阅读的主要方式，线上阅读推广活动常态化开展势在必行。

1.1 创新线上阅读推广服务类型

龙泉驿区图书馆结合自身优势，整合馆藏数字资源，从未成年人服务、老年人服务、知识科普、传统文化等角度出发，持续开展形式多样、内容新颖的线上阅读推广活动，主要包括以下服务类型：

（1）讲座直播。龙泉驿区图书馆借助微信公众平台，联合超星图书馆开展“东山微讲堂”线上品牌活动，通过讲座直播的方式，打破了传统讲座受到时空限制的问题，向读者讲述中国传统文化、宣传法律知识等。

（2）线上展览。在线展览解决了传统线下展览的区域和资源限制，具有效率高、受众广等优点。因此，龙泉驿区图书馆定期开展特色主题线上展览活动，例如，驿展 online ——腊八节民俗文化展、驿展 online 中国制造 筑梦未来——大国重器背后的创新科技展、驿展 online 把酒赏菊倍思亲——重阳节文化民俗展等。

（3）有声阅读。随着互联网的发展，有声读物成为国民阅读新的增长点，龙泉驿区图书馆重点打造了“新语听书”“童话镇”等线上品牌活动。

（4）线上征集。龙泉驿区图书馆开展了“喜迎虎岁——‘福’字征集大赛”、“你读书 我买单”线上图书荐购活动等线上征集活动。“你读书 我买单”线上图书荐购活动具体操作流程如下：读者登录龙泉驿区图书馆官网（http：//www.lqclib.cn/）或龙泉驿区图书馆微信公众号参加读者荐购活动，从 2022 年各大出版社书目清单中挑选出荐购的书籍信息（ISBN、书号、出版社、作者、价格）发送至指定邮箱，活动结束后由工作人员统一收集读者意见，作为新书采购依据。线上征集活动实现了网络环境下读者从阅读资源的接受者向阅读资源创作者、参与者的角色转变，一定程度上调动了读者的积极性。

（5）线上答题。注重过程的娱乐性和参与感已经成为大众最重视的阅读体验之一。[2]龙泉驿区图书馆紧跟当下社会、文化、生活热点，开展了“喜迎二十大·强国复兴有我”党史知识答题、庆祝中国共产党建党 101 周年答题竞猜活动、政府采购法颁布 20 周年知识竞赛等线上答题活动。

（6）知识科普。龙泉驿区图书馆针对老年人服务群体常态化开展“年轮里”线上知识科普活动，对日常生活中的健康问题以及保健知识进行推广普及；针对成年人服务群体开展“美好生活·民法典相伴”线上法律知识宣传活动，重点介绍民法典婚姻家庭知识；针对未成年人服务群体重点打造“森林公园少儿屋”品牌活动，以图文并茂的形式传递科学小知识。

（7）短视频展示。短视频已经成为主要的传播方式，能够较好地满足读者碎片化的阅读需求。针对未成年人服务群体特性，龙泉驿区图书馆在微信公众平台及抖音开展“儿童线上绘本馆”活动，通过短视频的方式讲述一个又一个生动有趣的绘本故事。

（8）阅读打卡。亲子阅读，是让广大读者以书为媒，以阅读为纽带，让孩子和家长共同分享多种形式的阅读方式。龙泉驿区图书馆充分利用打卡小程序，倡导亲子共读，以上传阅读1分钟视频的方式进行阅读打卡，让孩子体会阅读的乐趣，感受文字的魅力，同时也能带给孩子欢喜、智慧、希望、勇气、热情和信心。

同时，列举了龙泉驿区图书馆部分线上活动，详见表1。

表1　2022年1月龙泉驿区图书馆线上活动概览

线上活动名称	活动时间	活动类型
童话镇 No66《绿色的塞罕坝》	2022年1月1日	有声阅读
新语听书 ——2021年度最受读者喜爱有声书排行榜（少儿版）	2022年1月2日	有声阅读
东山微讲堂 春节特辑 ——又是一年春联红	2022年1月5日	讲座直播
驿展 online ——腊八节民俗文化展	2022年1月10日	线上展览
东山微讲堂 春节特辑——“对对子”的知识和趣味	2022年1月12日	讲座直播
年轮里——老人护脑可试试六类食物	2022年1月12日	知识科普
馆员荐书——陆拾玖期《追赶花朵》	2022年1月12日	有声阅读
图书馆采编工作	2022年1月12日	短视频介绍
新语听书——古诗词里过“小年”	2022年1月17日	有声阅读
东山微讲堂 春节特辑——乌丙安：我们的年与节	2022年1月19日	讲座直播
龙泉驿区图书馆“喜迎虎岁——‘福’字征集大赛”	2022年1月24日	线上征集
童话镇——No.67《酌取月光》	2022年1月26日	有声阅读
年轮里——老年人接种新冠疫苗注意事项及接种清单	2022年1月26日	知识科普
馆员荐书——柒拾期《我与地坛》	2022年1月26日	有声阅读
东山微讲堂 春节特辑——春节：中国人最高的仪式感	2022年1月26日	讲座直播
美好生活 民法典相伴——民法典婚姻家庭编（三）	2022年1月26日	知识科普

1.2 探索线上活动组织合作新模式

龙泉驿区图书馆充分发挥自身优势，探索“图书馆+”融合发展，提倡跨界合作，同时征集志愿者参与公共服务，提能增效。龙泉驿区图书馆活动组织实施方式主要包括以下类型：

（1）采取馆员独立策划，自主实施的方式。龙泉驿区图书馆打造的特色线上品牌活动“童话镇”系列活动由馆员独立策划实施，通过馆员小何老师讲述绘本故事，将故事以音频的形式展示给小朋友，目前该系列活动已经开展了 76 期。同时，馆员还自主策划了线上荐书活动，以音频+图文介绍的方式，向读者推荐好书，传递知识，目前馆员荐书活动已经开展了 80 期。

（2）采取馆员主导，志愿者协作的合作方式。龙泉驿区图书馆招募暑期“义务小馆员”，志愿者配合馆员开展线上服务活动。

（3）采取跨界合作推进“图书馆+深度融合发展”的方式。国家鼓励社会力量参与公共图书馆建设。龙泉驿区图书馆除了利用自身资源优势独立开展各种线上活动外，还积极寻求与社会各行各业进行合作，通过优势互补与政府部门、社会组织、企事业单位等联动发展，拓展读者群体、提升服务效能，扩大服务效益、增强社会影响力。比如，与云图数字有声图书馆共同开展“见字如面，展信舒颜——革命家书诵读”主题朗诵活动，与超星读书联合打造“儿童线上绘本馆——图书馆红色主题绘本分享”活动等。

（4）采取充分发挥图书馆联盟的优势，联合其他图书馆协作开展线上活动的方式。当今图书馆联盟的合作范围已经从传统的文献实物共享拓展到图书馆全方位的专业领域和最新现代化服务手段。[3]龙泉驿区图书馆借助图书馆联盟，积极开展各种线上活动，比如，“领读者”——方言诵经典，采用四川省公共图书馆网络+全民诵读活动的叠加模式，将地方方言与“经典诵读”推广相结合，赋予全民阅读新形式，展现地方文化内涵；龙泉驿区图书馆联合重庆市南岸区图书馆共同举办 2022 年第十九届“经典留声”少儿云上诵读大赛，该活动采用线上征集的方式，参赛者通过上传个人录制的朗诵视频即可参赛，本次大赛共收集到 545 份作品，成效显著。

2 区（市）县级公共图书馆如何打造线上活动新模式的思考

2.1 重视馆员综合能力提升，打造一支专业化多媒体运营队伍

随着 5G 时代的到来，人工智能与图书馆业务紧密结合，新时代赋予图书馆员

的角色是多重的，这就要求图书馆员必须具备更高的综合素质能力，适应时代发展。建立专业化运营团队，实施精细化线上活动策划，是公共图书馆未来发展趋势。专业化的多媒体运营队伍善于在理解活动方案基础上深度挖掘信息，使活动内容的原创性和品质性得到保障。[4]区（市）县级公共图书馆应该调整馆员结构，可通过招聘专业人才、培训学习相关课程等手段建立一支专业队伍。

2.2 多管齐下，扩大多媒体平台，覆盖多平台用户

大多数区（市）县级公共图书馆开展线上活动，都是以微信公众平台为依托的，但是随着互联网的发展，像抖音、小红书、微博等其他社交软件也拥有庞大的用户群体，因此，公共图书馆应该结合时下最流行的使用频率最高的网络平台，利用这些平台的影响力和传播力，建立多媒体平台之间的关联，充分调动读者积极参与全民阅读活动，利用碎片化时间，引导读者由“浅阅读”到“深阅读”，由“线上阅读”到“线下阅读”。

2.3 鼓励社会力量参与图书馆建设，加强与企业事单位合作

区（市）县级图书馆由于经费有限、人员有限，线上活动开展受到一定程度限制；加强与企事业单位合作，深度融合，取长补短，有利于线上阅读推广服务的开展。比如，与学校合作，扩大活动受众人员；与新闻媒体合作，及时宣传活动的内容及成效，提高社会影响力；与医院合作，宣传科学健康知识，提高公信力。

3 结语

在互联网的冲击下，公共图书馆传统线下阅读活动面临巨大的挑战，如何抓住读者阅读兴趣，利用互联网不受时间控制、不受地域限制、低成本、高互动、受众广的特点，利用公共图书馆自身资源优势以及结合阅读服务，丰富活动主题，创新活动形式，打造互动性强、用户黏性强的线上阅读推广新模式，积极应对外部环境变化，及时转变服务理念，实现图书馆服务的转型升级，是以后的主要研究方向。

参考文献

[1] 第 50 次《中国互联网络发展状况统计报告》[EB/OL]. http：//cnnic.cn/n4/2022/ 0916/c38-10594.html/，2022-08-31.

[2] 吴瑛. 新媒体环境下大众阅读的现状、困境及对策[J]. 图书情报工作，2017（5）：115-119.

[3] 陈锋. 图书馆联盟：公共图书馆事业建设的方向——对厦门市公共图书馆事业整体建设的思考[C]. 福建省图书馆学会2006年学术年会论文集. 福州：福建省图书馆学会，2006：20.

[4] 周高琴. 高校官方微博的发展现状及改进对策研究——基于15家人气高校官方微博的调查分析[J]. 嘉应学院学报（哲学社会科学），2015（7）：88.

双减政策下图书馆丰富中小学生课余文化生活作用浅析

郑燕

（金牛区图书馆，四川成都，610000）

【摘　要】“双减政策”施行后，青少年的课余时间增多。图书馆应结合自身优势，为丰富中小学生的课余文化生活、构建书香社会做出更大努力。本文调查分析了当前青少年的阅读现状、存在的问题，对图书馆利用自身优势发挥作用提出了建议与策略。

【关键词】图书馆；中小学课余文化

1　背景

2021 年 7 月 24 日，中共中央办公厅、国务院办公厅印发《关于进一步减轻义务教育阶段学生作业负担和校外培训负担的意见》,要求解决义务教育阶段学生过重作业负担和校外培训负担、家庭教育支出和家长相应精力负担，促进学生全面发展、健康成长（俗称“双减政策”)。双减政策的出台，引发社会各方面的热议。在《中华人民共和国国民经济和社会发展第十四个五年规划和 2035 年远景目标纲要》中也提到要完善青少年理想信念教育齐抓共管机制。在此新要求下，作为公共文化体系主要组成部分的图书馆应结合自身优势，为丰富中小学生的课余文化生活，构建书香社会做出更大的努力。

2　青少年阅读现状

为了解当前青少年的阅读现状，随机发放了 50 份调查问卷。调查者年龄为 6 ~ 24 岁，对他们的阅读的态度、兴趣、时量、内容、习惯、方式方法等多方面进行了解。

2.1　阅读兴趣

通过调查发现，有 68%的青少年选择了喜欢阅读或比较喜欢。对一本书产生兴趣的原因分析如图 1 所示。

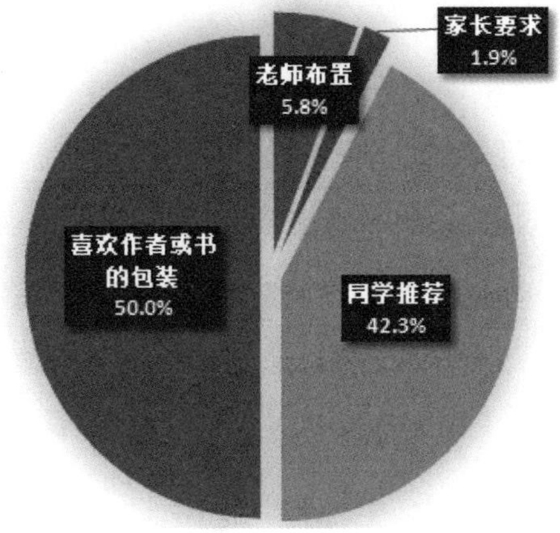

图 1　青少年对一本书产生兴趣的原因

在所调查的青少年中，觉得影响课外阅读最大的障碍是功课太多。认为阅读对自己的成长帮助很大的占 64%；有些帮助的占 36%；没有一名青少年认为阅读对自己的成长没有帮助。

2.2　阅读类型

在对青少年读什么样的书的调查中发现，他们喜欢阅读的是文学故事类，以文字为主，配一些图画的书籍。在最近阅读的书籍调查中，选择学习辅导书仅次于文学故事类，脑筋急转弯或儿童漫画之类的娱乐书也占了较大的比例。

2.3　阅读态度

被调查者中 86%选择读课外书时认真阅读，看完一本书后能说出大部分内容的有 87.5%，只能说出一点的有 12.5%。

2.4　阅读时间、环境

68.8%的调查者每天没有相对固定的读书时间。每天阅读时间为半小时以内的占 37.5%，半小时至 1 小时的有 43.8%，1 小时以上的有 18.7%。父母经常督促进行课外阅读的占 20.6%，偶尔提醒的占 41.3%，从来不管的占 39.1%。在对家人是否阅读书报的调查中，选择经常阅读的占 26.5%，有时阅读的占 55.9%，从不阅读的占 17.6%。

3 现状分析

3.1 有较强的阅读意愿，阅读兴趣广泛

从调查的结果来看，尽管调查者普遍反映课业繁忙、学习压力大、缺少读书氛围，但是读书的愿望依然强烈，阅读的兴趣广泛。他们最近阅读的书籍包括学习辅导书、文学故事类、科普军事类、娱乐书还有其他报刊类。多数调查者选择了几类书籍，反映出青少年对各类知识涉猎的愿望、兴趣的多样与易转变性。

3.2 阅读氛围不够，影响青少年阅读

在调查中发现小学阶段的孩子，由于老师对阅读作业的布置、家长的督促，阅读的时间是明显多于初、高中学生。家中父母有读书看报习惯的青少年普遍喜欢读书。“双减”实行后，学生课余的时间增多，但是阅读的时间并没有较大增加，每天阅读量如图 2 所示。

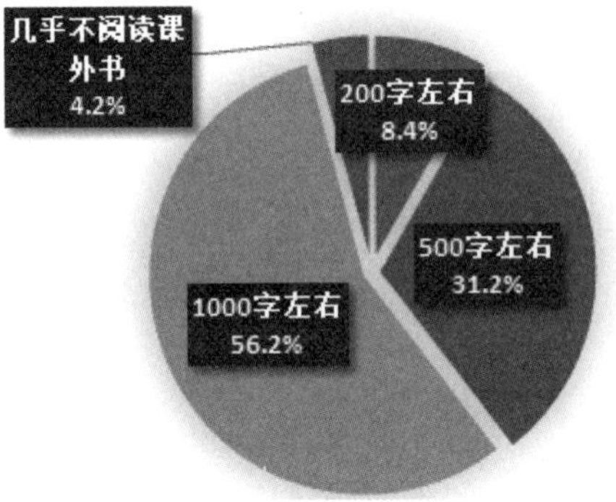

图 2 “双减”实行后，学生每日阅读量

有的青少年还明确表示可看的书太少、不喜欢读书、不读书也没有什么影响。

3.3 阅读类型广泛，需正确引领

从调查中发现青少年涉猎的书籍范围广、类型多，同学推荐、书的包装是他们选择阅读的主要原因。青少年阅读的随意性大，对网络流行、影视剧原著、休闲类作品选择较多。对世界名著、经典书籍选择较少。读书缺乏个性、缺乏主见，跟风阅读现象严重。

3.4 读书的方法、策略有待改善

在调查中发现遇到不认识的字或不懂的问题时，查工具书的仅有 56.6%。部分青少年缺乏追问的精神，看书大多浏览，不求甚解。阅读时，有部分孩子只挑选有趣的地方读，看完就完了，不愿意与人交流，即使交流也只能说出一点主要意思。

4 “双减”政策下，图书馆作用的发挥

4.1 提升阅读品质

“倡导全民阅读，建设书香社会”已被写入政府工作报告。青少年是构建书香社会中重要的一环。信息时代背景下，对青少年正确阅读行为的引导和推广，能有效提高其阅读水平，探索行之有效的阅读模式对推进全民阅读至关重要。

4.1.1 购置优质书籍

图书馆要结合自身特点，有针对性地选购高品质的书籍。一方面充分征求读者建议，多渠道了解其阅读需求，做好图书的荐购工作；另一方面选购经典的、积极向上的、能引人思考的、给人力量的书籍。书籍采购人要具有极大的责任心。

4.1.2 开展好书推介活动

好的书籍能引人思索，帮助人们树立正确的三观。当前网络书籍极度繁荣，良莠不齐；纸质书籍的品质也参差不齐，对青少年的影响较大。图书馆应具有阅读的导向功能，线下与线上进行好书推荐，引领青少年进行精品阅读。阅读推广需要有辨识、有态度，让更多好书抵达读者，让深阅读更受欢迎。好书推介的形式可多种多样，如利用网站、公众号对好书进行推荐；利用馆内展示台进行推荐；利用馆外橱窗张贴海报进行宣传；邀请作者进馆宣讲等。

4.1.3 专家植入

专家、社会名人因其较高的专业水平，具有较强的社会感召力，利用他们的影响力，往往能起到事半功倍的效果。公共图书馆可邀请社会各界人士为全民阅读出谋划策、担任阅读推广主讲人。

4.2 形式多样的阅读

当今社会人们越来越多依赖手机，除去必要的交流，用手机玩游戏、听歌、看视频的人数不断激增。让青少年从电子产品中解放出来，通过大量的阅读，积累知

识，丰富阅历、提升修养，让青少年感受到阅读的乐趣，对传统的阅读模式进行改变十分必要。

（1）采用游戏化等方式增加阅读的趣味性，调动少年儿童的阅读热情。在阅读活动中调动多种感官参与，可极大地提高少年儿童的读书热情。如在绘本阅读活动中，采取角色扮演、绘画、诵读等形式。

（2）通过监督机制和奖励机制，确保阅读活动的效果。成都市某区县图书馆在2021年度推出了“阅读护照”。通过阅读图书、参与阅读活动和志愿者服务等方式，读者可以在护照上获得相应数量的图章。图章达到规定数量，还可以换取相应的奖品。此种方式的使用，帮助孩子和家庭有计划地阅读、激发他们的成就感，同时学会分享。

4.3 信息化参与

随着互联网的快速发展，人们不必再和过去一样依赖某个固定的场所或载体才能查阅资料、获得信息，利用网络查找资料的趋势已形成，图书馆必须变革，在馆内建立信息化体系，为阅读推广助力。

4.3.1 建立数字资源库

建立自己的网站、微信公众号，定期更新线上图书馆的内容，不断充实电子书籍，满足读者需求。将各类活动摄像、录频，放入网站或公众号中，既保存了资料又便于查找。

4.3.2 开启线上微课

特殊情况下图书馆需要采取限流甚至取消线下活动时，可利用公众号、微信群开办线上微课，既可提高关注度，也可使读者受益。某区县图书馆利用线上活动开展阅读指导，一段时间后，读者录制朗读视频在线上评选，优胜者进行线下展演，极大提升了读者阅读热情。

4.4 举办公益培训

现代社会，图书馆成为继续教育、终身教育的基地，担负了更多的教育职能。各类公益培训的举办能较好地丰富青少年的课余生活、开拓其眼界、提升其能力。公益培训的方式也是多样的，可以是针对幼儿的绘本阅读，也可以是针对青少年的技能培训，还可以是针对更多人群的阅读指导。依托图书馆丰富的馆藏资源，利用馆内的设施设备，营造全民阅读氛围，扩大图书馆的社会影响，增大图书馆的社会效益。

5 结语

思想家博尔赫斯曾说“天堂应该是图书馆的模样”。充分发挥图书馆的作用，以更加开放的、包容的态度做好图书馆的服务，转变观念，才能发挥图书馆在和谐社会中的积极作用。

公共图书馆与实体书店的协作发展

殷吉微

（武侯区图书馆，四川成都，610000）

【摘　要】 近年来，群众对文化的需求日新月异，公共图书馆作为文化传播、全民阅读推广的重要阵地，也在不断创新方式，例如与实体书店合作探索更多的服务模式与途径。虽然两者本质上有较大的差异，但通过求同存异，互相借力，最终实现了资源互补，共同发展，达到了“1+1>2”的服务效果，扩大了服务范围和服务人群，有效推动了馆店融合发展。

【关键词】 公共图书馆；创新模式；资源互补；馆店融合

1　背景及意义

公共图书馆与实体书店，两者之间到底是竞争关系还是协作发展关系？本文主要就公共图书馆与实体书店两者的主体性质、合作情况进行梳理并举例分析，探究两者究竟是利益冲突的竞争关系还是和谐相处共同发展的互助与协作关系。

2　公共图书馆与实体书店发展的现状

2.1　主体性质分析

公共图书馆与实体书店本质上为两个完全不同类型的主体。公共图书馆是由政府全额拨款的纯公益性的公共文化事业单位，向社会公众免费开放，收集、整理、保存文献信息并提供查询、借阅等相关服务，开展社会教育的公共文化设施；实体书店就是实实在在卖书的商店，随着计算机网络等行业的发展，商店也分成网店和实体店多种形式，如方所、新华文轩、钟书阁、西西弗、言几又等实体店，以及阿里巴巴、天猫、京东、当当等网店，无论实体书店还是网店，它们主要都是以卖书营利为目的，与公共图书馆的公益性有着本质的区别。

2.2 合作的方式

2.2.1 基础合作方式

文献资源合作。传统环境下公共图书馆为充分发挥文化阵地职能，为群众提供优质的阅读服务，必须不断丰富馆藏文献资源，最重要的渠道就是通过实体书店采购图书，由实体书商提供编目、加工等服务，最终实现群众免费借阅。尤其是《建设书香成都发展实体书店三年行动计划》提出 2022 年建成“中国书香第一城”，公共图书馆年图书采购量也在不断提升，其主要采购渠道依然是实体书店。对于实体书店而言，销售图书是运营的主要目的，公共图书馆这类稳定且需求量大的购买主体便是它们完成销售业绩的重要渠道之一。

从本质上讲就是公共图书馆需要向实体书店采购图书以丰富馆藏资源，为实体书店带来了利润；而实体书店利用其专业、成熟的团队为公共图书馆提供专业的图书供应、编目加工等服务，同时实体书店在供货需求庞大的情况下可与各大出版社合作，以较优惠的价格或更快的速度获取最新图书，减少经营成本，增强核心竞争力。

2.2.2 深化合作方式

好书、新书推荐。现在公共图书馆基本都设有各种类型、各种主题的图书展示专区，主要用于新出图书、新到图书、各大阅读榜单、经典图书的宣传、展示、推广，以引领读者阅读。多数公共图书馆采取与实体书店合作，借助实体书店的销售数据统计及各大阅读榜单分析，为公共图书馆提供好书、新书、经典图书书目清单，定期更新，作为公共图书馆各展示专区图书建设、维护更新的主要参考依据。通过公共图书馆设立的各种展示专区，群众也可以快速便捷地找到相应主题图书，无形中提升了阅读体验感；对于借阅量大的图书，公共图书馆会加大采购力度；部分读者也会去实体书店自购“热销”或特别喜欢的图书以作珍藏。既能让公共图书馆文献建设更加科学合理符合群众的阅读“口味”，又能侧面推广图书，实现对实体书店的引流。

2.2.3 创新合作开展阅读活动

公共图书馆与实体书店两者为更好地完成各自职责、提升服务效能，在资源合作基础之上，双方也在不断创新，探索出一些新的合作渠道与方式，如联合开展阅读活动。

公共图书馆的阵地职能优势可以为实体书店提供一般企业无法提供的政府平台，提升实体书店的口碑和美誉度；同时，公共图书馆也希望借助实体书店的资源优势开展一些有名气、有社会效应、受群众喜爱、群众参与度高的活动，以提升公共图书馆自身的社会服务效能与知名度。以下为列举的部分案例，举例说明公共图书馆与实体书店合作开展阅读活动的情况及取得的良好效果。

一是天府书展阅读活动。2019 年那一次可谓“行业盛会”和“阅读嘉年华”，填补了中国西部地区大型书展的空白[1]；2020 年天府书展的圆满举办，让天府书展成为全国四大书展品牌之一，至今已成功举办了三届。2021 年天府书展是由中宣部印刷发行局、中共四川省委宣传部、成都市人民政府指导，四川新华出版发行集团有限公司主办，新华文轩出版传媒股份有限公司承办的，共有 20 余家出版单位参与书展活动，参展的图书近 2 万种，8 万余册。并且 2021 年天府书展尝试在全国全省公共图书馆设置分展场，让活动形式更加丰富多样，比如在乐山市图书馆、成都市武侯区图书馆等地开展“你选书，我买单”，落地“读读书吧”快闪店，读者可以在快闪店挑选图书，现场办理注册手续完成登记后将书带走，阅读完毕归还至公共图书馆，由公共图书馆进行“买单”，真正体现了“你选书，我买单”，真正实现了书店与公共图书馆的融合办展。这为读者提供了更加便捷、丰富的图书借阅甚至是“选购”体验，同时快闪店落地到公共图书馆也达到了为公共图书馆引流的效果。天府书展活动的成功举办，得到了读者的一致好评，也受到各类媒体的广泛宣传。

二是“你选书，我买单”活动。传统模式下公共图书馆都是“图书馆买什么、读者看什么”的服务模式，既缺乏创新性，又存在馆藏资源建设的单一性，买的书读者也不一定喜欢。“你选书，我买单”活动的初衷就是利用实体书店的优势，创新工作方式，建立新的合作机制和方式，以读者阅读需求为导向，让读者做主到实体书店选购图书，由图书馆买单，既方便了读者选书，又科学合理地丰富了图书馆的馆藏资源建设。真正将“图书馆买什么、读者看什么”的服务模式转变成了“读者想看什么，图书馆就什么”的服务模式，是公共图书馆阅读服务的拓展和延伸；同时，读者也可以更好地参与到公共图书馆的文献采访中来，直接向公共图书馆荐购图书，表达其阅读需求，极大地提高了公共图书馆采访文献的精准性以及馆藏文献的利用率。目前全国各地图书馆均有公共图书馆与实体书店合作开展“你选书，我买单”活动，其活动开展的效果与社会反响均相当不错。

3 公共图书馆与实体书店协作发展的可发性

3.1 有效推进馆店融合发展

创新发展“图书馆+”模式，是推进当代公共图书馆文旅融合的重要举措[2]，创新发展“图书馆+书店”的馆店融合发展更是未来的发展趋势。公共图书馆与实体书店是阅读服务和阅读推广的两翼，缺一不可。例如公共图书馆创新推出的“你选书，我买单”服务，便是“图书馆+书店”服务的有效印证，能有效将公共图书馆的公益性阅读与实体书店有偿性销售两种“竞争”关系进行融合、缓解，让“竞争”关系转变成合作关系，真正意义上实现了“1+1>2”的服务效果。

对公共图书馆来说，借助实体书店可以更加快捷地得到更具时效性的好书、新书，有效减轻了采选图书的复杂流程和工作量；并且读者通过实体书店选购的图书都是当下比较受欢迎的，这也解决了传统采购模式下公共图书馆图书采购的单一性，使图书的借阅率、利用率得到了有效提升；同时，对于在实体书店选书的群众而言，通过参加“你选书，我买单”活动可以实现不花钱将新书带回家，让原本在实体书店“购书”的群众现场转化成公共图书馆的读者，实现了读者引流，建立了额外获得读者的渠道和方式。

对于实体书店而言，公共图书馆的自有读者因为参加“你选书，我买单”活动也会到各实体书店选购图书，在实体书店能选到自己喜欢的图书并免费带走，去的人自然会越来越多，无形中也为实体书店引流了，并且有效增加了实体书店的潜在消费力。

3.2 实现精准、个性化服务

实体书店面向政府、企事业单位、个体等提供精准服务，他们会针对不同消费群体进行精准分析，并提供个性化的服务方案，比如结合时事政治、热门话题、新书出版情况、畅销类图书统计分析等有针对性地拟定推荐书目清单。对于公共图书馆而言时事政治、热门话题、新书出版情况、畅销类图书等都是文献建设的重点和难点，必须要掌握一手资料才能科学合理地进行文献建设规划和执行，实体书店的前期调研分析为公共图书馆提供了有效的参考依据，能有效提升文献资源建设的精准化、个性化。

3.3 资源互补实现双赢

公共图书馆是由政府出资的公益性文化事业单位，具有政府资源优势：一是有政策背景支持，二是社会层面的公信力度高，三是资金保障力度大。因此各实体书店也将与公共图书馆合作作为重要目标之一，希望借助政府平台打响自身品牌的知名度，发展更多更优质的潜在购买力。

实体书店因经营所需一般都组建有专业的团队，从出版社的选择、图书的采选、编目加工、图书上架、活动开展、师资力量、阅读分析等方面为客户提供有针对性的服务。例如他们会针对公共图书馆提供新书挑选、活动举办等个性化性服务，一是与各出版社合作确保能第一时间获取到最新、最受欢迎、最优质的新书；二是与各知名作者或讲师合作，开展各类阅读推广活动。对于公共图书馆而言，有了这类成熟且经验丰富的专业团队，能省掉很多中间繁琐复杂的工作流程，省时又省力。

两者的有效合作，既能实现资源互补，达到双赢的目的，又能有效补充（扩充）本地资源，真正体现了馆店融合发展。

综上所述，从各地公共图书馆与实体书店的合作现状来看，整体合作效果都很好，社会关注度与参与度也不错。不难看出通过各种方式的合作，各自都能获取到自己的需求，实现多赢。

参考文献

[1] 陈泓宇. 聚焦 2021 天府书展 | 以阅读之名逐梦书香天府[N]. 四川日报，2021-10-15.

[2] 韩晔，胡娟，阴宇轩. 公共图书馆文旅融合实践与模式研究[J]. 图书馆，2020（2）.

公共图书馆线上活动的创新策略研究
——以成都市武侯区图书馆为例

郑慧琳

（武侯区图书馆，四川成都，610000）

【摘　要】 公共图书馆线上阅读推广活动是促进全民阅读的重要途径之一。本文采用网络调研与数据分析结合的方法，以成都市武侯区图书馆开展线上活动的信息为例，从活动类别、项目内容、发布频率等方面展开调研分析，在此基础上提出公共图书馆线上活动的创新策略：紧跟“热点”、传递有用且有趣的信息、深化活动品牌，长期创新服务、构建新媒体矩阵，注重用户运营、充分利用平台数据功能，建立效果评估。

【关键词】 线上活动；创新服务；新媒体；公共图书馆

1　公共图书馆开展线上活动的意义

1.1　线上活动开展的必要性

中国互联网络信息中心（CNNIC）发布的第 50 次《中国互联网络发展状况统计报告》显示，截至 2022 年 6 月，我国网民规模为 10.51 亿，互联网普及率达 74.4%。随着互联网普及率的逐年提升，各类新媒体平台、新技术蓬勃发展，公共图书馆应适应大数据时代，通过改革创新、积极谋划、主动作为，加快推进各项线上活动的管理、服务与大数据的深度融合，才能使图书馆不被时代所抛弃。

1.2　明确图书馆线上活动的概念

公共图书馆开展的线上阅读活动，是指依托于网络平台发布活动信息，募集读者进行线上互动，发挥公共图书馆在全民阅读中的积极推广作用。图书馆通过创新线上活动，用亲切活泼、赏心悦目的文字、图片、音乐、视频等，使读者产生新的阅读体验，提升读者的阅读热情，使其养成良好的阅读习惯，拓宽读者的知识面。

1.3　线上活动创新服务的概念及方式

公共图书馆传统的线上读者服务活动多拘泥于文献资源发布、讲座展览发布等信息服务形式，与读者缺乏互动性，难以增加“粉丝黏性”。图书馆的线上活动创新服务是指迎合时代发展，改变传统的线上服务模式，用新思想、新技术创新公共图书馆线上活动模式，深化图书馆活动品牌。

2　公共图书馆开展线上活动情况调查（以成都市武侯区图书馆为例）

2.1　数据来源与调查方式

笔者在微信公众号、微博、抖音中对成都市武侯区图书馆线上活动进行搜索，收集统计 2022 年 1 月—10 月 7 日图书馆线上活动的类别和开展情况。统计发现，武侯区图书馆对外发布线上、线下活动预告、征集主要通过官方微信公众号进行，这足以说明微信公众平台已经成为图书馆开展阅读推广工作的重要手段。

2.2　武侯区图书馆线上活动统计

武侯区图书馆微信公众号发布阅读推广信息频率一般为周一、周三、周五偶尔周六周日。根据调查，线上活动大致分为以下五个板块：

（1）线上征集活动。重大传统节日期间图书馆所开展的各种线上征集活动，诸如朗诵视频征集、清明节手抄报征集、短视频征集、照片征集。

（2）线上互动。典型的如线上投票、线上留言、线上制作爱国头像、线上小游戏等互动。

（3）线上打卡。图书馆读书打卡、阅读习惯打卡等阅读打卡活动。

（4）线上答题。这是常用的线上活动，一般包括知识竞赛、趣味竞赛、趣味游园答题等各类答题活动。

（5）线上展览。相较于传统展览，线上展览的亮点是更具灵活性。

除了发布线上活动，图书馆微信公众平台主要用于线下活动报名、场馆开放信息的发布。通过统计发现，线下活动报名、线下活动回顾等阅读推广信息推送占信息推送总量的 70%以上，其余为其他服务信息和线上活动信息。笔者根据数据统计发现，武侯区图书馆 2022 年 1 月—10 月 7 日发布线上活动共 30 个，将线上活动分为线上互动（投票、制作头像）、线上征集、线上答题、线上打卡、线上展览五个类别，再分别统计其发布数量及线上读者参与人数得出图 1、图 2 所示情况。

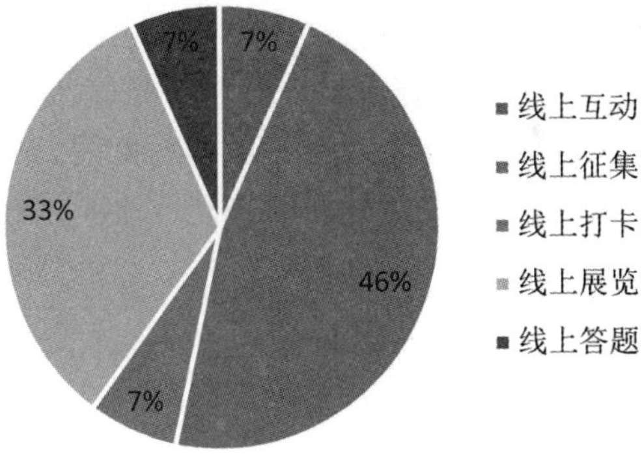

图 1　线上活动发布数

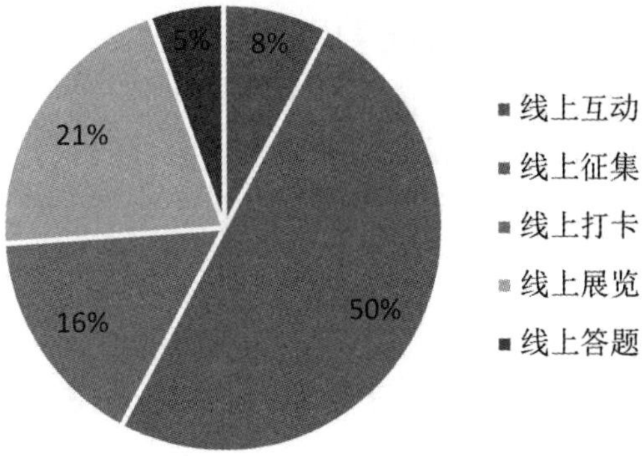

图 2　线上活动阅读数

3　公共图书馆开展线上活动存在的问题

3.1　没有厘清线上活动与线上资源的区别

从图 1、图 2 还可以看出，线上展览发布数量为 33%，但实际阅读数量仅 21%，从中可以看出读者对线上展览的兴趣不大，对线上阅读打卡的兴趣更大。这说明单一的线上资源发布对读者的吸引力更弱，阅读习惯养成类、作品展示类的线上打卡、征集活动更受欢迎。针对该种现状，图书馆应该厘清线上资源与线上活动的区别，将深度的知识服务体现出来，从线上展览来看，应建立互动体验，从而提供读者感兴趣的信息，满足读者的个性化需求。

3.2　线上活动内容形式单一

目前，各个公共图书馆开展的线上活动大多可看作是信息资源服务的简单推送，吸睛力较差，无法满足读者个性化需求，提供精准服务。公共图书馆开展线上活动理念和模式较为传统，只是依托现有数字资源平台，缺少自己策划创新的主题征文，有奖趣味竞猜等体验感、互动性强能让读者获得深层交流的活动。线上服务还停留在满足读者基本阅读需求的基础上，无法精准根据读者的个性化需求，有针对性地智能推送数字化资源。这就需要我们在现有服务的基础上，充分挖掘读者的阅读习惯，深度挖掘他们的喜好，为读者提供个性化的信息资源。

3.3 线上活动缺乏新媒体矩阵宣传

从武侯区图书馆的情况来看，微信公众号线上活动发布时间与活动开始时间间隔过短，未关注公众号的读者不能及时参与线上活动，由此可以看出，线上活动缺乏前期宣传与新媒体矩阵运营。根据文献调查发现，大部分区县级图书馆都创建了“两微一抖”（微信、微博、抖音），但在线上活动的运营发布中，缺少统筹与宣传，难以触及真正的目标群体。公共图书馆是为广大市民提供阅读服务的公共机构，因此新媒体平台也要找准定位，为读者提供实际、温馨的服务，从而提高关注度，培养读者好感度。

4 公共图书馆线上活动的创新策略

4.1 紧跟“热点”，传递有用且有趣的信息

从武侯区图书馆公众号推文阅读数量趋势来看，有趣的“热点”对人们的吸引力较大。如 2022 年夏天流行的“刘畊宏女孩”，通过“热点”打造顺应时势的创新互动活动。创新的核心在于原创，将传统文化与时下“热点”结合，建立一个有趣且有意义的阅读体验活动。譬如上海图书馆在 2022 年开展的“走进普鲁斯特的世界”阅读分享沙龙，借用 2022 年是普鲁斯特逝世 100 周年暨《追忆似水年华》这一热点，截至目前播放量累计达到 2000 人次。

4.2 深化活动品牌，长期创新服务

为满足广大读者线上阅读需求，武侯区图书馆创建了“云阅读”“好书品荐”两大线上品牌栏目。服务品牌不仅是区隔同类服务的名称和符号，更是在读者心中建立的认知优势。目前，读者对这两大品牌仅停留在认识层面，需要思考如何深化活动品牌，进一步通过“云阅读”栏目下“我有一本书”、“你选书我买单”等活动喜欢上“云阅读”品牌。建立线上活动品牌需要根据读者类型与阅读偏好进行定位，树立鲜明的品牌调性，如“云阅读”就要突出“云”的特点，使读者利用好碎片化时间进行阅读，吸引读者持续关注。同时，线下活动品牌也需要线上推广宣传，且提供长期且稳定的创新服务，有头有尾，及时总结并呈现活动成果，避免无声息地消失。

4.3 构建新媒体矩阵，注重用户运营

新媒体是区别于传统媒体（电视、广播）利用数字技术，通过计算机网络等渠

道，向用户提供信息和服务的传播形态。对于公共图书馆而言，新媒体矩阵的构建与宣传至关重要，大多数公共图书馆已经运营了微信公众号、微博、抖音、视频号、微信社群、微博粉丝群等平台。构建新媒体矩阵需要注意：

（1）加强多面互动，提升读者活跃度。对读者留言和意见积极反馈和回应，精选优质留言，鼓励读者参与互动。

（2）面向线上读者定期开展活动，如转评抽奖、评选优秀读者、作品征集、话题参与等，邀请更多读者参与实时互动。

（3）建立线上读者社群。加强社群运营，增强用户黏性。

（4）加强与社会机构合作。提升品牌运营能力，从多面呈现多彩、丰富、科技、开放的现代公共图书馆形象。

4.4 充分利用平台数据功能，建立效果评估

活动结束后对活动的效果评估是进步的关键，利用线上活动的阅读数量、点击率、参与度等评估标准不仅可以发现读者的共同点，还可以分析读者对线上活动种类的偏好度，以确定后期开展线上活动的方向。

目前武侯区图书馆开展线下活动大致从未成年人、特殊群体、普通读者等类别，根据目标读者的特征规划活动内容、形式和流程，预测活动效果，线上活动的群体区分较为模糊。因此建立参与线上活动读者数据库尤为重要，可为线上活动的开展提供导向，提高线上活动的价值，减少或消除那些低于用户期望的线上活动。

5 结语

如今线上活动的研究与创新迫在眉睫，公共图书馆应进一步发挥自身优势，迎合时代发展，优化传统的线上服务模式；积极利用网络平台开展图书馆线上阅读推广工作，不断创新图书馆线上活动的手段和方式，为广大市民传递“图书馆是一个集温暖与智慧的大家庭”的理念。

参考文献

[1] 张材鸿. 后疫情时代的公共图书馆创新服务模式探析[J]. 四川图书馆学报，2022（2）.

[2] 王一先. 图书馆信息化线上活动的创新策略研究——以长春市少年儿童图书馆为例[J]. 长春市少年儿童图书馆文化月刊，2022（8）.

[3] 蒋露娟. 基于传播学原理的公共图书馆数字阅读推广活动策划——以广西

壮族自治区图书馆为例[J]. 河南图书馆学刊，2020（3）.

[4] 曹艳红. 新媒体时代公共图书馆全民阅读推广对策研究[J]. 文化创新比较研究，2022（11）.

[5] 陶丽珍. 后疫情时代公共图书馆未成年人线上活动服务研究——基于对美国纽约公共图书馆的调查与启示[J]. 晋图学刊，2021（4）.

公共图书馆与实体书店融合发展服务模式探索

邹彦

（武侯区图书馆，四川成都，610000）

【摘　要】 图书馆是传统意义上服务全民阅览的重要机构，与实体书店融合发展渐成趋势，是时代衍生的新生现象。文章从馆店融合的视角出发，探讨了实体书店和图书馆如何利用自身优势，实现资源互补，融合发展的合作模式，为公众力量参与文化服务体系建设的研究提供建议。

【关键词】 馆店融合；公共图书馆；实体书店；城市阅读空间

1　引言

推广全民阅读已成为社会主义文化强国建设的重要举措。作为文化传播基地的图书馆和书店，一个是以借阅为主，非营利性质的公益性机构，一个是以售卖为主，营利为目的的商业性机构，但都以图书为载体，读者为服务对象，担负着弘扬文化、传承文明、促进人类社会发展的重大使命。面对互联网、电子图书、有声读物等新业态构成的数字出版的冲击，作为文化传承的阅读空间，公共图书馆与实体书店正在面临巨大的挑战。

2　馆店合作的背景

图书馆和书店是城市的文化名片、读者的精神家园、全民阅读中心，长久以来它们各自为政，拥有各自的目标群体。图书馆以其丰富的馆藏图书、公益性的借阅方式及为读者提供安静的自习场所吸引了大批读者，书店则在新书的及时性和多元化配套服务方面占据优势。随着科学技术与信息化时代的到来，人们阅读书籍、获取知识的方式已趋向多元化，实体书店在网上书店以及电子阅读的挤压下，面临进店率、销售额等诸多问题，经营状况每况愈下。作为免费开放公益性质的图书馆，虽然文献资源由政府买单，但服务范围有限，资源发挥不充分，难以满足大多数读者的阅读需求，新书采编、加工、上架周期长，图书借阅率不够理想，由于公益性质无法满足当今读者休闲、娱乐、餐饮等多元化的需求。在这种情况下，公共图书馆与书店如何利用各自的优势，变竞争为合作，开展互利互惠的合作尤为重要。

3 馆店合作模式探究

3.1 图书馆、书店“借”“卖”一体化模式

馆店融合，首先就是在空间上互相融合，在融合方式上分为两种。第一种是“书店+图书馆”模式，将图书馆开到书店，读者可以在书店享受到图书馆的免费借阅服务。公共图书馆传统的“采、藏、借”模式大大延迟了新书到馆的时间，采购的图书很难满足读者个性化、及时性的需求，图书馆通过与书店合作，通过“你选书，我买单”读者荐购图书的创新服务模式，很好地解决了这一问题。读者可以按照图书馆的藏书规则、购书范围和借阅制度等，到合作书店挑选需要的图书，书店将图书录入到图书馆开放式采购系统，免费为读者办理借阅手续，读者阅读后按期将借阅的图书归还到图书馆，所借图书便成为图书馆藏书。这种创新服务模式在图书馆与读者之间架起了一座个性化的桥梁,极大地保证了读者能在第一时间阅读到新书。另外，图书馆根据读者的需求选书，得到的是丰富时效性新书，提高了图书馆藏书借阅率和多样性；书店也提升了图书销售份额，保障了盈利，重新焕发了活力。武侯区图书馆自 2017 年开展“你选书 · 我买单”活动以来，每年从馆藏图书采购经费中分配专项资金，用于读者在书店免费借阅图书的二次采购。每年有上千名读者通过该活动荐购图书，满足了读者及时性和个性化的阅读需求，提高了市民的阅读热情，掀起了一股全民阅读的热潮，获得了广大读者的认可与好评。

馆店融合的另一个合作模式是“图书馆+书店”，利用图书馆场地，把书店开到图书馆，让图书馆实现了“既能看书，也能买书”功能的互通，馆中有店，店中有馆，互利互补。2017 年，四川省图书馆与新华文轩书店启动了“图书馆书店”的全新人文服务模式，共建四川省图书馆“文轩读读书吧”，开启了图书馆与书店“馆店融合”的新篇章，读者无须往返书店和图书馆，即可一站式满足借书和买书需求，实现了借书、卖书、看书三位一体化，让馆店互通成为现实。读者在阅读和借阅的过程中，深切体会到“图书馆的书是可以卖的，书店的书是可以借的”的全新感受，打破了人们对传统书店和图书馆的固有认知，为读者带来全新的购书体验。书店的多元业态为图书馆提供了更加齐全的功能支持，给读者带来了全新的购书体验，营造了全民阅读的良好氛围，取得了良好的社会效应和经济效益，实现了公共图书馆、实体书店和读者之间的互利共赢。

3.2 馆店合力共同推广全民阅读活动

在大多数时间里，书店和图书馆是推广全民阅读活动的重要战场，随着人们生活水平的提高，读者不仅需要线上快捷、优质的服务，还需要线下场景式、沉浸式的体验。近年来，各级公共图书馆以阅读空间为阵地，通过展开形形色色的阅读推广活动以及各种知识讲座和阅读分享会、故事会、亲子读书会，送书进社区、进军营、进学校等，向读者推荐优秀的图书，引导读者有目的地阅读，拉近了图书馆与读者之间的距离，扩大了图书馆的影响力，促进了全民阅读的发展，为广大群众提供了丰富的精神食粮。书店经常举办各种沙龙、论坛、名人讲座、作家分享会等阅读文化活动，以及儿童夏令营、儿童阅读体验活动、“小小护书员”儿童社会实践活动、读书分享活动，提高青少年的阅读兴趣，营造良好的读书氛围。馆店双方利用自身优势资源，共同开展丰富多彩的阅读活动，将各自的学者作家和阅读空间等资源进行共享。书店将名家讲座、作家签售、图书展览、读者沙龙、阅读分享等系列阅读推广活动带到图书馆，共同打造活动品牌，搭建作者、专家学者、文化名人与读者沟通交流的平台，文化交流分享的场所，让读者感受到极其丰富的文化享受，这不仅给图书馆和书店树立了新的服务形象，而且还为城市提升了几分文化内涵和文化品位。由新华文轩主办的“天府书展”就是馆店融合发展的一次成功尝试，书展除了设立图书主会场，还将全省实体书店和公共图书馆作为分会场，共同开展一年一次的文化盛宴。2021 年，武侯区图书馆作为天府书展分会场之一，联同新华文轩书店共同开展了“你选书 我买单”“读读书吧”快闪店、“作家阅读分享会”“我是小小图书管理员”等形式多样的馆店融合阅读推广活动。书店在图书馆搭建书展展台，上架最新的好书、新书，为读者免费办理借阅新书手续；图书馆组织忠实读者到书展主会场参观，学习使用图书采集器，体验现场采书活动；书店邀请作家毛岸羲到馆内举办《山海岁时记》阅读分享会，吸引了众多大小朋友的积极参与；图书馆组织小读者到书店参与“小小护书员”体验活动，孩子们通过自己的“护书”行为，深深体会到爱书、护书、读书是一个多么重要的好习惯。这场阅读嘉年华也得到了社会各界的高度认可，不仅推动了全民阅读的积极性，还为建设书香城市提供了助力。

3.3 城市阅读空间彰显城市文化特色

近年来，一种由政府主导、社会力量参与，公共图书馆与传统实体书店联合打造的新型“城市阅读空间”在全国各地掀起了一股热潮。这种由政府主导，引入社会资本，集合社会力量，以便民惠民为根本目标，将书店打造成公共阅读的第二空间，既是市民休闲阅读的好去处，更是展示城市文化形象的一扇窗口。公共图书馆将藏书流转到这些具有鲜明特色、强适用性的公共阅读空间，并不定期进行更换，市民仅需身份证或社保卡就能免费借阅图书，全市所有公共图书馆的图书都能在这里通借通还，给读者提供了在家门口就能享受到的高质量阅读和便捷的借还服务，极大地提升了阅读幸福感，推动了15分钟阅读圈的建设。所谓传统书店，即一个单纯售卖图书的场所，经过融合创新打造，升级成了集阅读、展览、讲座、休闲等多重功能为一体的文化空间，公共图书馆与传统被书店完美结合，深层次地满足了群众的阅读需求以及对高品质精神文化的需求，彰显了城市书香文化特色。

成都现有城市阅读空间400余个，同时还打造了一批蕴含天府文化特色的馆店融合项目“城市阅读美空间”，为广大市民读者提供了一个融汇阅读、生活、美学等多元化的文化公共服务空间体系平台。截至目前，已有方所、言几又、文轩BOOKS、几何书店、钟书阁等49处城市阅读美空间。相较于城市阅读空间把重点放在空间美学设计上，每一个阅读美空间都有其独一无二的艺术设计和美学场景，把读者的阅读体验感和舒适感作为首要目标，追求品质阅读，给人以愉悦的精神盛宴。这些不断兴起的城市阅读空间遍布城市的街道社区、大街小巷，呈现出一道独属于成都的文化风景和艺术氛围。通过“城市阅读空间”，公共图书馆延伸扩展了阅读服务，使图书馆形态更加多样化，利用资源进行优势互补，扩大了服务范围和服务对象，为图书馆进行有益补充，同时也促进了书店提升服务的多样性与综合性，极大地激发了读者走进书店参与阅读的热情，化身为主流文化新阵地。

4 馆店合作运营方式的成效和意义

4.1 创新服务模式，提升读者满意度

馆店融合使读者成为最大的受益者。随着信息技术的飞速发展，读者对自身知识面的拓展也愈发渴望。相较于传统图书馆模式下的书籍借阅服务，将其与多种元素结合后，则更能吸引读者，收获高满意度。通过与当地书店、文化场所深入合作，发展并建设城市阅读空间，同时积极提升图书馆多元化的综合服务能力，以服务读者为导向，以读者的需求为主导，以读者的满意度来衡量，把优秀的图书、文化活动第一时间送到读者手中。一方面，通过提供多元化阅读服务，能节约图书馆采书和读者借书的成本，并可以通过借书数据了解不同读者的阅读需求，从而做出更有针对性的阅读活动；另一方面，通过不断创新并提供个性化的图书服务模式，搭建书籍与读者之间的互动交流平台，可以让读者享受到更便捷、更受用的个性化阅读服务，提高读者满意度的同时也能最大限度地满足不同读者的阅读需求，逐渐演变为读者在哪里，服务就在哪里的创新型模式，惠及更多民众。

4.2 馆店协同合作，提升公共文化服务效能

当前公共文化服务效能不高的主要原因有：供给主体单一，提供的产品和服务主要方式是由政府主导，缺乏社会力量参与；公共文化服务供给不均衡，城乡差距明显；公共文化服务供给不充分，不能满足群众多元化的文化需求。公共图书馆既是公共文化服务的重要阵地，又是全民阅读能够迅速推广的关键，它通过与书店合作，增加了服务人群，缩短了服务半径，让公共阅读服务走出图书馆，走近群众，不断满足群众个性化、多样化的阅读文化需要和文化需求，实现公共文化服务的精准化供给。集文创、沙龙、图书、展览为一体的文化空间，逐步在适应市场和服务群众的过程中形成。这对适应变化中的公共文化服务模式，提升公共文化服务效能，努力向智慧型、创新型图书馆转型，加速构建适应于时代发展、突显城市风貌以及满足市民内心文化需求的现代公共文化服务体系有着举足轻重的作用。它通过互相协作的运营方式，实现读者、图书馆和社会组织的多方共赢。

4.3 弘扬书香文化，创造良好的社会效益

图书馆联合书店，将公益的图书馆与营利的书店融为一体，携手为读者提供更优质服务的同时，为图书馆带来更多的读者，为书店创造了盈利，获得了很好的社会效益和经济效益，这就是推动全民阅读、打造书香社会所带来的促进作用。通过举办各种社会公益活动，发挥出图书馆的知识传播、社会教育、文化传承的重要作用，取得了显著的社会效益，赢得了社会的广泛认同。加强社会化协作，利用社会力量提高公共文化服务的能力，充分进行优势互补。图书馆更加高效地完善了图书馆的馆藏体系、提升了服务效能；书店在获得社会效益的同时，得到政府政策支持和经费扶持，减少运营成本，获取更大的经济效益。二者有机结合，互为促进，促进公共文化服务建设，引导构建全民阅读的良好习惯，营造终身学习的文化氛围，为建设书香城市助力。

5 结语

为应对广大人民群众日益增长的文化感知及知识汲取的需求，推进公共图书馆与线下实体书店的有效协同及互利发展将是大势所趋，更是适应时代发展的重要需求，构建良好的全民阅读氛围、引导市民养成良好的阅读习惯，弘扬书香文化，促进公共图书馆与实体书店健康、有序的发展将是本次研究和倡议的终极目标。相信以馆店合作的创新服务模式，将为图书馆更好发挥品牌服务建设，引领阅读服务，为引入社会力量参与公共文化服务的改革与创新发挥巨大的作用。未来的馆店融合

还有更多合作创新服模式值得我们去探索。

参考文献

[1] 韩冰,杨晓菲. 公共图书馆与实体书店跨界合作模式比较研究[J]. 图书馆工作与研究，2017（4）.

[2] 张婷."图书馆+"背景下馆店协同运营新模式——以南京图书馆"陶风采"服务为例[J]. 新世纪图书馆，2017（10）.

[3] 徐力. 文旅融合下的馆店合作服务探索[J]. 传播力研究，2020（14）.

[4] 王子舟. 我国公共阅读空间的兴起与发展[J]. 图书情报知识，2017（2）.

[5] 余碧媛. 公共图书馆与实体书店合作新模式[J]. 卷宗，2018（27）.

《家庭教育促进法》与图书馆家庭阅读推广之浅见
——以崇州市图书馆家庭阅读推广为例

吴娟娟

（崇州市图书馆，四川成都，611230）

【摘　要】 在大力推进全民阅读，建设书香社会的背景下，家庭阅读发挥着非常重要的作用。如果把家庭阅读作为家庭的必需项目，加大阅读的投入，那么无数书香家庭就汇聚成了书香社会。[1]家庭阅读推广势在必行。特别是《中华人民共和国家庭教育促进法》（以下简称《家庭教育促进法》）于 2022 年 1 月颁布实施以后，公共图书馆如何开展家庭阅读推广已成为一项值得关注和深入研究的重要课题。现以崇州市图书馆近年来的家庭阅读推广活动为例，重点介绍家庭阅读推广现状，开展家庭阅读推广活动等措施，分析家庭阅读推广需求，进而对家庭阅读的推广发展策略进行探讨。

【关键词】 家庭教育；家庭阅读；阅读推广；需求；策略

1　家庭教育的意义

一个人的成就，很大程度上取决于幼年的教育。家庭教育、学校教育、社会教育对孩子的成长教育有着非常重要的主导作用，三者缺一不可。而家庭教育是一切教育的基础，作为家庭教育的主体，孩子的第一任老师，父母（监护人）在家庭教育肩负着多重身份。在日常生活中的个人品德，文化知识和生活经验都会潜移默化地影响孩子，所以应该重视家庭教育，父母应当将家庭教育放在首要位置。在《家庭教育促进法》第一章总则中，第二条就明确指出了家庭教育是父母或其他监护人在道德品质、身体素质、生活技能、文化修养、行为习惯等方面的培养、引导和影响，以促进未成年人的全面健康成长。[2]由此可见，孩子从小养成阅读习惯，与家庭教育密不可分。

1.1 家庭阅读的重要性

阅读不仅是由内而外的改变，更是方方面面的提升。在家庭中，父母如果热爱读书，孩子对读书的兴趣就更容易培养。家庭阅读不仅是为增进亲子之间的亲密度，家长更有责任给孩子创造一个和谐、平等、安宁的家庭阅读环境，使孩子有良好的阅读行为习惯和思维方式。

1.2 家庭阅读的困境

社会经济的发展越来越好，富养孩子也被越来越多的家庭所追捧，父母在给予孩子高质量的物质生活外，往往忽略了精神生活的富养。缺乏沟通交流，忽视孩子的精神需求，家庭教育认知存在不足，从而对家庭阅读了解匮乏。

1.2.1 环境因素

家庭阅读时，氛围和环境很重要。有些家庭既没有家庭书房，书籍也不多。无法在硬件上满足家庭阅读氛围和环境。

1.2.2 父母因素

有些父母不注重家庭教育，导致对家庭阅读的不重视。有些父母阅读功利心强，对孩子的读书方式、读书习惯没有正确的引导。有的家庭看书没有目的性、没有计划性，看书的项目也缺乏针对性。一些家庭缺乏家庭教育观念，对陪伴孩子读书毫无概念。上述种种因素导致家庭阅读效果不理想。

1.2.3 孩子因素

一是孩子从小没有养成良好的阅读行为习惯，没有阅读兴趣。二是课内学业压力大，功课多，阅读时间少。三是有些孩子贪玩，不愿意认认真真地读书。

2 图书馆家庭阅读推广工作的重要性

2022 年 1 月颁布实施的《家庭教育促进法》第四章社会协同中，第四十六条指出了公共文化服务机构和爱国主义教育基地，如图书馆、博物馆、文化馆、纪念馆、美术馆、科技馆、体育场馆、青少年宫、儿童活动中心等，每年都要开展经常性的公益性家庭教育宣传、家庭教育指导服务和实践活动，开发家庭教育公共文化服务产品。[2]这标志着公共图书馆在家庭阅读推广中担负着不可推卸的社会责任，公共图书馆要为实现全民阅读的真正意义目标，充分发挥家庭阅读推广、构建书香家庭和谐社会的基本功能。

3 崇州市图书馆家庭阅读推广的现状

3.1 “颢颖老师亲读园”活动

从“耕读传家”的传统家庭阅读文化中不难看出，一个家庭是否有良好的阅读氛围，父母往往发挥着不可替代的作用。[1]早在 2017 年，崇州市图书馆打造了以家庭为对象的家庭亲子阅读活动——“颢颖老师亲读园”。活动邀请了儿童阅读推广人、亲子阅读指导师陈颢颖为主讲老师，参与对象为 3 ~ 6 岁的幼儿家庭，主要为初步接触绘本亲子阅读的家庭提供了良好的阅读示范。截至 2021 年，已开展 141 期，参与家庭近百组。

3.2 “与图书馆一起共读一本好书”活动

要推进家庭阅读，父母的教育素养主导并贯穿整个家庭教育。2021 年 5 月，崇州市图书馆与社会培训机构洋葱核父母训练营共同举办公益读书会，开展了“与图书馆一起共读一本好书”系列活动。活动主旨是将有效与孩子沟通的技巧传授给家长，让家庭氛围更加愉悦。活动由专业的指导老师带领家长读者一起共读每一本好书，拆解关键内容，指导实践应用，以面对面体验方式更深入地学习吃透一本书，提升父母在家庭教育中的良性陪伴。目前，该项活动开展了 18 期，精读了 4 本图书：《在远远的背后带领》《非暴力沟通》《P.E.T.父母效能训练》《唤醒孩子的自律》。其中，《在远远的背后带领》这本书汇集了作者安心老师从事十多年家庭教育工作的精华，深入剖析与孩子进行有效沟通本质，从不越界、不评判、负责任、无伤害、一致性、自我调整等六个角度，通过日常的故事展现最好的模式与孩子交流。[3]让家长读者在阅读中受益，了解因为爱，学会在远远的背后有效的陪伴。“成人读童书”活动的目的在于协助家长为孩子阅读提供指导，让家长成为孩子阅读起点的有效陪伴者，助力把孩子培养成终生阅读者。

3.3 中在俱乐部

中在俱乐部，是 2022 年 10 月由崇州市图书馆与社会培训机构崇州市圆梦文化艺术培训学校共同组建的一个主要引导未成年人阅读的公益项目。活动参与对象以家庭为主，该项目是新组建启动，目前只开展了两期，分别是绘本导读和经典诵读。绘本导读主要通过老师的导读、提问、情景体验及现场互动，让家长和孩子一起深度了解绘本。经典诵读是通过老师带领参与家庭诵读《论语》，并一起学习秦汉、明代、唐代的礼仪手势，了解中华传统文化，从中学习知明理、懂礼数、辨是非。后续还会以丰富多样的形式探索家庭阅读的乐趣。

4　崇州市图书馆家庭阅读推广面临的需求

从家庭阅读推广活动的现状来看，崇州市图书馆的家庭阅读推广工作得到了广大家长读者的肯定。但家庭阅读推广未建立长效机制，还存在广度、深度和人才上的不足。

4.1　推广家庭阅读长效机制的需求

图书馆界同样注重推进阅读推广的制度化建设。[1]家庭阅读推广活动尚未形成规模，缺乏多样化，未建立长效家庭阅读推广机制，持续影响力不强，无法长效持久地影响家庭阅读推广。

4.2　推广家庭阅读广度的需求

因大众受教育水平的逐年提升，读者的眼界逐渐开阔，思维方式更为活跃，对家庭阅读的个性化水平要求也有所提升。读者在满足“互联网+”环境下，基于互联网技术体系，丰富线上服务，仍待完善。

4.3　推广家庭阅读深度的需求

崇州市图书馆实行总、分馆服务模式以来，整体联动性不高，下沉基层推广家庭阅读活动的深度还有待提升。

4.4　推广家庭阅读专业人才的需求

崇州市图书馆人员编制局限导致年龄结构老化，专业化程度普遍较低，.不能满足深层次业务开展，专业技能有待提升。因此存在对家庭阅读专业的专业型志愿者的需求。

5　图书馆家庭阅读推广发展的对策与建议

5.1　优化推广资源配置，建立长效机制

健全和完善更具有操作性，稳定性和连续性的长效机制，促进家庭阅读活动有序开展，树立品牌形象。在信息爆炸的时代条件下，人们需要掌握阅读的方法与技巧，提取有用信息，提高阅读效率，提升阅读体验。[1] 图书馆除开展线下家庭阅读指导培训外，还可通过微信公众号、微博等媒体应用在线上定期推送家庭阅读专题辅导，提供家庭阅读交流平台，定期开展阅读成果展示等，也可通过收集借阅平台数据统计、读者需求反馈，精选有声读物定期进行线上推送，从而突破线下参与人数的限制、空间的大小、具体时间的长短。

5.2　增进跨界合作

加强与社会合作，图书馆可与社会培训机构、书店、社区物业服务活动中心、旅游场所等机构合作，资源共享、优势互补，共建家庭阅读推广空间，满足多元化社会格局中读者个性化阅读需求。图书馆提供文化资源，社会培训机构等提供专业阅读指导师和阅读实体环境，促进家庭阅读向社会各个角落渗透，走进除家庭、图书馆以外的多维度阅读体验。加强总馆与分馆的联动，推广向公共文化服务“最后一公里”延伸的可复制品牌，真正实现全覆盖。

5.3　提升馆员素质，扩充专业型人才队伍

提升馆员素质是做好各项服务工作的保证，在知识经济快速发展的时代，对于一名馆员来说也是非常必要和重要的。图书馆馆员应不断学习掌握阅读推广相关知识，不仅了解儿童阅读推广、家庭阅读推广所涉及的专业知识，还应将学习的知识运用到工作中。同时，招募专业型志愿者扩充家庭阅读推广队伍。

5.4　增强对家庭阅读的指导

图书馆要利用专业优势，开设阅读辅导培训，范围更广、要求更严，以内容为导向。吉姆·崔利斯的《朗读手册》、南美英的《会阅读的孩子更成功》、阿尔维托·曼古埃尔的《阅读史》等都应该是父母必读的教材，不仅要让所有父母了解阅读的重要性，还要掌握指导的知识和技巧。[4]不仅如此，图书馆还可通过“亲子共读”“儿童心理专家讲座”“家长沙龙”等形式丰富的活动，针对不同年龄段儿童的心理和生

理特点及学习能力，激发儿童阅读习惯和阅读兴趣，同时推广有效的家庭阅读方法。间接影响儿童的早期阅读，是通过对父母的阅读指导（包括阅读资源、阅读时间、阅读方式与方法的指导），[5]通过开展阅读示范活动，帮助父母对亲子阅读指导策略的掌握，促使父母对阅读理论和阅读指导方法有一定的实际操作能力。

6 结语

少年强则国强，少年智则国家智。家庭阅读对于家庭和个人的发展至关重要。《家庭教育促进法》的颁布和实施，标志在法治实施的轨道上图书馆推广家庭教育有法可依。图书馆不仅应该充分履行社会教育职能，还应该充分发挥好对家庭阅读的引导作用，积极采取一些有效措施，挖掘广大读者新需求、探索家庭阅读新方式，推广社会阅读新经验，制定全民阅读新对策，打造自身特色新品牌，为家庭教育提供大力支持和帮助，实现阅读可持续发展的态势，从而努力构建和开创“促进全民阅读，建设书香社会”的新局面。

参考文献

[1] 王余光，霍瑞娟，张岩，等. 图书馆家庭阅读推广[M]. 北京：朝华出版社，2017.

[2] 中华人民共和国家庭教育促进法[EB/OL]. http://www.gov.cn/xinwen/2021-10/23 content_5644501.htm，2021-10-23.

[3] 安心. 在远远的背后带领[M]. 北京：北京联合出版公司，2018.

[4] 唐红. 公共图书馆家庭阅读推广的问题及对策[J]. 图书馆学刊，2015（9）.

[5] 卢娅，张丽. “聚焦家庭”服务模式的实践与探索[J]. 图书馆杂志，2022（6）.

PART FIVE

公共图书馆数字化建设及媒体推广

基于TAM模型的成都地区公共图书馆数字资源体系建设*

王舒可

（成都图书馆，四川成都，61000）

【摘　要】 数字资源是公共图书馆馆藏资源的重要组成部分，提升数字资源的用户满意度，是公共图书馆提供优质服务的关键。本文以成都图书馆为例，基于技术接受模型（TAM）构建本文评估模型，通过线上问卷的方式取得295份样本，使用结构方程对假设进行检验。分析结果显示，内容体验对用户满意度影响最大，其次是知识效用，服务体验、系统体验，在此基础上对成都地区公共图书馆数字资源服务建设提供发展对策。

【关键词】 公共图书馆；数字资源服务；用户满意度；影响因素

引言

公共图书馆作为公益性的文化机构，在提供传统的纸质图书服务基础上，数字资源服务也越来越成为公共图书馆馆藏发展的重点。信息技术时代为数字资源建设提供了良好的发展环境。国际图书馆协会和机构联合会（IFLA）对电子资源的定义是：通过互动或非互动的模式在计算机上使用的信息，包括需要利用计算机以外设备使用的各种信息，并且包含了电子数据和程序的结合，能够处理各种电子资源，包括电子期刊、电子图书、电子全文数据库、电子索引、电子摘要、电子化的参考数据库、视听材料等。[1]秉着用户至上的理念，数字资源服务的用户满意度成为公共图书馆数字资源服务发展的关键评价指标。本文以成都图书馆为例，以技术接受模型为基础构建影响公共图书馆数字资源服务用户满意度的指标体系，量化影响因素，合理分配和购买馆藏数字资源，提升用户满意度，建立特色馆藏数字资源服务体系，推动公共图书馆的现代化发展。

* 本文系成都市哲学社会科学规划项目“大数据时代成都地区公共图书馆藏书体系研究”（项目编号：YY0920210206）研究成果之一。

1 理论模型与研究假设

技术接受模型（TAM）是 Davis（1989）提出的：在理性行为理论的基础上进行修正，主要用来评估一项新的行为模式。[2]感知有用性与感知易用性是 TAM 的两个核心变量。本文以此为依据构建公共图书馆数字资源服务用户满意度调查模型，将感知有用性划分为内容体验，知识效用，服务体验；感知易用性细化为系统体验，并作出假设，***H*1**：内容体验，***H*2**：知识效用，***H*3**：服务体验，***H*4**：系统体验对公共图书馆数字资源服务用户满意度有正向影响。

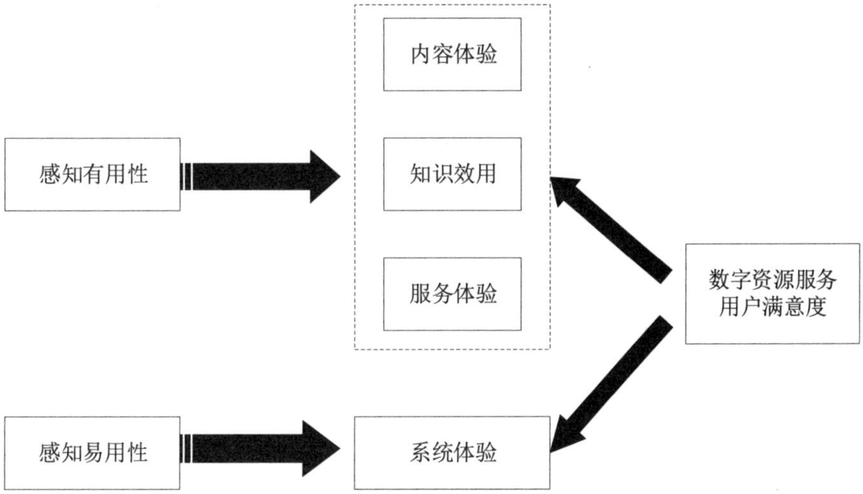

图 1　假设模型

2 研究方法

在研究总结相关文献的基础上，结合成都图书馆数字资源服务用户使用情况设计调查问卷，对影响数字资源服务用户满意度的相关指标进行量化分析。问卷主要由两部分构成，第一部分是读者性别、年龄、使用数字资源的状态等基础资料项。被调查读者中，男性 132 人，占 44.7%；女性 163 人，占 55.3%。18 岁以下 52 人，占 17.6%；18～25 岁 75 人，占 25.4%；26～30 岁 74 人，占 25.1%；31～35 岁 37 人，占 12.5%；36 岁以上 57 人，占 19.3%。从未使用过数字资源的 89 人，占 30.1%；正在使用并且持续使用的 92 人，占 31.1%；听说过并且考虑使用的 89 人，占 30.1%；使用过但现在很少使用的 25 人，占 8.4%。除去从未使用过数字资源的读者，使用频率在一周一两次的读者 125 人，占 42.4%；一周三四次的读者 48 人，占 16.3%；一周四次（不含）以上的读者 33 人，占 11.2%；使用移动平台的用户 118 人，占 40%；使用电子阅览室的读者 28 人，占 9.4%，使用移动平台+电子阅览室的读者 60

人，占 20.3%。调查的核心内容在第二部分，主要包含感知有用性（内容体验，知识效用、服务体验）和感知易用性（系统体验）的 5 个测量维度，以及 19 个测量题项（见表 1），采用李克特量表对各维度测量项打分。

表 1　公共图书馆数字资源服务用户满意度影响因素变量具体测度项

变量	编号	测量项	来源
内容体验（CO）	CO1	数字资源种类	李佳璐[3] 李春安[5]
	CO2	数字资源数量	
	CO3	数字资源更新效率	
	CO4	数字资源权威性	
	CO5	数字资源质量	
知识效用（KN）	KN1	支持下载	李佳璐[3]
	KN2	提升能力	
	KN3	解决问题	
服务体验（AT）	AT1	培训活动	李佳璐[4]
	AT2	参考咨询服务	
	AT3	服务态度	
系统体验（SE）	SE1	系统界面美观	刘旭晖[2] 李佳璐[3]
	SE2	系统稳定性	
	SE3	系统易操作性	
	SE4	系统功能全面性	
	SE5	检索准确性	
用户满意度（CU）	CU1	情感认同	杨臻仪[1]
	CU2	实际体验感	
	CU3	持续使用行为	

本次调研主要以成都图书馆读者作为调查对象，调研对象为各年龄段的读者，主要采用网络调查，包括问卷星、微信、QQ 等。发放问卷 350 份，共收回有效问卷 295 份，有效回收率 84.2%。使用统计软件 SPSS24.0 对调查结果进行数据分析。

3　研究结果

3.1　信度、效度检验

本文在数据收集中，对 6 个测量维度采用李克特量表，因此对数据进行信度、效度分析。

3.1.1 信度分析

对各维度数据进行信度分析后，得到的系数分别是 0.909，0.896，0.836，0.95，0.854，整体信度系数 0.619（见表 2），都大于 0.5，故认为是有效数据。

表 2 信度检验

可靠性统计		
指标	Cronbach's α	项数
内容体验	0.909	5
知识效用	0.896	3
服务体验	0.836	3
系统体验	0.95	5
用户满意度	0.854	3
整体	0.619	19

3.1.2 效度分析

对各维度数据进行信度分析后，得到的系数分别是 0.716，0.695，0.689，0.797，0.699，0.659，且整体 KMO 值为 0.659（见表 3），大于或者等于 0.5 故为数据有效。

表 3 各维度及效度分析

变量	KMO 值	近似卡方值	df	sig
内容体验	0.716	1529.19	10	0.000
知识效用	0.695	665.814	3	0.000
服务体验	0.689	414.136	3	0.000
系统体验	0.797	1888.143	10	0.000
用户满意度	0.699	480.652	3	0.000
整体	0.659	6574.488	171	0.000

3.2 验证性因子分析与模型检验

通过 AMOS 23.0 对构建的评估模型进行验证性因子分析。经过计算各项指标以及标准化载荷量如表 4 所示。

表 4　标准化载荷量检验结果

维度		载荷量	SMC	CR	AVE
内容体验（CO）	CO1	0.90	0.80	0.92	0.71
	CO2	0.98	0.96		
	CO3	0.98	0.74		
	CO4	0.67	0.54		
	CO5	0.63	0.50		
知识效用（KN）	KN1	0.71	0.51	0.91	0.76
	KN2	0.96	0.93		
	KN3	0.93	0.86		
服务体验（AT）	AT1	0.88	0.77	0.85	0.66
	AT2	0.66	0.54		
	AT3	0.89	0.79		
系统体验（SE）	SE1	0.85	0.72	0.94	0.76
	SE2	0.99	0.98		
	SE3	0.96	0.92		
	SE4	0.71	0.51		
	SE5	0.83	0.69		
用户满意度（CU）	CU1	0.69	0.48	0.87	0.69
	CU2	0.86	0.73		
	CU3	0.94	0.89		

由表 4 可知，潜变量对应的测量题项标准化载荷系数均大于 0.5，显著性水平达到了 0.001，说明模型已经具备良好的区分效度。组合信度（CR）和平均变异抽取量（AVE）都超过建议值 0.7，0.5，说明量表具备的信度水平较高，以便进行以下检验。由表 5 的模型适配度检验结果可知，各指标均符合建议值的标准，模型适配度较好，表明本文的研究模型能够评估公共图书馆数字资源服务用户满意度的影响因素。

表 5　结构方程适配度检验结果

模型拟合系数	统计值	评价标准	拟合效果
chi-square	2338.329	—	—
Degree of Freedom	142	—	—
X^2 /df	1.467	<3	较好
RESEA	0.061	<0.08	良好
GFI	0.872	>0.9	良好
CFI	0.966	>0.9	较好
NFI	0.953	>0.9	较好

3.3　假设检验

在建立公共图书馆数字资源服务用户满意度模型的基础上，通过调查获得相关数据，通过 AMOS23.0 进行运算，得到了数字资源服务用户满意度的标准化路径图，如图 2 所示。

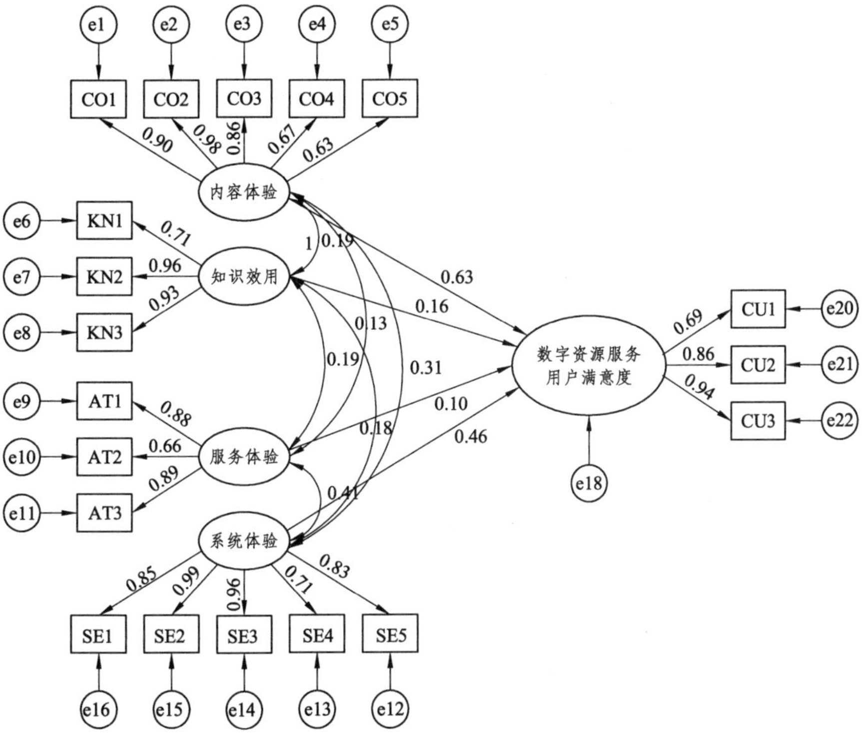

图 2　AMOS 标准化最终解释路径图

由图 2 可知，公共图书馆数字资源服务用户满意度受内容体验影响最大，其次是系统体验、服务体验和知识效用。在内容体验的测量维度中，数字资源数量、数字资源更新效率对内容体验的影响最大，其次是数字资源种类，最后是数字资源权威性，数字资源质量。在系统体验的测量维度中，系统稳定性、系统易操作性对系统体验的影响最大，其次是系统界面美观，检索准确性，最后是系统功能全面性。在服务体验的测量维度中，服务态度对服务体验的影响最大，其次是培训活动，最后是参考咨询服务。在知识效用的测量维度中，提升能力对知识效用的影响最大，其次是解决问题，最后是支持下载。在用户满意度这个测量维度，持续使用行为对用户满意度的影响最大，其次是实际体验感，最后是情感认同。

由表 6 可知，本研究假设成立，本文所构建的公共图书馆数字资源服务用户满意度模型合理有效，具体体现在图 2 中，内容体验、知识效用、服务体验、系统体验这 4 个因子对公共图书馆数字资源服务用户满意度的影响系数分别为 0.63，0.16，0.18，0.46，公共图书馆数字资源服务用户满意度受内容体验影响最大，其次是系统体验、服务体验和知识效用。

表 6　假设验证结果图

研究假设	验证路径	路径系数	P 值	验证结果
***H*1** 内容体验对公共图书馆数字资源服务用户满意度有正向影响	内容体验 ⟶ 用户满意度	0.63	***	成立
***H*2** 知识效用对公共图书馆数字资源服务用户满意度有正向影响	知识效用 ⟶ 用户满意度	0.16	***	成立
***H*3** 服务体验对公共图书馆数字资源服务用户满意度有正向影响	服务体验 ⟶ 用户满意度	0.18	***	成立
***H*4** 系统体验对公共图书馆数字资源服务用户满意度有正向影响	系统体验 ⟶ 用户满意度	0.46	***	成立

4　成都地区公共图书馆数字资源体系构建

4.1　内容体验与知识效用维度

4.1.1　科学制定馆藏发展策略，完善数字资源体系

成都地区公共图书馆的馆藏发展目标旨在满足成都地区文献信息的各种需要和人民的精神文化需求，实现馆藏和虚拟馆藏协同发展，在确保纸质资源的同时，要

重视推动数字资源的发展与整合，推动全市公共图书馆数字资源共建共享，推动成都区域内各公共图书馆馆藏发展的同步性和资源分配的均衡性，最终建立科学合理、统一高效的区域性文献信息资源保障体系。

4.1.2 综合考虑读者需求，不断调整数字资源采购计划

数字资源采选的关键是重视读者的需求，将读者需求与数字资源应用精准衔接。目前据了解成都地区公共图书馆的数字资源包括不同类型的电子书刊，同时也包含教育学习，学术资源，少儿资源，外文资源，音乐艺术，决策参考，不同层次的读者对数字资源的需求不一致，只有为这些读者提供他们都能使用的数字资源，才能获得他们最大的满意度。[6]

4.1.3 根据现有资源的使用情况，动态改进数字资源服务

从成都地区公共图书馆 2021 年数字资源使用数据来看，学术资源使用量始终位于前三，因此公共图书馆应保持购买学术资源类，并持续优化更新；少儿教育类资源使用量日益增加，图书馆应做出相应改进。总之，应关注与调整数字资源内容，使馆藏更符合读者的阅读需求与习惯，并用以指导下一年度的采购计划。

4.1.4 重视数字资源自身的质量和权威性

数字资源的采选首先要考虑资源供应商的专业性、资源的学术价值与读者的需求和使用情况，突出成都地区公共图书馆的数字资源内容权威性，对比选择性价比最优的产品，保证数字资源能与馆内其他类型的文献实现互补，以增强用户满意度。

4.2 服务体验维度

4.2.1 保证服务质量，发展参考咨询服务

目前成都地区公共图书馆决策参考的资源相对较少，使用量整体较低，针对决策参考这块，首先可以与数字资源商合作开展推广活动，吸引读者的使用兴趣；同时也要对使用量过低的资源及时进行置换或者调整，其次也可以对比同类型、级别的图书馆，如杭州市图书馆、广州市图书馆等，查漏补缺，购买适合本馆的数字资源，完善资源体系；最重要的是应该调查读者的需求，针对读者需求考察适合本馆与服务对象的数字资源并及时购买，以推动成都地区公共图书馆的数字资源发展。

4.2.2 重视教育培训相关的数字资源服务

目前据了解成都地区公共图书馆涉及教育培训服务的数字资源主要是新东方、全能职业培训库、维普考试、围棋、超星视频等，其中全能职业培训库、维普考试、新东方一直位于成都地区数字资源使用量的前列。在此分析基础上，下一年度应对使用量处于劣势的资源，予以改进和调整，也可以开展推广活动，购买更适合读者需求的教育培训相关的数字资源，从而吸引更多青年、少年读者，增加不同层次用户的数字资源使用满意度。

4.3 系统体验维度

目前成都地区公共图书馆数字资源共享平台为全市提供电子书刊，教育学习，学术资源，少儿资源，外文资源，音乐艺术，决策参考这 7 类数字资源，除此平台外，成都地区各级图书馆基本上实现在微信客户端搭建掌上数图平台，实现数字资源移动化阅读。在提供数字资源服务的同时，要注重平台的维护更新，简化操作系统，保障系统稳定性；完善系统和移动平台的功能全面性，提升界面美观度和使用便捷度，实现读者的系统体验和公共图书馆数字资源发展的双赢。

参考文献

[1] 杨臻仪. 高校图书馆用户电子资源持续使用意愿研究[D]. 天津：天津师范大学，2021.

[2] 刘旭晖. 大学生移动阅读行为现状与高校图书馆服务研究——基于技术接受模型的实证分析[J]. 图书馆学研究，2021（16）.

[3] 李佳璐. 图书馆数字资源用户满意度多层次模糊综合评价[J]. 图书馆研究与工作，2019（8）.

[4] 李佳璐. 基于 AHP 的高校图书馆数字资源用户满意度评价实证研究[J]. 福建图书馆学刊，2019，2（1）.

[5] 李春安. 基于用户满意度的高校图书馆信息资源建设研究[J]. 科技传播，2018，10（21）.

[6] 蒋一兵. 图书馆数字资源服务下的读者价值需求探究[J]. 内蒙古科技与经济，2018（16）.

基于 WebGL 的图书馆应用

陈孟洵

（成都图书馆，四川成都，610000）

【摘　要】 随着互联网技术的发展，虚拟现实（VR）技术带来更加丰富的浏览体验，通过 WebGL 技术与图书馆业务结合，可实现在浏览器端的在线虚拟场馆展示及检索结果虚拟书架定位等功能。本文通过 WebGL 技术发展演进说起，对图书馆虚拟场馆的建模及交互进行介绍，简述 WebGL 在图书馆领域的应用前景。

【关键词】 虚拟现实；WebGL；三维建模；虚拟图书馆展馆

引言

随着时代的进步，图书馆向读者提供的资源也越来越丰富，从传统的纸本书借阅逐步发展为电子资源和纸本书相结合。传统的到馆借阅模式也会随着电子书资源借阅比增加而改变，人们将会更加习惯电脑阅读及手机阅读。

通信技术的不断升级和发展使网络带宽逐年提升，当前的 5G 时代更是打开了网络带宽的瓶颈，更高网速的支持下，多媒体具备了飞跃发展的条件，随之带来的网页应用也更加丰富多彩。现代的浏览器除了支持传统的文字、图片、动画等传统多媒体，更是全面支持视频、互动、3D、语音等媒体技术。

以虚拟现实（VR）为代表的技术以其内容丰富、直观易用、节约成本的特点为人们所喜爱，现已在游戏娱乐、模拟训练、建筑设计等不同领域创造出令人惊叹的成果。充分应用 WebGL 技术以虚拟现实技术为载体建立虚拟图书馆展馆，既能为读者提供形式多样、内容丰富的电子资源，又能把图书馆本身的虚拟场馆展现在读者眼前，为读者带来精彩的体验。

1 Web3D 技术发展简介

互联网技术的发展时间并不长，在 21 世纪初浏览器开始支持通过 ajax 技术进行页面的局部动态更新，极大增强了网站的交互功能。而当时受限于 HTML 和 CSS 贫乏的图形特性，只能通过如 Flash 和 SilverLight 等浏览器插件来展现多媒体效果，而今浏览器已不再支持这些插件。网络三维技术 VRML 即虚拟现实建模语言的出现改变了当时网页只能展现平面效果的限制，使人们能通过网页浏览三维世界。经过发展，VRML 技术标准从 1.0 到 2.0 逐步转化为新一代的 X3D 标准，甚至 VRML 联盟也改名为 Web3D 联盟，而 Web3D 即网络三维技术也渐渐为人们所熟知。X3D 整合了 XML 和 JAVA 等先进技术，具有可扩展、跨平台、交互性强的特点，是完善度很高的三维解决方案。

流行的 Web3D 技术还有 Java3D、Cult3D 和 Unity3D 等，美中不足的是要在浏览器运行这些平台的 3D 程序，必须安装相应的插件，这就很难兼顾流行的移动端为主的网页轻应用。

而今随着主流的浏览器支持 HTML5，WebGL 作为成熟的标准有了展现的平台。

WebGL（Web Graphics Library）是一种 3D 绘图技术标准接口，这种标准把 JavaScript 和 OpenGL ES 2.0 的功能结合在一起，能为 HTML5 Canvas 元素提供硬件 3D 加速渲染，借助显卡能够在浏览器流畅展示 3D 场景和模型。

WebGL 的特性解决了交互式三维动画的种种问题，主要优点如下：

（1）无须任何浏览器插件支持，HTML 脚本本身就能实现三维效果。

（2）通过底层图形硬件加速功能进行 3D 图形渲染，有效率高、实现效果好的特点。

（3）统一标准跨平台的 OpenGL ES 接口实现的，无论是手机、平板电脑还是台式机都能运行得很好。

无疑用 WebGL 技术可以更加简便地构建三维虚拟图书馆展馆效果。

2 建立基于 WebGL 的虚拟图书馆

2.1 WebGL 的工作原理简介

建立三维的虚拟场景首先要在页面上创建一个画布（Canvas）元素，获取与其相关 DOM 对象，并获取其 WebGL 绘图上下文。再设定 WebGL 的渲染区域（viewport）。结合顶点、线条等数据在渲染区域最终构建成要展现的三维场景，最终在浏览器将场景渲染出来，展现为可见虚拟场景。

WebGL 把三维的图像显示出来的流程如下：

（1）准备数据。WebGL 是基于三角形、点和线的图元类型进行图像绘制的。图元以数组形式存储，这一步要定义待绘制的顶点坐标、贴图坐标、矩阵等数据。

（2）准备着色器。一个着色器一般由顶点着色器和片元着色器组成。顶点着色器负责将物体坐标转换为可视区域的坐标，而片元着色器负责像素的最终着色。

（3）图元装配。GPU 执行顶点着色器程序，生成顶点坐标已完成坐标转换，这一步基本图形被组装并传递到光栅处理器。

（4）光栅化。通过片元着色器，计算需要渲染的片元数据，确定图形方向并剔除不可见的形状。将计算好的信息存储到帧缓存区，最终完成渲染。

2.2 借助 Three.js 框架实现效果

原生的 WebGL 的接口多而且复杂，如场景渲染中的顶点着色器和片元着色器就几乎让人难以运用。使用开源三方 JavaScript 框架 Three.js 可以极大简化开发过程。Three.js 是一款运行在浏览器中的三维引擎，可以用它创建各种三维场景，包括摄影机、光影、材质等各种对象。Three.js 将场景渲染的接口进行了封装，通过调用其封装的函数能够轻松建立三维场景。

2.3 搭建图书馆场景

简单的三维模型一般采用顶点坐标值或数学公式来生成几何模型，如果要建立复杂的模型和生动的场景，则需要采用建模工具。下面以 3D Max 为例，简要介绍图书馆的建筑模形步骤。

载入馆内建筑的蓝图或 CAD 的场景文件。如图 1 所示在顶视图载入建筑蓝图作为背景。

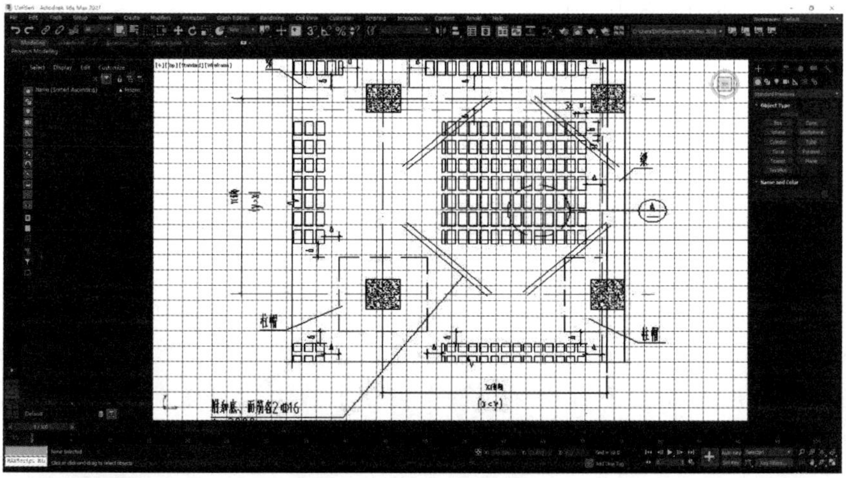

图 1　载入建筑蓝图

在蓝图背景上绘制墙面等结构线条，用拉伸功能把绘制的线条向上方拉伸即可制作出墙体。需要重复上一步骤，根据不同楼层的结构图生成对应的墙面，最后为当前模型加上地板和天花板以完成整个模型的制作。

为了使图书馆的虚拟场景看起来更加真实就需要完善更多的细节。根据需要加入不同的家具、借还设备等以完成整个模型。使用图片纹理为模型中不同的墙面、家具模型进行贴图，如图 2 所示。

图 2　贴图

为场景设置光照效果，包括整个模型的场景光线和各个楼层的灯光效果。建立模型的时候就可以对可视效果进行初步设计，建立摄像机并设置合理的视角。

整体优化还包括合理使用标志板，为整个场景设置天空盒。一些小物件可通过标志板来展现，而不必全用 3D 模型，尽量节省系统运算开支。室外的效果可以通过增加一个天空盒来处理，进入场景漫游时观看建筑以外的效果不会突兀。

2.3.1　导入虚拟图书馆模型

完成建模后导出特定格式模型文件，即可利用 WebGL 技术把场景载入网页端加载渲染，从而使读者看到完成的虚拟图书馆。

将 3D Max 中制作完成的三维场景导出为 Collada 模型（.dae 模式），这种模型格式中不仅有模型本身，还包含了材质、光源、摄像机、动画等比较完整的要素。Three.js 还支持其他三维模型文件格式，这里根据导出的模型文件类型选择了 ColladaLoader.js 辅助文件来完成整个模型加载。同时便利查找场景中的灯光和摄像机，将找到的对象分别加载到场景中，从而让读者通过摄像机观看场景实现可视。

关键代码如下：

```
<script src="libs/ColladaLoader.js"></script>
var loader=new THREE.ColladaLoader ( );
var cdLib;
//模型添加到场景中
loader.load ( "./cdlib.dae", function  ( data ) {
cdLib=data.secene;
scene.add ( cdLib );

//遍历查找灯光和摄像机
var items={};
data.scene.traverse ( function ( n ) {
if ( n instanceof THREE.Light )
items.lights.push ( n );

if ( n instanceof THREE.Camera )
items.Cameras.push ( n );
} );
} );
```

以上代码可将场景呈现到浏览器网页上，完成虚拟场景的显示。

2.3.2 加入基本的场景互动功能

由于虚拟场景效果是通过摄像机来呈现的，通过轨道控制插件 OrbitControls.js 绑定键盘鼠标事件，控制摄像机进行移动旋转等操作，即可实现第一人称的漫游效果。

关键代码：

```
var raycaster = new THREE.Raycaster ( );
var mouse = new THREE.Vector2 ( );
mouse.x = ( event.clientX / window.innerWidth ) *2 - 1;
mouse.y = - ( event.clientY / window.innerHeight ) *2 + 1;
raycaster.setFromCamera ( mouse, _this.camera );
```

点击事件可以通过 Three.js 的 Raycaster 类来实现，加入以上代码可让读者在虚拟场景中点击看到的物品触发相应的程序，从而进行互动。

3 虚拟图书馆的应用简介

应用交互功能，使读者可随时随地进入虚拟图书馆的场景中，在虚拟图书馆内找到现实中一样的场馆。虚拟图书馆场景还可以加入登录功能，接入本馆业务系统读者库进行认证登录。我们甚至可根据登录状态等信息，为读者展现出不同的虚拟图书馆场景，控制场景中可进入区域和可交互的模型范围。还能在书本模型点击事件中加入本馆图书检索的对应接口，直接在场景中呈现真实的书目信息。值得一提的是，随着微信平台兼容性提升，WebGL 也可以在我们熟知的微信端展现出很好的效果，图 3 为微信端展现的虚拟图书馆。

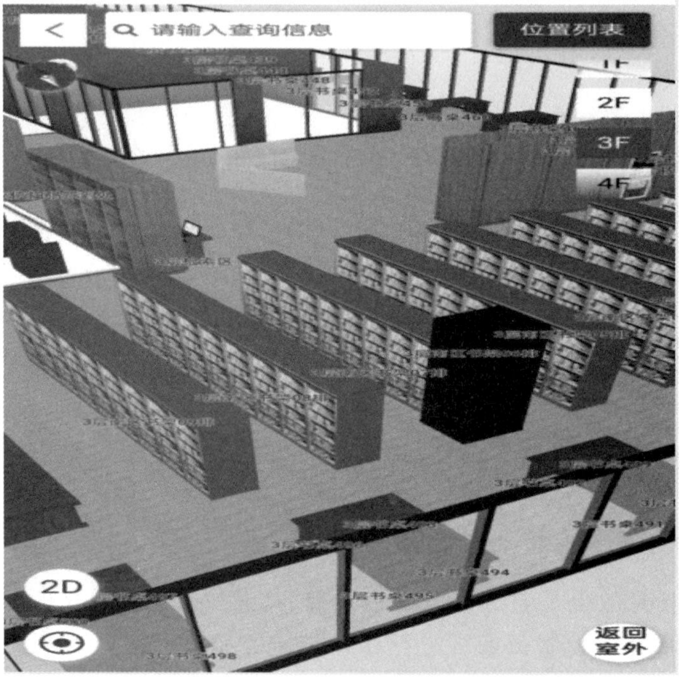

图 3　虚拟图书馆

4 结语

当今 WebGL 技术进入了高速发展时期，已广泛应用于各行各业。不少图书馆现已结合自身业务的应用加入了虚拟现实技术，如馆内的导航功能和书目检索的 3D 定位功能都向我们展现了虚拟现实技术的魅力。图 4 为某图书馆的书目检索定位网页效果。

图 4　书目检索定位网页

虚拟现实技术应用到图书馆服务领域能极大助力图书馆服务，提升读者的体验，增加新的知识获取途径。用 WebGL 在互联网上开启一座永不关门的在线图书馆，必将吸引越来越的读者前来体验。

参考文献

[1] 陶玲君. 基于 WebGL 的三维全景数字展览关键技术研究[D]. 杭州：杭州电子科技大学，2017.

[2] 辛文鹏. 基于 WebGL 的海洋三维可视化系统设计与实现[J]. 海洋信息，2018（8）.

[3] 聂帅. 基于 WebGL 技术三维模型呈现研究[J]. 计算机产品与流通，2019（6）.

[4] 王金刚. WebGL 技术在数字展览馆的应用[J]. 电子信息，2019（11）.

[5] 高芳裙. WebGL VR 技术在图书馆服务的探索[J]. 智库时代，2019（11）.

科技创新战略下信息资源建设与共享策略

严欢

（成都图书馆，四川成都，610000）

【摘　要】 作为地区化的信息资源服务场所，公共图书馆内收集了大量的文献信息资料，以供公众享用信息资源。为了将数字资源进行最大化共享，公共图书馆通过利用网络技术，必须朝着数字标准化与规范化的方向前进。本文以公共图书馆为研究中心，对其在科技创新战略背景下的信息资源建设与共享策略进行研究，希望可以促进公共图书馆数字资源的建设与发展。

【关键词】 公共图书馆；科技创新；数字资源

伴随着信息网络的发展，人们获得知识的渠道变得更宽更广，为数字化资源共享时代的到来提供了基础条件。而将公共图书馆与数字技术结合在一起，通过提高公共图书馆的信息技术与计算机网络技术，建设相关文化信息资源共享工程，促进公共图书馆从为大众提供数字资源、信息资料向以提供更加优质的服务转变。本文从信息资源的建设与共享两个方面，浅谈未来公共图书馆的发展方向。

1　公共图书馆信息资源建设的重要性

端正对公共图书馆信息资源建设的正确认知，提高公共图书馆信息资源建设的重要性，为后续信息资源建设相关工作的展开提供思想支持。

1.1　提高数字资源利用效率

通过开展信息资源建设工作，可以有效提高公共图书馆的信息资源利用效率。相关政策精神指出，倡导推动全民阅读活动展开，进而发挥阅读的作用，提高人民群众的整体素质和社会文明程度。而公共图书馆内的数字资源，均位于精选之列，符合人民群众精神文明创建活动的需求。相比之前繁琐的借阅程序、厚重的借阅资源等，通过信息资源的建设，让公民足不出户也可以进行阅读活动，大大提高了数字资源的利用效率。

1.2 适应网络环境发展需要

图书的种类并不只有纸质书一种，伴随着信息化时代的到来，电子书刊逐渐成为图书的主力军。尤其伴随着人们获取信息的途径增加，图书馆的优先选择等级降低，人们更倾向利用网络来汲取数字资源。为了满足人民群众阅读与发展的需要，公共图书馆必须主动转型，根据时代发展的特点与人民群众的需求，不断开展信息资源建设，掌握更多的数字资源，为人民群众提供持续的、与时俱进的内容与服务。

1.3 引导阅读发展潮流

信息网络的发展使得当前机遇与风险并存，对青少年来说尤其如此。大部分青少年对新鲜事物都保持一种好奇探索的态度，从热门网络游戏、网络读物的相关发展便可得出相关规律。这种情况下，去图书馆读书，仿佛成了一件比较久远的事情，在青少年的眼中，这不是一件非常“酷”的事情。所以，公共图书馆对青少年的吸引力大幅度降低。而通过开展信息资源建设，引导数字化阅读新潮流，通过有声读书、领读等，将读书这件事情变得“酷”起来，不但能够提高青少年的阅读兴趣，还能在一定程度上降低家长的教育压力。

2 信息资源建设的相关策略

在科技创新战略下，开展公共图书馆信息资源建设相关工作，不仅能够增强人们的精神文明建设，同时还可以为我国的科技发展提供科技动力，培养科技创新人才等。所以，公共图书馆信息资源建设势在必行。

2.1 丰富文献资源建设

公共图书馆的信息资源建设基础，需要考虑文献资源的建设。通过丰富公共图书馆的文献资源来源，对社会上的分散信息进行管理、处理、采编、收录等工作，系统化地储存在公共图书馆内部，满足人民群众的阅读需求和使用需求。从整体层面而言，文献资源包括馆藏资源建设、微观文献建设、宏观文献建设等。不同工作下的具体内容不同，需要根据图书馆的具体发展情况而定。

2.2 建设特色数据库

在收集储存尽可能多的文献资源后，需要搭建一套完整的数据库，为文献资源的检索、使用等提供强大的助力支持。而且，数据库的建设直接影响公共图书馆的运营水平和管理水平。只有搭建完善合理的数据库，才能让公共图书馆实现自动与网络化信息资源的目标，才能为后续的信息资源共享工作奠定基础。受地区经济、社会等多方面因素的影响，不同公共图书馆的能力不同，所收集到的文献资源不同，而通过搭建数据库的形式，便可以共享的方式弥补图书馆内部缺失的信息资源。数据库的建设并非千篇一律，除了需要先进的科学技术与人才支持铺底，特色化建设也是数据库建设中非常重要的一环。

2.3 开发网络信息资源

上文提到，目前人民群众所需要的信息资源不再局限于纸质书本，所以为了更好地建设图书馆的信息资源，就必须要提高开发网络信息资源的重视程度。网络信息资源浩瀚如海，只需要稍作整理，便可收集到足够多的信息资源。但同时这也为信息资源的建设带来了一定的难度，网络信息资源良莠不齐，在收集网络信息资源时，必须要着重区分。另外，将网络信息资源收集到图书馆内部的数据库时，一定要对其进行分类，将其转化为具体信息的获取，为了方便用户检索获取，还可以用元数据的方式对其进行标引。

2.4 加强专业人才建设

科技创新战略下，我国的科技人才大幅度增加，具备科技素养的专业人才同样呈此趋势。而合理统筹信息资源建设，需要专业人才的支持。所以，公共图书馆必须要加强专业人才建设，打造一支优秀的、高素质的人才队伍，为图书馆的信息资源建设与共享建设提供人才助力。除了提高工作人员的准入门槛之外，还需要对现有的工作人员进行培训，为其提供技能培训的机会和平台，进而提高现有工作人员的技能水平。另外，加强宣传，使工作人员明白信息资源建设的重要性，为相关工作的展开提供思想准备，为后期图书馆的服务能力提高奠定思想基础。

3 信息资源共享的相关策略

在开展信息资源建设工作后，如何搭建灵活自由的信息资源共享空间，使信息资源的利用效率大幅度提高，真正满足人民群众的信息需求，是公共图书馆的另一大关注重点所在。

3.1 共享渠道建设

根据公共图书馆的信息资源分类，开展共享渠道建设，为人民群众提供多而优的信息共享渠道。公共图书馆的信息资源共享渠道可以从物理渠道和虚拟渠道两方面进行。前者的活动阵地主要在图书馆内部，不同地区的公共图书馆在开展馆内建设时，需要兼顾审美、需求等多项标准，为读者营造良好的阅读环境。比如设置专门的学习室、服务台、电子阅读室等。而后者的虚拟渠道建设主要聚集于网络，通过公众号、学习群、贴吧、社区等相关平台，完成信息资源的共享。

3.2 管理制度建设

信息资源的共享绝非随心随意，不管是共享资源的权限，还是共享资源的推广，都必须要在相应的管理制度内进行。应建立健全信息资源共享的管理制度，组织专业人才成立信息资源共享管理机构，严格划分信息资源的共享权限、分配权利、筹备策划等。

3.3 合作形式建设

通过加强馆际与其他机构之间的合作，可以将公共图书馆的数字信息资源最大化共享，以合作的形式弥补自身馆内的信息资源缺失，尽可能发挥文献资源的价值。比如通过搭建区域间的联盟机构，涵盖多方公共图书馆，读者凭借统一的证件便可在区域内联盟机构的不同图书馆内进行借阅、检索。

4 结语

科技创新战略下，我国的科技能力与科技水平都有了质的提升，为公共图书馆的信息资源建设和共享提供了发展前提。但同时公共图书馆的发展，对我国的科技创新工作发展亦有深远影响。公共图书馆的信息资源建设和共享，为我国科技创新战略的发展提供了科技动力，为科技人才的发展提供了信息支持等。所以，重视公共图书馆的信息资源建设和共享，优化服务模式，增强服务能力，提高馆内的信息资源利用效率，可以更好地为我国科技创新体系的搭建提供助力。

参考文献

[1] 张甜甜. 高校图书馆数字信息资源共建共享的问题与策略[J]. 中国新通信，2022，24（3）.

[2] 孙钦秋. 数字环境下高校图书馆资源建设策略——评《大数据环境下高校图书馆信息资源建设与共享》[J]. 社会科学家，2021（5）.

[3] 杨晶晶. 物联网背景下区域图书馆联盟信息资源共享策略研究[D]. 湘潭：湘潭大学，2019.

[4] 李爱武. 浅谈公共图书馆构建阅读共享空间的生成路径[J]. 办公室业务，2018（9）.

媒体融合背景下党校数字化图书馆建设与管理研究

江熙

（中共成都市金牛区委党校，四川成都，610036）

【摘　要】党校图书馆是党校的重要组成部分，是服务党校的文献、信息中心和智库，是推动构建学习型社会的重要组成。现代互联网与计算机技术的发展让传统媒体手段与现代媒体手段有了更多样化的融合途径，数字图书馆与传统图书馆的边界模糊化甚至是二者的融合已经成为当前图书馆建设的主旋律。因此本文对党校图书馆数字化建设面临的问题、数字化图书馆与媒体融合进行了相关阐释，进而分析媒体融合大背景为党校数字化图书馆建设带来的推动作用及一些困境，最后笔者从资金保障、数字化资源建设、服务方式等方面讨论媒体融合背景下党校数字化图书馆建设与管理策略，旨在助力党校图书馆的数字化发展。

【关键词】党校图书馆；媒体融合；数字资源；建设与管理策略

党校姓党，是领导干部轮训和培训的主渠道、主阵地，党校图书馆作为党校的文献信息中心，是构建领导干部终身学习体系的重要组成部分，承担了提高干部素质、为政府决策提供信息资源和服务的重要任务。在媒体融合的大背景下，面对数字资源和网络环境带来的冲击，面对新时代领导干部教育培训不断提高的要求，党校图书馆必须突出自身特色，创新管理方式，才能满足新时期干部教育事业大发展的需要。

近年来，计算机技术、互联网技术、多媒体技术、通信技术等的发展和革新给人们的生活带来质的变化，随之而来的是新媒体形态与传统媒体形态的界限模糊化，甚至是二者的多角度融合衍生的新媒体形式，进而适应更加现代化的用户需求。本次研究以当前多种媒体融合的现状及党校读者群体对数字化图书馆建设的迫切需求为切入角度，分析新时代党校图书馆中数字化图建设的相关策略。

1 党校图书馆数字化建设与管理面临的问题

1.1 经费保障问题

党校属于事业单位，其资金主要来源于财政经费，尽管《中国共产党党校工作条例》中明确规定党校所需经费，但条例中并未明确规定增长的比例和幅度。在对党校所获取经费的再次分配中，图书馆所能获得的比例也没有保障。在这样的背景下，陈旧设备不能更新，数据库建设停滞不前的现象屡见不鲜。经费不足，直接影响了党校图书馆资源建设的连续性，严重制约了馆藏资源的系统性和完整性建设。

1.2 管理过程中信息资源整合程度不高

党校图书馆大多采用比较传统的资源采访方式，对从不同公司购买的数据库没有采用有效的整合和管理手段，故增加了读者检索和利用资源的难度，而且因为党校图书馆在管理过程中对资源的采购、建设缺乏紧密的协作活动，导致资源同质化严重，低水平重复建设、管理效能低下。

1.3 缺乏对读者的研究

数字化发展和媒体融合背景下，读者获取信息和服务的渠道非常广泛，没有对用户研究，就难以保持对读者的吸引力。实践中，党校图书馆缺乏对读者的研究，尤其是对读者研究领域持续广泛的关注，导致图书馆业务工作和服务对象脱节，使党校图书馆的信息资源建设和服务工作缺乏针对性，难以让用户满意。

1.4 技术手段和服务方式落后

党校图书馆普遍规模较小，用户较少，难以得到更多的重视和支持，表现在现代化技术应用和服务方式创新方面动力不足：资源建设和信息服务的很多环节还是依靠传统的人工手段，联合编目、一卡通技术、RFID 自助服务、移动阅读服务等在高校和公共图书馆领域被广泛使用的现代化技术手段和服务方式在党校图书馆难觅踪影。技术手段和服务方式落后，不但削弱了党校图书馆在读者群体中的吸引力和影响力，更桎梏了党校图书馆事业的进一步发展。

1.5 工作人员业务素质参差不齐

党校图书馆是党校整个行政管理体系中比较倾向文献资料汇总和整理的部门，

在个别地方就成了安排老同志到相对轻松岗位的举措办法。这些同志对党校图书馆的业务工作与流程并不熟悉，也无从谈及在媒体融合时代紧随环境发展的需要去创新开展工作。从图书馆管理角度上看，这种人事安排，既不利于党校图书馆与时俱进地向前发展，在一定程度上也因为人员安排问题导致新生力量，特别是具备专业业务能力的工作人员难以发挥作用。

2 文献综述

2.1 媒体融合与数字化图书馆

2.1.1 媒体融合

媒体融合这个概念的提出相对较早，美国马萨诸塞州理工大学教授普尔于 20 世纪 80 年代初期提出了相应的理论。他认为媒体融合的根本是利用不同的媒介特点进行互补式或者借鉴形式的融合，形成功能丰富的新媒体。受限于当时的互联网和计算机技术，他预测媒体融合是电视节目与报纸杂志的融合形式。随着社会的不断发展，科技水平的提升，最终美国新闻学会媒体科研部门对媒体融合提出了最新的定义：媒体融合是将印刷、音频、视频、数字化等多种形式的媒体技术进行彼此融合，最终形成一种新的文化联盟形态。上述定义从核心功能和核心问题上解释了媒体融合的本质，但是在技术、组织、产品类型等方面仍然需要根据时代发展和技术发展进行不断地完善和改进。所以笔者认为这一定义仍然不能够满足当前科技发展带来的媒体形式革新后的媒体融合概念界定。

2.1.2 数字化图书馆

根据技术形式和服务模式，数字化图书馆的发展可分为三个阶段：第一个阶段是 20 世纪 50 ~ 70 年代，以 MARCII 型机读记录为标志的自动化系统是当时数字化图书馆的代表形式；第二阶段是 20 世纪 70 年代中后期到 90 年代中期，局域网和各种数字化存储介质的出现让数字化图书馆变成了电子文献数据库形式；第三阶段是 20 世纪 90 年代中后期至今，利用数字化信息的存储和传递模式让资源形成开放式的信息共享渠道，同时包含各种传统图书馆的功能，形成综合文化服务的一种图书馆形态。

在数字化图书馆的发展过程中没有一个明确的定义，但是现代学者的研究中普遍认为数字化图书馆具备如下几个特点：其一，资源数字化。数字化图书馆与传统图书馆的最大区别就是存储媒介，传统图书馆的存储媒介基于图书、期刊杂志、报纸等纸质媒介，但是数字化图书馆则是利用数字化信息资源实现资源的存储。其二，渠道网络化。网络化是数字化图书馆资源传递的核心渠道，是现代化图书馆最重要的衡量标准，现代网络的发展让信息传递渠道有了更加快捷、方便的用户体验；另外利用不同的平台和网络传播形式能够让用户有效摆脱时间和空间的限制，从而达到资源共享和资源高效利用。其三，资源共享化。数字化图书馆的资源共享是其核心优势之一，传统图书馆的资源共享受时间和空间的限制，甚至存在资源损毁、效率低下等特点，而数字化图书馆则利用互联网信息传输和数字化技术等新手段实现资源整合和共享，更加方便快捷。其四，服务人性化。提供更加优质的服务是图书馆的核心要求之一，利用数字化图书馆中的各种技术能够让服务更加人性化，甚至实现个性化的图书推荐。

2.2 媒体融合对数字化图书馆建设的影响

第一，媒体融合对数字图书馆最大的推动作用就是让图书馆的技术手段与服务手段更加先进。多种媒体的融合能够实现更多的功能，与此同时也形成了更加多样化的数字图书馆形式，包括多种信息资源服务、多种媒体终端、多种知识种类偏好等形式。另外，多种媒体的融合可以利用手机终端、笔记本电脑、平板电脑等移动终端有更加丰富的选择模式，也可以形成在线阅读、查询或者离线阅读等不同模式，实现利用多种技术手段的个性化服务。

第二，媒体融合能够让数字图书馆的服务内容与形式多样化。数字图书馆因为面向的读者群体层次更加复杂，所以单学科深层次知识阅读服务或者多学科交叉知识阅读服务。而且读者对知识的需求层次也存在着差异，数字图书馆可以利用大数据挖掘用户的偏好，进行针对性的资源推送或者智能检索，进而提升服务质量。

第三，媒体融合能够让数字图书馆的用户数量提升。生活节奏加快让很多社会读者的阅读时间更少，所以很多读者对阅读的要求就是越简单越好、越便捷越好，数字化图书馆能使阅读更加便捷，从而在某种程度上让数字图书馆读者群体数量提升，另外利用不同媒体的宣传手段也能够让用户群体的数量明显增加。

2.3 现状及问题

第一，数字资源质量参差不齐。虽然数字图书馆可以利用网络实现资源共享，但是资源的质量难以保证，现在很多网络资源虽然数量庞大，但是存在文章不全、模糊不清甚至是抄袭或者重复等现象，这类较差的数字资源对数字图书馆的发展是一种制约。

第二，资源层次与资源深度。随着数字化图书馆的发展，图书馆的资源需要进行整合，但是如何在整合过程中确定资源的广度和深度也是当前图书馆发展的一个制约问题。

第三，版权问题。现代数字图书馆建设过程中因为法律条文和版权规范的相对缺失，很容易形成版权纠纷问题。这种问题一方面对图书馆的读者体验是一种影响，另一方面也容易造成法律纠纷或者经济分配的纠纷问题。

第四，人才缺失问题。现代网络人才、计算机人才等都是炙手可热的人才，但是数字化图书馆建设过程中很多既有人员因为其数字图书馆知识的缺失而很难满足图书馆的建设需求，进而造成了机构冗肿现象，从而制约了数字图书馆的发展。

3 媒体融合背景下党校数字图书馆建设与管理策略

数字化、信息化以及媒体融合的形成和发展，改变了读者的信息需求和信息行为，影响了党校图书馆的资源建设与信息服务工作，因此党校图书馆必须立足媒体融合的大背景，结合读者需求，从管理入手，提升数字资源的建设和保障力度。

3.1 积极争取资金保障

党校图书馆是党校的文献信息中心，馆藏信息资源建设又是图书馆开展各项工作的基础。面对党校图书馆资金不足的现状，图书馆要善于发挥自身优势，积极向分管领导和相关部门请示、汇报工作，争取资金支持；资源建设不仅仅限于购买和自建的方式，可以广泛利用征集、接受捐赠、交换等多种方式解决资金不足的问题。

3.2 优化数字资源整合

优化数字资源整合就是对海量信息资源进行搜集、整合、重组，使之成为一个有序开放系统，实现系统内、跨系统的资源共享和互操作，提高资源的检索和利用效率。党校图书馆可以中国共产党党史文库、马克思主义理论文库、中国国情与地方志文库“三大文库”为中心，进行数字化和资源整合，采用 OPAC 模式、跨库检索模式、数据源整合模式、超级链接模式，通过对数字资源信息的整合，实现数据整合、知识链接、优化检索和共建共享；同时在分工承建的模式下强调数据库建设的标准化和通用化，把“三大文库”等自建的数据资源与外购的商业数据资源整合在一起，力求以一个统一的数据平台为读者服务，实现资源的一站式检索利用。

3.3 面向读者进行资源建设

党校图书馆面向读者的信息资源建设，不仅要全面收集和充分揭示文献信息资源，而且要按照方便用户检索利用的原则组织和揭示资源。其重点在于：第一，从读者的需求出发，在信息资源内容的选择上注重广度和深度的结合；第二，要合理设置传统资源和数字化资源的比例关系，重点发展数字化信息资源；第三，重视对各类型资源的整合，建立统一的数字资源检索和利用平台，提供能够跨库检索的“一站式”服务；第四，注重读者的个性化需求，通过交互式界面设置使读者可以从自己的目标和需求出发，定制自己的信息来源、呈现形式、服务功能等；第五，在充分沟通的基础上对读者信息行为进行分析和研究，建立读者需求信息资源的主动推荐和服务机制。

3.4 采用现代化技术手段和服务方式

首先，采用云模式进行信息资源建设。云模式作为一种技术概念和服务理念，兼具集成化与个性化、低成本与高性能的优势，能够在存储海量资源的基础上对资源进行灵活的组织调度并提供个性化服务，既有效降低单个党校图书馆信息资源建设的成本，又有利于党校系统信息资源共建共享的实现。结合党校图书馆实际，资源建设的云模式可以通过以下几个方面实现：①云存储服务，党校图书馆可以把数字信息资源存放于提供“云存储”服务的商业服务器中，而不需要建立本地存储；②软件服务，所需要的软件应用可以通过云计算以一种网络服务的形式提供；③共建共享的图书馆群中，既可以通过联合编目等形式共建“资源云”，也可以由中心图书馆作为“云”提供商，提供数据或者其他业务支持。

其次，基于移动阅读进行信息资源建设。随着数字化和媒体融合的不断发展，方便快捷的移动阅读逐渐成为趋势，党员干部也越来越多地利用新的信息手段和方式进行阅读和获取信息。2012 年 7 月 1 日，由中央组织部党员教育中心和人民网联合主办的《共产党员手机报》正式开通，习近平总书记出席了开通仪式。《共产党员手机报》设置了时事新闻、热点专题等 8 大板块、30 多个栏目，为广大党员干部提供无处不在、便捷高效的信息服务。因此党校图书馆应该把握移动阅读的发展趋势和党员干部的阅读需要，积极开展移动阅读服务，并为之做好资源建设。移动阅读服务的内容基础是数字资源，因此党校图书馆可以从自建和购买两个方面入手：一方面，在自建数字资源的同时兼顾移动阅读的需要，对资源的格式进行转化，使之能够适用于移动阅读终端的应用；另一方面，在购买数字资源时，合理配置部分移动阅读资源。

3.5 全面提升工作人员的业务素养

媒体融合背景下要提高图书馆服务效能，必须强化过程管理，全面提升工作人员的业务素养。

首先要秉承科学的态度编配工作人员。结合党校办馆实际和数字化信息化程度，全面加强馆员适应新技术的能力，还可采取定期与不定期相结合的方式，为馆员提供相关业务知识和技能培训。

其次要秉承务实的态度让人尽其才、物尽其用。全面加强硬件基础投入，不仅要完善党校数字化图书馆管理的基础，还应该尽可能鼓励年轻馆员借助媒体融合的信息优势，全面提升党校图书馆在党校学员以及社会层面上的认可度；与高校合作，结合党校图书馆业务工作实际需要，为馆员进行业务素质技能培训；有针对性地开展校招，强化图书馆的专业人才力量。

4 结语

综上所述，媒体融合时代的来临的确给党校图书馆的发展带来了压力和挑战，同时也是一种积极的推动。党校图书馆应顺势而为，将其转化为工作动力，树立优化管理、读者至上、技术争先的理念，在人员配置、资源建设、业务管理方面总结出行之有效的措施和方法，力争早日建设好新时代媒体融合背景下党校数字化图书馆。

参考文献

[1] 刘春柏. 关于媒体融合的几点思索[J]. 新闻传播, 2016（1）.

[2] 邓涛. 厘清“融媒体”及相关概念[J]. 采写编, 2015（3）.

[3] 新华社. 受权发布:《中国共产党党校工作条例》(全文)[EB/OL]. http://www.gov cnjng/2008-10/29/contnt. 1134879 htm.2011.

[4] 于光莲. 关于我国数字化图书馆建设的探讨[J]. 大观，2015（5）.

[5] 李艳，李珑. 大数据时代数字化图书馆建设探究[J]. 图书馆理论与实践，2015（1）.

[6] 刘礼德，刘肖，仇晓春. 关于数字化图书馆建设的调研报告[J]. 图书馆论坛，2003, 23（5）.

[7] 孙佃香. 一流的人才和队伍是创建“一流学府”的关键[EB/OL]. http://hory.pcople com.cn /GB/.11752875.html.2010-06-01/2012-03-25.

[8] 胡立耘. 论本土知识的数字化处理[J]. 图书馆建设，2016（3）.

[9] 郑寰宇. 论公共图书馆对孤儿作品的数字化使用——《公共图书馆法(征求意见稿)》的完善[J]. 图书馆工作与研究，2017（3）.

[10] 芭芭拉·斯克赫雷哈根. 数字化环境下的图书馆法律条例框架[J]. 图书馆建设，2016（1）.

[11] 皇甫娟. 国外数字化图书馆建设模式分析[J]. 科技情报开发与经济，2012（12）.

[12] 杜胜章. 数字化图书馆的建设与思考[J]. 科技市场经济，2017（2）.

[13] 张晓林. 超越图书馆：寻求变革方向——第 77 届国际图联大会观感[J]. 图书情报工作，2012（1）.

[14] 桑翔. 中国媒体融合的现状、模式和趋势研究[D]. 上海：华东师范大学，2010.

[15] 孔凡娟. 云计算带给图书馆的影响与思考[J]. 图书与情报，2010（2）.

[16] 伍晓星. 论复合图书馆的人力资源建设[J]. 图书情报知识，2003（1）.

[17] 张晓青. 论数字图书馆的用户管理与用户服务模式现代图书情报技术[J]. 2003（2）.

论信息化技术融入公共图书馆资源长期保存的策略探究

赵莎

（崇州市图书馆，四川成都，611230）

【摘　要】 作为公共文化的重要部分之一，图书馆里的图书资源非常多，其保存方式也非常重要。以往图书馆中的资源保存方式可能存在一些缺陷，因此会出现图书资源丢失的情况。随着现代信息化社会的来临，可以将信息技术融入公共图书馆资源的长期保存中，并通过多种方式完成资源的保存与备份，以此来增加资源保存的有效性。信息化技术在公共图书馆资源长期保存中的应用是非常重要的，可以避免一些意外情况的出现，也可以增加资源长期保存的效率。这不仅是技术得以实践的深刻体现，也是图书馆事业未来发展的必然选择。

【关键词】 信息化技术；公共图书馆；资源长期保存

与古代藏书楼不同，现代图书馆主张的是“人本位”思想，即图书馆要以广大读者的需求为原则。随着网络科技的快速发展，现代信息化社会的发展产生了很多的图书资源，而这些资源不仅仅有纸质的，还有数字化的，它是在信息化技术不断发展背景下形成的一种新式发展特征。作为各类型图书馆中覆盖面最大的公共图书馆，为了给广大读者提供全面的信息服务，就必须保证各类图书资源的完整性。因此图书馆需要针对资源进行长期保存，并利用合适的方式增加保存的效率。图书馆要针对信息化技术进行分析与研究，并找到适合资源长期保存的方式，这样可以增加保存的成效，也可以对图书馆的发展产生积极的推动作用。信息化技术在图书馆资源长期保存中的应用非常重要，需要针对其保存方式与策略进行详细的研究[1]。

1　信息化技术融入公共图书馆资源长期保存中的意义

在新时代背景下，文化已成为一个国家综合国力的重要因素，人们的工作方式不再只有传统的，还产生了很多的信息化工作方式。这样的方式不仅增加了工作的成效，还推动了各行业的发展与进度。图书馆资源长期保存也需要利用信息化技术。信息化技术的应用可以改变以往保存方式的不足之处，也能提高工作人员的效率，进而对图书馆资源的保存工作产生积极的推动作用。信息化技术的应用可以简化资源的处理与流通，也能节约很大的时间成本，而且还能节约图书馆的建设成本，从而节约经济资源，推动图书馆的发展。

通过将信息化技术融入公共图书馆资源长期保存中，可以在一定程度上实现资源共享，不仅给人们的阅读带来了很大的便利，还可以增加资源的利用率，从而推动图书馆数字化的脚步。传统的图书馆资源在保存的过程中会出现一些问题，而信息化技术的应用可以降低这些问题出现的概率，也能增加图书馆人员的工作效率[2]。

2　信息化技术融入公共图书馆资源长期保存中的方式

2.1　制定保存策略，明确保存内容

图书馆在工作运行的过程中要针对馆内的书籍资源进行了解，并进行高效保存，以此来增加书籍资源的完整性，进而增加保存的效率。公共图书馆中的资源非常多，部分图书馆在进行资源保存时选择的方式比较传统，但是传统的方式中存在一些问题，不仅影响资源的安全性、完整性，还会影响保存的效率。随着信息化时代的来临，公共图书馆会针对资源的保存方式进行升级优化，并将信息化技术应用在公共图书馆资源的长期保存中，这样可以保证资源的完整性，也能增加图书馆资源的利用率[3]。

公共图书馆的工作人员需要对资源长期保存的方式进行研究，并对信息化技术进行分析与研究，找出信息化技术在资源长期保存中的优势，并将其应用在公共图书馆资源长期保存中，以此来增加资源的完整性与利用率。公共图书馆的工作人员也需要明确保存的内容，将图书馆中的资源进行分级，根据不同的资源选择不同的信息化技术，这样可以增加保存的针对性。公共图书馆的人员要树立正确的保存观念，并随着时代的发展不断地优化保存方式，通过不断地优化可以增加资源保存的成效，也能体现信息化社会的特点。

2.2　增加人员素养，制定评价制度

信息化技术在公共图书馆资源保存中的应用对人员的专业素养也有更高的要求，图书馆要针对工作人员进行更加专业的培训，并引导资源保存人员不断增加自身的知识储备量。这样可以保证人员的工作效率，也能增加资源保存的成效。除此

之外也要制定相关的评价制度，根据人员的工作情况进行针对性的评价。这样可以增加人员工作的积极性。同时也要针对人员的专业能力进行检测与考核，这样可以增加人员对信息化技术的重视程度，也能提升人员的工作水平。通过增加资源保存人员的专业素养，可以提高保存的效率，而且评价制度的确定也可以增加人员的工作积极性，这样才可以体现出信息化社会的优势。

公共图书馆资源的长期保存是非常重要的，图书馆人员需要树立长期保存的理念，并明确长期保存的作用，这样可以很好地保护中华优秀传统文化，同时在进行资源的长期保存时也要注意内容的全面性与多样性，这样可以增加保存的质量。保存人员要有正确的方向与目标，合理地应用信息化技术，以此来避免一些问题的出现，也能增加保存的期限，公共图书馆要针对资源的保存制定专门的管理者，这样可以保证资源保存的系统性，也可以增加资源保存的严谨性。

2.3 设计专业软件，提高保存效率

公共图书馆在进行资源的保存工作时要确定方向，并找出正确的保存内容，这样可以增加资源保存的针对性，同时也可以提高保存的效率。公共图书馆的管理者要寻找合理的保存软件，并对信息化技术进行分析与研究，找出适合公共图书馆资源保存的系统，这样可以提高保存的效率。公共图书馆在进行资源的长期保存时，要根据长期保存的需求去进行技术的高效应用，同时也要利用专业的软件去进行资源的保存，并让专门的人员去完成软件的日常维护，以此来保证保存软件的正常运行。软件的专业性会对长期保存工作产生非常大的影响，为此需要利用更加专业的软件去完成资源的长期保存，并设计出合理的长期保存系统，进而增加资源的保存效率。

2.4 重视备份工作，增加保存成效

备份在公共图书馆中有着非常重要的存在意义。公共图书馆中的资源比较多，因此人员需要针对其中的重点资源进行备份，这样可以防止因为自然灾害而出现资源损毁的情况。公共图书馆资源长期保存人员需要重视备份工作的作用，并利用多种方式去完成资源的备份，这样可以增加保存的成效，也可以保证资源的完整性。公共图书馆中的资源非常多，其中也不乏中华优秀传统文化、中华历史等内容，这些内容都具有非常重要的意义，为此资源保存人员要针对这些内容进行重点备份。公共图书馆也可以通过异地主机的方式进行备份，这样可以增加资源长期保存的安全性，也能对图书馆资源长期保存工作产生积极推动作用。信息化时代的来临对公共图书馆的工作产生了一定的影响，管理者需要对信息化技术进行分析，并找出其中的优点，将其融入图书馆资源长期保存中，并完成资源的备份，这样可以对资源

长期保存工作产生积极的影响，还可以让资源得到更好的保存。通过完成备份工作可以增加人员的专业能力，保存人员要对备份工作进行充分的研究，并研究出适合公共图书馆资源备份的流程，从而有助于公共图书馆的发展与进步，也可以对图书馆资源的长期保存工作产生积极的影响，进而增加图书馆资源的完整性与安全性。

3 结语

总而言之，公共图书馆作为社会文化建设的重要部分，其收藏的文献资料对社会文化事业的构建及个人文化素养的提升，起着日益重要的作用。而信息化技术建设的来临给人们的生活、工作都带来了很大的便利，而且也提高了人们的工作效率。图书馆应与时俱进，迈向信息化的发展道路，更好地适应社会的变化，使图书馆真正成为人类知识的宝库。而如何将公共图书馆资源，进行长期的保存也是工作人员需要认真研究的问题。传统的图书馆资源长期保存方式上有一定的问题，势必会出现资源丢失的现象。信息化技术融入在公共图书馆资源长期保存中时，首先要制定出正确的保存策略，明确将要保存的内容，然后要提升工作人员的专业素养，并根据人员的工作情况制订相关的评价制度，其次是要设计专业的保存软件，以此来提高保存的效率，同时也要引导工作人员重视资源备份工作，这样便可以增加保存的成效。

参考文献

[1] 陶泓羽. 数字环境下公共图书馆馆藏资源长期保存策略研究[J]. 参花（上），2021（2）.

[2] 张雪艳. 公共图书馆如何在数字环境下长期保存图书资料[J]. 办公室业务，2020（9）.

[3] 张金梅. 数字环境下公共图书馆资料长期保存策略研究[J].才智，2019（2）.

大数据时代智慧图书馆建设路径分析

李辉

（彭州市图书馆，四川成都，611930）

【摘　要】智慧图书馆以提供泛在智慧服务为主，是继数字图书馆、复合图书馆后图书馆发展的一个更高级的形态。在大数据背景下，智慧图书馆建设利用传感器、云计算、区块链等技术，实现图书流、人员流、信息流的互联互通，极大地提高了图书馆服务质量。当前智慧图书馆建设在服务功能定位、人才梯队建设和投资建设动力上还存在不足，因此，文章对此展开探讨，提出针对性的优化策略。

【关键词】大数据；智慧图书馆；建设

2005 年，上海图书馆率先开设了手机图书馆，成为国内智慧图书馆建设的先行者。此后国内图书馆在信息化建设上不断加强，智慧图书馆随之兴起。2009 年随着“智慧地球”“智慧校园”“智慧社区”等概念的提出，智慧图书馆建设也迎来了研究热潮。时至今日，智慧图书馆已经与大数据密切联系，文旅部公布的《“十四五”公共文化服务体系建设规划》，明确提出要“推动公共文化服务数字化、网络化、智能化建设”；到 2025 年，全国公共图书馆年流通人次要达到 10 亿 ~ 11 亿人次，智慧图书馆体系建设取得明显进展，公共文化数字服务更加便捷、应用场景更加丰富。在大数据时代下，智慧图书馆具备了数据化与智能化的双重属性，围绕大数据与人工智能应用场景的扩展，使智慧图书馆有了更为全面的建设方向。但实际上，当前智慧图书馆建设还存在诸多问题，制约了传统图书馆的转型升级，因此，本文主要就大数据时代智慧图书馆建设的内涵、问题以及针对性优化策略展开研究。

1 大数据时代智慧图书馆的建设概述

1.1 大数据时代智慧图书馆建设的内涵

智慧图书馆（Smart Library）最早由芬兰学者 Aittola 提出，原本是图书馆的一种智能服务，即打造一种突破时间与空间界限的可移动图书馆服务，使读者能够随时随地进行图书查阅[1]。此后，随着互联网技术、RFID 实验构建技术、大数据与云空间技术等的加持运用，智慧图书馆有了更新、更深层的含义，即将图书馆服务的互联、高效与便利全面结合起来，打造一种集全面感知、立体互联、共享协同、节能低碳、整合集群、无线泛在和个性互动于一体的图书馆功能集成体系。基于智慧图书馆的发展定位，大数据时代的智慧图书馆建设更加具有多元性与泛在化，凡是有利于图书馆智能性提升与数字化发展的建设措施，均可纳入智慧图书馆的建设内容中。因此，在具备数字化与信息化的基础上建设智慧型图书馆，应强调用户基本借阅需求的满足，侧重提高图书馆的服务体验与智能借阅，给予用户宾至如归和身临其境的服务体验。

1.2 大数据时代智慧图书馆的建设原则

根据大数据时代智慧图书馆的建设内涵，结合实际的建设活动，当前智慧图书馆的建设需要坚持以下原则：一是标准化和规范化原则。大数据环境下，数据节点与信息传输无处不在，图书馆作为知识符号与文明信息的载体，其正常运行中产生的信息采集加工、传输存储、传播利用等都需要纳入统一的处理标准与建设规范，由此实现行业的一体化建设，使智慧图书馆建设的统一趋势更加明朗[2]。二是开放性和集成性原则。智慧图书馆作为公共文化的重要组成部分，在为读者提供智能化阅读服务的同时，要求具有普适性的群体开放与信息集成，以更好地融入互动式与自主式的服务管理中。因此，在智慧图书馆建设过程中，要求有利于内容与信息的开放，以及“图书馆—读者”的集成。三是共建性和共享性原则。大数据无论是存储容量、数据种类、读写速度、处理过程还是来源渠道，其工作量对于单一图书馆主体而言都是巨大的，因此，以大数据为背景的智慧图书馆建设，需要以共建性和共享性为原则，通过互通互联与系统共享，实现智慧图书馆诸多功能的研发完善，推进图书馆发展的智能化。

2 大数据时代智慧图书馆建设的困境

2.1 投资建设的动力不足

智慧图书馆的建设并非一朝一夕之功，各项功能的完善与延伸需要技术与设备的日积月累，而实际上，随着大数据应用场景的不断蔓延，智慧图书馆建设动力有所欠缺。一方面，我国自改革开放以来，便极为重视社会主义文化事业的建设，图书馆如雨后春笋般发展起来，因此，进入 21 世纪，图书馆基本能够满足广大群众基本的图书借读需求，并融入精神食粮之中[3]。因此，在基本满足社会需求的情况下，当前图书馆的数据化与智能化的更新迭代便有所不足，从而影响智能图书馆的投资建设动力。另一方面，基于大数据的智慧图书馆建设对技术、人才、设备、资金的要求较高，因此需要不断优化完善与之相适配的配套机制。但由于智慧图书馆建设仍属于新事物，在动力机制上还不成熟，加之只单纯地依靠政府财政拨款，其动力源泉显得极为薄弱。

2.2 人才梯队的建设不力

无论是智慧图书馆建设，还是图书馆的大数据运作，需要系统性的数据人才与智慧人才匹配，而实际上，当前智慧图书馆人才梯队建设极为不力，人工智能领域、大数据建设领域的人才配备不足。一方面，智慧图书馆建设需要“精尖专”的技术人才，这些人才在搭建好智慧图书馆的模型后，除了后续的技术维护与整修外，便不需要如此多的技术人才。因此，无论是传统图书馆运行，还是智慧图书馆建设，技术人才都面临相对尴尬的境地，即建设过程能够发挥重要作用，一旦智能化功能实现后，人才团队便面临涣散的风险。另一方面，当前智慧图书馆是图书馆发展的主流趋势，在这一趋势推进下，具备大数据分析能力与信息技术应用能力的人才成为各大图书馆争抢的“香饽饽”，而这种供不应求的状态也会影响智慧图书馆人才梯队的建设水准。此外，传统图书馆的技术人才相对停留在数据面板的检索与数据库更新上，对智慧化改造与大数据应用的技能与方法相对缺失，这也是人才梯队建设不力的重要原因。

2.3 服务功能的定位不准

智慧图书馆建设的服务功能在于为阅读者提供便捷的服务，包括资料查询、书籍查找、信息获取、阅读服务、服务选择等多位一体的功能定位，解决传统图书馆与智慧图书馆之间存在的“数据孤岛”与“信息衔接”的问题，尤其是在互联网、大数据、云存储、区块链等技术的衍生下，智慧图书馆的智能化越发凸显。但实际上，当前智慧图书馆的建设工作并未明确最终目标，单纯地将智能化等价于数字化、信息化或平台化，来打造相关技术的载体。换言之，即盲目投入技术与设备，使图书的借阅与服务更加复杂。例如在实际建设中，盲目使用 VR 和 AR 技术，忽略了设备的运用需求与实用功能，原本二维影像能够满足资料查阅需求，偏要多此一举建设 3D 与 VR 等多维阅览室。而且，智慧图书馆建设也是图书馆文化气息与资源布局的有效展示，在实际建设中往往侧重于技术上的应用升级，而忽略了个性化、多元化的服务环境营造。

3 大数据时代智慧图书馆建设路径分析

3.1 增强智慧图书馆的建设动力

当前，图书馆要立足于大数据环境，从投资渠道、配套机制与转型需求上着手。首先，可以创新智慧图书馆的投资建设来源，扩充资源来源渠道，构建以政府财政拨款为主体，图书馆、社会公众、福利机构共同参与的投资渠道。通过图书馆自身资金筹集、社会公众与福利筹款的方式，丰富智慧图书馆的资金来源渠道，为智慧图书馆建设提供资本动力[4]。其次，在配套机制上，在顶层制度层面完善对智慧图书馆建设的引导，出台包括资金、技术、人才在内的配套制度，完善智慧图书馆建设所需的资金来源与使用、技术标准与规范、人才培养与聘用等方面的方针，为智慧图书馆建设提供保障。最后，根据图书馆当前的服务人次、设备配置、技术水平等选择性地开展智慧图书馆建设，集中力量建设几所标志性的智慧图书馆，然后将经验与技术延伸开来，从而推广应用到其他图书馆的智能化升级过程中。此外，增强智慧图书馆建设动力还需要图书馆自身客观条件的配合，例如管理机制的优化、建设能力的提升等。

3.2 重视智慧图书馆的人才建设

大数据时代集合了多元数据处理、多维信息集合，为构建沉浸式的图书服务空间奠定了技术基础。在智慧图书馆建设中，以大数据人才为代表的建设队伍则是人力保障，所以，要重视人才建设。智慧图书馆的建设需要对各项信息技术进行合理使用，因此对高端信息技术人才的需求是必要的。图书馆应当优化现有的内部人才管理体系，一方面加强对现有的信息技术人才的教学培训工作，另一方面广泛地与高校以及社会培训机构进行合作、交流，完成对信息技术人才的储备。同时为了提高图书馆对相关高端人才的吸引力，图书馆应当优化现有的薪酬制度，强化已有人才在数据面板检索、数据库建设、智能化服务上的专业能力，提高相关技术人员的福利待遇，为图书馆引入更多高端人才，以推进智慧图书馆建设的进程。此外，还需要对技术人才今后的职业规划加以干预，智慧图书馆作为公共服务部门，其所需的技术人才相对较少，因此，在完成智慧图书馆建设之后，对部分技术人才的留用与解聘要在建设之初便引起重视。

3.3 创新智慧图书馆的服务功能

当前智慧图书馆的建设还需要创新和精准定位服务功能，具体而言，一是加强智慧图书馆各项服务功能的创新开发，为阅读者提供包括资料查询、书籍借阅、环境改善、阅读服务于一体的便捷服务，例如结合大数据分析技术对每一位用户的偏好特征进行总结，及时通过新媒体向其推送个性化的服务。二是尽量突破传统图书馆与智慧图书馆、电子文献与纸质文献、线下人工服务与线上智能服务之间存在的“数据孤岛”与“信息衔接”的问题，根据服务需求将大数据与区块链技术、人工智能技术在内的技术融入智慧图书馆建设之中，立足于少数阅读者的需要增设多媒体浏览室、VR 阅览室等。三是在智慧图书馆建设中多注重文化气息与资源布局的有效展示，将其与技术升级结合起来，满足读者个性化、多元化的服务需求。此外，还需要增强图书馆的互联网思维，强调图书馆的核心价值。智慧化建设时期，要杜绝绝对化的“技术论”，重用技术的同时注重人文建设。

4 结语

综上所述，智慧图书馆是一种集全面感知、立体互联、共享协同、节能低碳、整合集群、无线泛在和个性互动于一体的功能体系，当前建设过程中还面临投资建设的动力不足，人才梯队的建设不力和服务功能的定位不准等问题，因此需要不断增强智慧图书馆的建设动力，同时重视智慧图书馆的人才建设，创新智慧图书馆的服务功能。

参考文献

[1] AITTOLA M, RYHANEN, OJALA T. Smart library: location-aware mobile library service[J]. International Symposiumon Human Computer Interaction with Mobile Devices and Services, 2003(5).

[2] 王世伟. 图书馆智慧体是对图书馆有机体的全面超越[J]. 图书馆建设，2022（3）.

[3] 张艳霞. 高校智慧图书馆建设的理论与实践探究[J]. 产业与科技论坛，2022，21（6）.

[4] 冯一杰，邵波. 图书馆智慧空间建设规划与实施策略[J]. 图书馆论坛，2023（1）.

智慧图书馆服务体系建设浅析

廖珧琦

（彭州市图书馆，四川成都，611900）

【摘　要】 党的二十大报告指出，健全现代公共文化服务体系，创新实施文化惠民工程。人们日益增长的学习阅读需求给我国公共图书馆转型升级带来新挑战、新思考，对图书馆读者服务工作提出了更高的要求。如何延伸文化服务触角，构建公共文化服务体系，推动公共文化服务效能提升就显得格外重要。本文将探讨公共图书馆如何借助公共数字文化资源建设，释放数字文化传承魅力，拓宽全民阅读推广新路径，旨在为后续进一步开展工作提供一定的系统思考和对策建议。

【关键词】 公共图书馆；服务创新

引言

根据《第十九次全国国民阅读调查结果》显示，我国成年国民包括书报刊和数字出版物在内的各种媒介综合阅读率为 81.6%，较 2020 年的 81.3%提升了 0.3 个百分点；《2021 年度中国数字阅读报告》显示，2021 年中国数字阅读用户规模达 5.06 亿，其中 44.63%为 19 至 25 岁的用户，27.25%为 18 岁以下用户。由此可见，国民阅读风潮趋向年轻化、线上化与智能化。

党的二十大报告指出，要“推进文化自信自强，铸就社会主义文化新辉煌”；提出“深化全民阅读活动”使命任务。图书馆作为广大人民群众终身教育的重要场所，拥有传递科学情报、开展社会教育提供文化娱乐的重要职能，在群众的精神文明建设当中起到了不可或缺的作用。为更好地满足读者的精神文化需求，健全现代公共文化服务体系，如何开展信息化传播方式的变革，进一步加强数字文化资源建设，已成为当下智慧图书馆建设的重要研究课题。

1 图书馆工作中存在的问题

1.1 管理系统不健全

目前国内部分公共图书馆已经开始了智慧化图书馆的改造建设，在这个过程中暴露出了许多管理系统上的问题。首先是建设方案不细致、管理分工不明确，目前智慧化图书馆建设仍然处于探索试验阶段，难免出现管理漏洞；其次是智慧化图书馆建设的管理相关软硬件配套设施难以满足实际需求，软件管理系统与硬件配套设施仍存在改进空间[1]。

1.2 馆藏资源使用效率下降

新时代背景下，传统的馆藏模式主动性较差，难以满足当下人们的阅读需求。智慧图书馆建设的目的是最大限度地发挥馆藏图书资源，但从现实情况来看，先进理念与智慧图书馆融合度不够，图书馆馆藏资源信息采集、分析不够精准，用户在国内大部分图书馆网站中，需要通过不同的检索入口寻找不同的资源类型，读者对相关智慧图书馆系统的了解与应用程度较低，智慧服务还处于初级阶段[2]。

1.3 缺乏专业的队伍和人才

“智慧”馆员是智慧图书馆服务中不可或缺的要素之一，是智慧图书馆提供智慧服务的核心力量。在信息化时代背景下，读者的需求不断提高，对图书管理员的要求也是越来越高。图书馆员除了需要做好日常最基础的图书外借、上架、采编、读者服务、办公室业务等工作外，还需具备应用知识数据库和计算机网络平台管理的能力。但就目前情况而言，公共图书馆中在编人员数量偏少、临聘人员偏多，很多人并未接受过专业的图书馆相关工作训练，部分在编人员存在知识结构单一且落后的问题，对大数据技术、云计算等智慧图书馆的重要技术认识均不够，难以满足信息化时代下智能图书馆的多元化服务需求[3]。此外，由于公共图书馆常年开放，图书管理员通常需要排流通班，所以管理系统的能力、技术人员、专业的知识服务技能都很难支撑智慧图书馆的进一步发展。这也是智慧图书馆在提供智慧服务的过程中需要考虑的问题。

1.4 活动形式单一，难以达到预期的效果

公共图书馆是推进全民阅读的重要阵地，创建、培育真正符合读者喜好的阅读推广品牌，有助于吸引更多群众走进图书馆，从而爱上阅读、享受阅读，润物无声，

稳步推进全民阅读，建设书香社会。以彭州市图书馆为例，为更好地了解图书馆阅读推广品牌（全民阅读推广活动、“彭州读”周末活动、“花样阅读”亲子系列活动、《湔江讲坛》公益讲座）的实际开展情况，彭州市图书馆采用调查问卷的形式，对80场品牌阅读活动的参与群众发放了“彭州市图书馆阅读推广活动满意度调查表”。题目设计“阅读推广活动的了解渠道”“读者参加阅读推广活动的次数”“活动形式、内容的评价”等内容，读者以匿名的方式进行填写。调查共回收样本1194份，其中“通过互联网渠道了解阅读推广活动”“每年参加3次以内阅读推广活动”“希望能有更多种类、活动形式”的票选读者最多。由此可见，当前阅读推广工作存在以下3个问题：① 宣传力度不到位，许多读者不知道活动报名方式、来源；② 阅读推广活动开展形式单一，局限于征文比赛、读书会、读书主题活动、讲座等形式；③ 缺乏完善的长效吸引机制等。

2 图书馆创新发展路径分析

2.1 树立“智慧化”服务创新意识

图书馆公共文化服务体系如一座桥，连接图书馆和读者。“互联网+”时代，图书馆已经不再是读者获取图书阅读资源的第一选择，更多的读者偏向使用各类搜索引擎查找所需的信息资源。图书馆如果还停留在被动服务模式中，将难以吸引读者，进而导致丰富、优质的馆藏资源的浪费。因此，图书馆需要强化“智慧化”服务的主动性，通过采集和深度挖掘读者数据，了解读者阅读需求，优化读者的使用体验，提升图书馆服务响应力，进一步健全服务体系，扩大图书馆文化传播的辐射范围与力度[4]。

2.2 优化“智慧化”馆藏系统

通过移动互联网、人工智能技术、云计算、虚拟技术，克服数字化整合服务力度不足、群众参与度不高、数字文化资源传播率低的问题，利用互联网共享的实时、高效等特点，将馆藏文本资源转化成数字化形态，全方位整合优化图书馆纸质、电子、视频、音像等资源，形成完整的数字化资源库，发挥阅读不受复本和空间限制的优势，为读者提供更有效率、更加便捷、更高质量、更可持续的知识导航、信息检索、参考咨询等跨库、跨平台的一站式阅读服务，拓展图书馆移动端阅读功能，最大限度地利用图书馆资源和网络资源，为读者群体使用数据资源提供智慧化服务。

2.3 打造“智慧化”创新服务团队

为读者服务是图书馆工作的基础，良好的读者阅读体验是图书馆创新服务的目标，做好数字馆藏的信息时代发展离不开优秀的图书馆员，所以加强人才团队建设尤为重要。一方面要制定符合发展要求的招聘标准，引进掌握先进技术的高素质专业人才，不仅具备相关基础知识，还具备计算机科学技术、电子信息、通信工程等高素质专业技能的人才，了解、熟悉图书馆领域新技术应用与发展，对数字化建设以及相关数据工作具有较强的感知能力。另一方面，开展系统性、有针对性的图情专业培训，优化馆员的绩效考核制度、年度考核制度、人才选拔制度，提高图书管理员的专业素养，激发馆员提升自我专业技术水平、提供智慧服务的动力，促进馆员转型成长为“智慧化”人才，达成“智慧化”创新服务目标，赋予图书馆服务创新更多可能性。

2.4 创建“智慧化”阅读推广服务模式

互联网信息技术的全面发展以及大数据、云计算、物联网等网络技术和科学技术的快速发展，使图书馆事业发展获得了更多可能与机会。图书馆需要积极主动地转变服务理念与服务模式来适应科技发展的趋势，将读者服务工作模式与信息化技术相融合，充分挖掘读者的潜在需求，通过引进智慧化信息技术与设备、改变固化的阅读推广方式，扩展活动覆盖领域，尽量满足不同年龄段读者不同的阅读需求，扩大社会对全民阅读的认知度和认同度，激发广大群众读书热情，增加品牌阅读推广活动的参与者黏附性，实现“智慧化”服务的多样化、人性化管理，为广大读者带来全新的阅读体验，用智慧手段增强读者的认同感和满意度[5]。

综上所述，为完成公共图书馆服务创新任务，需进一步优化“智慧化”馆藏资源，打造“智慧化”创新服务团队，创建“智慧化”阅读推广服务模式，统筹数字化服务创新资源，积极采用新理念与新技术给全民阅读推广工作带来加速度，给广大人民群众提供更优质、更令人满意的服务。

参考文献

[1] 王伟. 市属高校档案室升级建馆探究——沈阳大学建馆实例[J]. 卷宗，2019（16）.

[2] 宋敏. 智慧图书馆建设的若干思考[J]. 兰台内外，2020（3）.

[3] 郑辉. 新时期公共图书馆智慧服务体系构建策略研究[J]. 河南图书馆学刊，

2021（11）.

[4] 文庭孝. 大数据时代图书馆创新发展思考[J]. 图书馆，2019（5）.

[5] 王芳."互联网+"时代高校图书馆管理与服务的创新策略[J]. 陕西理工大学学报（社会科学版），2019，37（1）.

“元宇宙”中智慧图书馆建设模式探析

杨露萍

（彭州市图书馆，四川成都，611930）

【摘　要】2021 年，“元宇宙”一词突然火爆各大平台，互联网企业纷纷发布与“元宇宙”相关的战略。图书馆作为知识传播、资源储备、社会服务的公共化平台，也应紧跟时代潮流，利用前沿科学技术，在“云宇宙”中构建虚拟空间，建设智慧图书馆。基于此，本文结合“元宇宙”概念，通过分析在“元宇宙”中智慧图书馆建设的基本特征、技术需求、应用场景和促进作用，对未来智慧图书馆的发展建设新路径提供参考，以便更好地在“十四五”中构建新发展格局，促进我国公共文化事业的发展。

【关键词】元宇宙；智慧图书馆；建设模式

2021 年被众人称为“元宇宙元年”，国内外互联网企业频频出手。2021 年 7 月，Facebook 率先出招，宣布将在 5 年内把公司转型为元宇宙公司，大力开发 VR/AR 业务；后有微软瞄准企业级元宇宙，主打 HoloLens 的商用 MR。国外企业在缜密布局，国内大厂也不失时机。腾讯公司宣布与游戏 UGC 平台 Roblox 合作，成立中国公司，并于 2021 年 3 月，使 Roblox 在纳斯达克上市，号称“元宇宙第一股”；而字节跳动以 90 亿价格收购了 VR 硬件公司 Pico，在中国 VR 硬件市场份额中位列第一。

在碳达峰、碳中和系列政策的背景下，传统图书馆转型已成为当下的“硬指标”。未来，智慧图书馆建设必将秉持智能化、绿色化、服务化的设计理念，进行产业链优化，运用先进的科学技术打造绿色、生态、智慧的场馆。

1　元宇宙起源

“元宇宙”一词最早来自于美国科幻小说《雪崩》，在严峻的通货膨胀情况下，当前社会生存环境恶劣、钱财贬值极其严重。人们不得不改变生活方式，在现实生活与虚拟空间中不停切换，通过佩戴 VR 设备，连接终端，就能进入虚拟空间。而“元宇宙”则代表了超越现实的虚拟空间。

2 “元宇宙”中智慧图书馆建设基本特征

尽管当下“元宇宙”还处于雏形阶段，但新时代的轮廓已经勾画，传统图书馆转型升级也迫在眉睫。受 AR/VR/MR、5G/6G 技术、人工智能、数字孪生等新兴信息技术的颠覆性影响，传统图书馆需向智慧图书馆转变，逐步走向智能化、虚拟化、生态化的发展道路。

根据 Roblox 公司提出的“元宇宙”八大要素：身份、社交、沉浸感、低延迟、多元化、随时随地、经济系统、文明。笔者认为在“元宇宙”中智慧图书馆需具备四大特征：

虚拟化分身。现实生活中每位读者进入智慧图书馆都需要登录自己的身份 IP 卡，且与现实中真实身份信息相符。但在虚拟空间中，每位读者可以根据个人喜好，对人物角色进行设定，制定属于自己的专属形象。

沉浸式观感。读者穿戴 VR 设备，通过 6G 技术的快速传输速率，进入智慧图书馆时，个人的触觉、听觉和视觉均能得到感受，从而拥有身临其境的真实体验观感。

海量性资源。在智慧图书馆中，依托云计算和大数据处理技术对国内外现有图书资源、海量信息等进行数字化处理，电子编目整合，构建起庞大的图书资源管理系统，营造网络生态，吸引千万流量，汇聚海量信息，满足读者的不同需求。

开放式交流。智慧图书馆能够提供丰富的线上社交场景，例如公共教室、咖啡厅，甚至各大名胜景区、休闲场所等，读者可以根据自身的不同需求，在虚拟空间中自由切换场景，进行语言交谈、学习互动、创新创造。

3 “元宇宙”中智慧图书馆建设技术需求

随着信息应用科学技术的不断突破与迭代更新，互联网上快速的传播速率、精准的算法都使人类生活更加方便和快捷。而“元宇宙”中智慧图书馆的发展，也离不开各个领域技术的协同支撑，尤其是数字底层技术的应用。

3.1 6G 网络技术

中国信息通信研究院发布的《6G 总体愿景与潜在关键技术白皮书》中提到，6G 将在 5G 基础上由万物互联向万物智联跃迁。未来 6G 将呈现出沉浸化、智慧化、全域化等新发展趋势，形成沉浸式云 XR、全息通信、感官互联、智慧交互、通信感知、普惠智能、数字孪生、全域覆盖等八大业务应用。现实世界中的任何事物都可以通过数字化来传递信息，成为联接真实物理世界与虚拟世界的桥梁，带来强烈的感官、情感和意识冲击，给予读者极致的体验，助力人类实现“万物智联、数字孪生”美好愿景。

3.2 大数据处理

大数据在智慧图书馆中起到基础性作用。海量图书馆藏资源进入“元宇宙”，背后必须有庞大高效的计算机处理系统，对数据进行归类、收集和解析。同时有着云计算的加持，各类数据之间建立紧密的逻辑联系，可以针对不同读者的搜索需求，在海量资源中做到快速检索，过滤筛选，精准定位，使得查找过程更加智能化、便捷化、精准化。

3.3 VR/AR/MR（虚拟/增强/混合现实）

VR/AR/MR 分别是虚拟/增强/混合现实。“元宇宙”的空间搭建离不开这三者，是三者的有机结合。其中 MR 是基于前两者技术上的更进一步发展，通过在现实环境中引入虚拟场景，搭建信息反馈通道，来增强读者体验的真实感。读者可以佩戴 VR 设备在数字孪生环境中进行信息交互，进而突破现有空间限制，开启沉浸式体验。智慧图书馆将凭借 VR/AR/MR 的感知交互、网络传输以及渲染处理等技能发展出新型服务方式。

4 “元宇宙”中智慧图书馆建设应用场景

传统图书馆发展升级，经过数字图书馆的过渡，最终融入 6G、大数据、云计算、人工智能、AR/VR 等技术，形成智慧图书馆。目前，国内各大图书馆都在积极寻求转变升级，来适应现代信息技术发展的快节奏。根据现有技术，未来智慧图书馆服务方向主要分为四个方面：智慧阅读、智慧场馆、智慧管理、智慧防护。

4.1 智慧阅读

6G、人工智能、AR/VR 等技术将推动现有阅读方式向智慧阅读发展。图书馆内线上下资源众多，虽然实体书籍已经在向电子书籍演变，但流通形式仍然具有限制性，例如：实体书籍借阅范围、时间均有限制，占用空间过大；典藏书籍和重点保护古籍只能通过外观欣赏和图片展示的方式进行阅读，过于生硬。而“元宇宙”中智慧图书馆可在数字孪生体系下，将典藏书籍和古籍通过 3D 仿真呈现，读者佩戴设备，均可实现手动翻阅，开启沉浸式阅读。

4.2 智慧场馆

未来图书馆将基于先进科学技术之下，通过大数据信息采集并整理，云计算捕获关键信息点，进行筛选传递，同时人工智能及时干涉处理，可以对图书馆内的业务工作作出智能反应，实现虚拟控制。而读者进入智慧场馆，将在其引领之下，根据需求选择不同场景，开展文献搜索、语音导航、分享交流、创新创造等活动。

4.3 智慧管理

智慧图书馆需要构建统一稳定的管理后台，图书馆工作人员仅需通过新技术对数字孪生中的虚拟空间进行管理与维护。除此之外，智慧图书馆内还可以创建智慧管家，将读者视为核心，对其在 3D 仿生环境中的行为偏好、阅读习惯、动态轨迹进行实时监测，数据评估，提供个性化的贴心服务。

4.4 智慧防护

智慧图书馆能有效保证读者的身体健康和生命安全。读者利用虚拟形象进入馆内，通过线上阅读、交流、分享的方式，有效隔绝不安全因素。针对数据安全，智慧图书馆内仍要建立风险预警、联动控制以及应急响应等多种机制，实时馆内重点保护数据进行监控跟踪，完善数据保护的统筹协调，规范数据保护法律体系，做到有效预警，及时响应，精准解决，避免受到他人的恶意攻击。

5 “元宇宙”中智慧图书馆建设促进作用

5.1 个性化服务

随着大数据、云计算、人工智能等技术发展和应用，读者借助设备对图书馆内的海量图书资源和信息进行搜索、查阅时，图书馆内可以设置 AI 智慧管家，用于跟踪、分析、监测读者数据，从而获取有用信息，并归纳总结读者阅读喜好，进行记忆掌握。在读者休闲放松时，适当个性化推送，提供具有针对性的阅读内容，从而节约读者查找翻阅时间，加大阅读的舒适性，提升智慧图书馆的服务水平。

5.2 达到资源共享

在现有的图书馆之间，虽然交流沟通越发频繁，但内部仍然存在图书馆藏资源不均衡的问题，东部与西部，发达与欠发达地区之间资源壁垒仍然存在。而“元宇宙”中智慧图书馆的诞生将解决这一难题。只需要构建一座庞大的数字孪生图书馆，全国上下读者均可以佩戴 VR 设备，随时登录进入图书馆。这一形式打破了时间、空间的限制，使得结构层次多元化，节约了人力、财力和物力。在智慧图书馆内，一方面读者可随时获取图书资源，不受其他限制，提高个人时间利用率；另一方面，这种模式也扩大了现存图书馆的覆盖范围，形成了统一管理的局面。

5.3 建设书香中国

智慧图书馆的建设，可以让图书资源成为全民共享。在 6G、人工智能、AR/VR 的技术支持之下，借助智慧图书馆的虚拟平台，内部馆藏资源可以覆盖中国上下，东西南北。每位读者均能享受同样的教育阅读资源，并且随时随地获取，打破资源的不平衡，这才是真正地推动书香中国的建设，做到全民阅读，构架起全民共享的知识服务体系。

6 结语

“元宇宙”的兴起势必会引起每个行业的变革。以大数据、云计算、6G 、人工智能、AR/VR 为核心的智慧图书馆的转变势不可挡。我们只有顺应潮流、积极应对、着力创新，才能建设美好智慧图书馆。同时，图书馆工作人员也要不断提高个人能力和专业技术，为建设智慧图书馆打下良好基础。而智慧图书馆必将向高效、互联的智能化体系发展，深入社会的方方面面，为人们提供更加方便且高效的个性化服务。

参考文献

[1] 薛静宜. 元宇宙在广电行业的探索与应用[J]. 广播电视网络，2021（10）.

[2] 吴巍. 元宇宙背后的数字化基础建设[J]. 上海国资，2021（11）.

[3] IMT_2030 推进组. 6G 总体愿景与潜在关键技术白皮书[J]. 互联网天地，2021（6）.

[4] 胡娟，柯平，王洁，卢晓彤. 后评估时代智慧图书馆发展与评估研究[J]. 情报资料工作，2021（7）.

智慧图书馆服务前景

谭丽沙

（温江区图书馆，四川成都，611130）

【摘　要】 中国经济社会的快速发展，有力地推动着科技领域的发展，对研究人员的知识储备也有了新的需求，从而使整个社会对人们的知识要求显著提高。在科学技术创新的重大背景下，图书馆建设在适应人们读书需要方面起到了重大作用。通过先进的技术和先进的建筑理念，把图书馆构建成一座现代化的智能阅览平台。这些建筑模式不但适应了人类对阅览的全新要求，同时对图书馆未来的发展有着重大的意义。

【关键词】 智慧图书馆；服务；信息技术；前景

1　什么是智慧图书馆

1.1　智慧图书馆的提出

“智能图书室”一词是芬兰奥卢大学图书馆专家 Aittola 在其 2003 年的著作《智能图书室：基于位置知觉的流动图书馆服务》中最先提到的。智能书库，是一款可以随时展示图书资料的手机知识服务平台，它以用户为中心，通过各种技术使读者获得更加便捷的阅读体验。目前，“智慧图书馆”已成为世界图书馆界所瞩目的焦点之一。从 2000 年开始，我国图书馆也逐步进入信息化建设阶段。IBM 在 2008 提出了“智能图书馆”的概念，人类历史上首次实现了万物的数字化、网络化 IBM。智慧城市、智慧校园、智慧医疗服务等智能互联网及网络终端服务快速发展。在智能世界、智慧信息时代，纵观我国图书馆建设发展的历程，我国图书馆在由传统图书馆向数字图书馆转变的进程中，也需要向全智能方向转型。“智慧+图书馆”的概念正向更多领域发展，这对图书馆的服务理念、服务内容、服务模式产生了重要的影响。

1.2 在世界各地建立智慧图书馆的举措

随着信息时代的来临，物联网科技进展很快，人工智能科技获得应用，大数据与云计算技术孕育着智慧图书馆。在美国和加拿大，对智能图书馆的各个方面都展开了系统性研究，并形成了“智能图书馆”联盟。中国国家图书馆、深圳图书馆、武大图书馆等院校图书馆也展开了对智能图书馆的研究。近年来，智能图书馆也受到了国内专家学者的普遍重视。

四川省图书馆、成都图书馆与重庆市图书馆联合创建了成渝地区公共图书馆联合体，共同促进了成渝地区公共图书馆事业的高质量发展。成都图书馆联合四川省图书馆，实现了省级公共图书馆读者互认和图书的通借通还服务，并支持了成都市二代身份证和四川省第三代社保卡的自助借还服务。同期，与资阳市图书馆联合正式推出“成资公共图书馆图书通借通还服务”；与成德眉资四地馆联合签署了《成德眉资公共图书馆区域联合整体框架协定》,联合推动并实施了四地公共图书馆的业务合作、集群服务。

2 信息技术是关键

2.1 需要采用哪些信息技术

建设智慧图书馆的关键是云计算、大数据、物联网、射频识别（RFID）技术、5G 技术等新信息技术。

此外，其他一些新型智能化设备，如 AR、机器人等新型设备在建设智慧图书馆中也起到了独特作用。

2.2 信息技术给图书管理员带来的便利

目前，图书馆主要是使用条码技术作为识别手段管理书籍。不过，条形码尽管便宜、制作简单等，但也有一些先天劣势。比如易于损坏、空间小、必须附加书籍等，这使条形码使用起来很不方便，而且不能快速地对书籍进行盘点、搜索和排架，因此对于图书馆来说，条形码并不完美。

随着科技、社会的进步及信息搜集，读者对图书馆服务质量的要求也与日俱增。怎样提升服务水平、内部的管理水平与效率，是图书馆管理部门最迫切需要解决的问题。而 RFID 技术则能够解决这些问题，通过鉴别、跟踪并保存馆内的各种资源，并利用 RFID 系统完成了藏书借还、上架、检索、藏书盘点等功能，从而极大地改善了管理方法、提升了效率、减轻了管理者的劳动强度。

2.3 信息技术给读者带来的便利以及新体验

读者可以通过本人的身份证、社保卡以及通过智慧图书馆等借阅平台的数字化扫描，信息也可以通过在该系统上录入个人身份记录、借阅、消费、查询等多种内容，读者通过使用身份证也可以了解个人行为。如离馆时间、借还图书时间、书目、借还时间记录等。并通过数据收集方法，建立用户数据资料库，以方便图书管理员的信息管理和使用者情况管理。

受到以上各种因素的影响，图书馆自习室常常面临着浪费座位的问题，也导致相关公共资源的大量浪费，订座系统可以避免这个问题。位置预订管理系统利用红外传感器来判断位置的状态，位置预订信息由 RFID 读取器模块确定，数据可以通过通信网络技术进行信息传递 RFID 读取器模块来确定位置预订信息，并利用通信网络技术进行数据的信息传递。读者能够利用终端设备预定并检索图书馆位置，运营模式和一般电影院选座位方式相似，但运营过程非常简单，也在一定程度上减少了占座位的现象。

5G 的创新技术有效推动了物联网、虚拟现实、虚拟增强现实、无线传感和知识平台以及智能平台应用的研发和推广。5G 体验馆的建立，不仅能让读者直观体验 5G 技术，还能在查询、检索、知识获取、决策分析等方面体验 5G 技术与图书馆服务的融合，让读者体验优质的信息服务体验。AR 或 VR 技术和可穿戴设备在图书馆中的应用，使图书馆的知识互动更加开放，让读者与知识深度融合，为读者提供丰富的情感反馈服务，全新的信息获取和感知体验。

3 公共图书馆智慧服务的前景

虽然现阶段智慧图书室的构建很艰难，但伴随 RFID 等物联网的跨越式蓬勃发展，智慧图书馆将呈现出巨大的发展前景。

3.1 建立全新的交互维度

在物联网条件下,智能书库内的每一本书中都内嵌了一种微型智能传感器芯片，能够自动动态地发送信息，书籍可以自动表达，读者与图书馆的联系更加紧密，创造了一种全新的互动方式。当微芯片运用在图书馆中进行编目管理系统时，OPAC 系统将以一个完全不同的形式提供图书资讯，并将其展现得更加深入。同时，免费获得书籍摘要、专业介绍、同行评价等资讯，用户可以和管理员实现更深入、更广泛的沟通。图书馆服务将越来越人性化、个性化、智能化、知识化。微智能传感器芯片用作藏书管理系统，不但便于书籍的密集存放，同时在读者需要书籍时，系统会自动发出书籍信息，同时书柜也会自动开启，读者能够更加便捷地借阅书籍。微智能传感器芯片作为读卡器，读者的身份证识别更为灵活便捷，管理也更为灵活自如，读卡器功能也更为人性化。

3.2 实现读者信息自组织和知识空间的构建

智慧图书馆既是 RFID 等现代物联网技术发展与广泛应用的必然产物，也是现代硬件、软件、操作系统、终端与应用程序的融合。智慧图书馆关注信息主体和知识之间的相互语境，描述了知识主体和知识要素间的相互关联与语境，以及知识创建、获得、传递、组合与使用的完整生命周期。它能够利用传感器与任何终端设备和外界的交流信息，并融合网络信息技术和语义技术，在语义中抽取原始数据，进而针对使用者的具体需要，构建基于产业或学科的宏观认知空间和微观认知空间。以动态、无缝的方法，高效地组合各种格式、类型和非结构形式的相关媒体资讯，最大限度地利用知识与资讯。

3.3 提供高层次的知识资源服务

在物联网条件下，用户间的互动、文献与文献间的关联、文献与用户间的有效互动，不但给智能书库的信息收集和数据分析带来了巨大的便利，同时也为文献采访、用户服务以及图书管理奠定了更精准、更科学的基础。智能书库的智能检索系统可以主动从海量且持续增加的感性信息资料中抽取有用信息，并加以综合分类、推理与评估，给用户带来直观的基于问题的解决办法。而且，智能书库将全面利用语义网、网格和语义本体等信息技术，全面、有效地识别、收集、管理、集成、发布和使用海量、异构的分布式数据信息资源，并针对现代图书馆应用环境的现实需求，进行高智能的数据信息服务。综上所述，随着智能资源问题的逐步破解以及智能书库工程的不断完善，智能书库必将为中国数字图书馆的蓬勃发展打开崭新的格局。

4 盲人图书室智慧服务

了解盲人的教育与读书问题是非常关键的。怎样给广大盲人读者创造智能高效的服务，也就是要建立现代客户服务理念，积极创造满足盲人生活需要的人性化服务设施，并充分运用日益现代化的互联网信息技术为盲人进行咨询服务。如今，盲人买书和读书很难，所以他们把希望寄托在图书馆上。然而，由于中国盲人图书馆规模小、设施落后、服务形式单一，他们对盲人图书馆的期望也较低。如果图书馆忽视盲人读者在设备齐全的阅览室里拥有与正常人同等自主权的愿望，盲人读者就会因片面的“热情”或“代办”而迷失。近年来，各级政府对残疾人给予了高度重视，盲人的生活环境得到了一定程度的改善。然而，盲人在生活和学习中仍然面临困难。图书馆的盲人服务设施也大多并不完善，公共区域缺乏盲文标示、语音提醒系统以及残疾人的专属卫生间。

视障教育研究与实践结果告诉人们，虽然公共图书馆文化，人际关系平和，但大多数盲人仍然不愿接受别人的帮助，更容易形成孤僻、偏执、顽固、极端的性格特征，以及缺乏自信，由此可能产生更多的沮丧。利用网络为身体残疾人员，尤其是视障人员进行咨询服务，不仅能缓解他们出行的困难，而且能补充公共图书馆特殊资源的缺失。成立全省盲人信息网络平台，统筹各文化活动中心和公共图书室，通过全省盲人公共信息网络平台为全省盲人服务。提供主动咨询服务、个性化服务、电话预约、免费咨询服务、上门送书、移动购书点等多项业务系统。开设与盲人需求有关的计算机网络基础知识培训课程，使广大盲人读者认识图书馆，让图书馆真正变成一座“没有围墙”的社会学校。通过与社会有关组织协作，为盲人阅读建设电子档案，提供最新的文献资讯，并针对不同读者的需求实施跟踪服务。

为了引导盲人走进图书馆，必须密切关注盲人的特点，深入宣传图书馆的概况和业务内涵，图书馆必须付出自己的力量，引导更多的盲人使用图书馆，从而获得政府和社会上更多人的关心和支持。就目前状况来说，尽管一些公共图书馆及盲人阅览室的建立已初具一定规模，但不管从宏观或是微观上考虑，许多方面都不容乐观。所以，公共图书馆应该发挥其社会教育功效，关注盲人的需求。

5　结语

智慧图书馆的建设是多方合作的结果。它不仅需要 5G 技术、人工智能技术、大数据和云计算的支持，也需要精通图书馆业务和智能管理的专业人才。专业人才与新技术的结合共生，才能更好地发展智能图书馆的应用。专业图书馆员负责智能图书馆的顶层设计、服务模式结构和智能平台建设，以促进教学、科研和决策分析的精准化。在智能化的环境中，图书馆员可以提供人性化的服务，改善图书馆的人文氛围，实现新技术、高效、情感互动、智能服务平台多方联动、资源协同配置的良好知识服务创新体系，使服务智慧造福广大用户，充分发挥图书馆在城市化进程中的作用。

参考文献

[1] 张泽梅，张馨月.“智慧+”时代国内图书馆智慧服务路径探究[J]. 研究图书馆管理，2021（1）.

[2] 薛鸿雁. 浅论智慧图书馆建设的构成要素[J]. 成都图书馆，2020（2）.

[3] 韩丽. 物联网环境下智慧图书馆的特点、发展现状及前景展望[D]. 曲靖：曲靖师范学院，2012.

[4] 赵姗. 5G技术下智慧图书馆服务模型构建研究[J]. 晋图学刊，2022（4）.